Die Regressfähigkeit von monetären Disziplinarmitteln unter dem Gesichtspunkt einer Zweckverfehlung

Europäische Hochschulschriften Recht

European University Studies in Law

Publications Universitaires Européennes de Droit

Band/Volume **6257**

Robin Braun

Die Regressfähigkeit von monetären Disziplinarmitteln unter dem Gesichtspunkt einer Zweckverfehlung

Herleitung eines allgemeingültigen Ansatzes anhand von Untersuchungen des Verbands-, Kartell- und Datenschutzrechts

PETER LANG

Bibliografische Information der Deutschen Nationalbibliothek
Die Deutsche Nationalbibliothek verzeichnet diese Publikation in der Deutschen Nationalbibliografie; detaillierte bibliografische Daten sind im Internet über http://dnb.d-nb.de abrufbar.

Zugl.: Dissertation, Juristische Fakultät der Heinrich-Heine-Universität Düsseldorf, 2021

Erstgutachter: Prof. Dr. Ulrich Noack
Zweitgutachter: Prof. Dr. Dirk Looschelders

D 61
ISSN 0531-7312
ISBN 978-3-631-85999-5 (Print)
E-ISBN 978-3-631-86070-0 (E-PDF)
E-ISBN 978-3-631-86071-7 (EPUB)
DOI 10.3726/b18713

Diese Publikation wurde begutachtet.

www.peterlang.com

Vorwort und Danksagung

Die vorliegende Arbeit wurde im Wintersemester 2020/2021 von der Juristischen Fakultät der Heinrich-Heine-Universität Düsseldorf als Dissertation angenommen. Rechtsprechung und Literatur wurden bis zum Abschluss des Manuskripts im Oktober 2020 berücksichtigt.

Herzlich bedanken möchte ich mich bei meinem Doktorvater *Prof. Dr. Ulrich Noack* für die herausragende Betreuung meines Vorhabens. Sein stets offenes Ohr und die Gewährung der notwendigen Freiräume bildeten die Grundlage dieser Arbeit. Auch die Zeit an seinem Lehrstuhl war für mich in vielfacher Hinsicht besonders lehrreich. Herrn *Prof. Dr. Dirk Looschelders* danke ich für die rasche Anfertigung des Zweitgutachtens.

Mein Dank gilt ebenso meinen Kolleginnen und Kollegen am Lehrstuhl für die großartige Zeit und den regelmäßigen Austausch zu den unterschiedlichsten Themen. Namentlich erwähnen möchte ich meinen Büronachbarn *Dr. Dominik Pietzarka,* der mir jederzeit bei den verschiedensten Fragen und Situationen geholfen hat.

Bedanken möchte ich mich außerdem bei meinen Freunden, die mir in dieser Phase mit Rat zur Seite standen, aber auch für den freizeitlichen Ausgleich Sorge getragen haben. *Leonard Bona* danke ich dabei für den regelmäßigen fachlichen Austausch und die kritischen Anmerkungen. *Sebastian Nagler* bin ich für die freundliche und wichtige Hilfe beim Korrekturlesen besonders dankbar.

Von ganzem Herzen bedanken möchte ich mich außerdem bei meinem Vater *Frank Braun,* meiner Schwester *Julia Braun* und meiner Freundin *Marein Thimm.* Ihr habt mich in meiner Ausbildung auf unterschiedlichste Weise unterstützt, standet mir bei allen Fragen und Entscheidungen bei und habt mir jederzeit den Rücken freigehalten. Ohne Euch wäre diese Arbeit nicht möglich gewesen. Meiner Mutter *Beate Braun* bin ich in großer Dankbarkeit verbunden – ihr ist diese Arbeit gewidmet.

Wuppertal, im Mai 2021

Robin Braun

Inhaltsverzeichnis

Abkürzungen nach *Kirchner, Hildebert,* Abkürzungsverzeichnis der Rechtssprache, 8. Auflage, Berlin 2015

Einleitung

A. Problemfeld

„Pyro: Hohe Geldstrafen für St. Pauli und HSV“.[1]

„Bundeskartellamt verhängt 2019 hohe Kartell-Bußgelder“.[2]

„DSGVO-Bußgeld in Millionenhöhe wegen in der Hotline ausgeplauderter Kundendaten“.[3]

Diese Schlagzeilen zeigen die wirtschaftliche Bedeutung und lassen die Folgen von monetären Disziplinarmitteln nur zu leicht erkennen. Aber nicht nur ökonomisch, sondern auch rechtlich knüpfen sich verschiedene Folgefragen an.

„Bayer 04 Leverkusen schickt Rechnung – 7.000 Euro Strafe für Umarmung mit Ronaldo.“[4]

„Urteil zu Managerhaftung bei Kartellgeldbußen erwartet“.[5]

„Inwieweit haften Mitarbeiter für Datenschutzverstöße?“[6]

Denn ebenso zeigen die vorstehenden Berichte, dass nach der erfolgten Verhängung eines Disziplinarmittels oftmals noch nicht über die monetäre Endbelastung befunden wurde. Vielmehr eint die Konstellationen, dass eine (juristische) Person für das Handeln einer (natürlichen) Person von einer weiteren Stelle zur Zahlung einer Geldsumme verpflichtet wird. Sei es ein störendes

---

1 *www.ndr.de/sport/fussball/Pyro-Hohe-Geldstrafen-fuer-St-Pauli-und-HSV,pyro146.html* (Stand: 20.12.2019, zuletzt abgerufen am 07.09.2020).

2 *www.handelsblatt.com/politik/deutschland/preisabsprachen-bundeskartellamt-verhaengt-2019-hohe-kartell-bussgelder/25370048.html?ticket=ST-25856-hcqMDQG3QC1cUeedifpj-ap1* (Stand: 27.12.2019, zuletzt abgerufen am 07.09.2020).

3 *www.haufe.de/compliance/recht-politik/dsgvo-bussgeld-in-millionenhoehe-wegen-ausgeplauderter-kundendaten_230132_506578.html* (Stand: 18.12.2019, zuletzt abgerufen am 07.09.2020).

4 *rp-online.de/nrw/staedte/leverkusen/leverkusen-7000-euro-strafe-fuer-umarmung-mit-ronaldo_aid-53465221* (Stand: 20.09.2020, zuletzt abgerufen am 24.09.2020).

5 *www.welt.de/regionales/nrw/article166053036/Urteil-zu-Managerhaftung-bei-Kartellgeldbussen-erwartet.html* (Stand: 28.06.2017, zuletzt abgerufen am 07.09.2020).

6 *www.datenschutz-praxis.de/fachartikel/inwieweit-haften-mitarbeiter-fuer-datenschutzverstoesse/* (Stand: 29.07.2019, zuletzt abgerufen am 07.09.2020).

Verhalten eines Zuschauers im Stadion, das eine Strafe des Verbandes an den Verein nach sich zieht, sei es eine von leitenden Mitarbeitern getätigte Kartellabsprache, welche zu einer Geldbuße seitens des Kartellamts an das Unternehmen führt. Oder sei es eine unterlassene Aufklärung oder Falschberatung eines Datenschutzbeauftragten, infolgedessen es zu einem Bußgeld seitens der Aufsichtsbehörde gegen das Unternehmen kommt.

Ebendiese Konstellationen legen die Vermutung nahe, dass bei den Adressaten des Disziplinarmittels ein gesteigertes Interesse besteht, die monetäre Belastung an die jeweilig handelnden Personen weiterzuleiten. Ob diesem Vorhaben jedoch der mit dem jeweiligen Mittel verbundene Zweck im Wege steht, soll in der vorliegenden Arbeit untersucht werden.

B. Gegenstand der Arbeit

I. Regresshaftung anhand der Beispiele des Verbands-, Kartell- und Datenschutzrecht

Während die Frage nach der Versagung des Regresses wegen Zweckverfehlung im Verbands- und Kartellrecht eine prominente Diskussion ausgelöst hat,[7]

---

7 **Verbandsrecht:** *Bagger/Kober*, jM 2015, 360 (361 f.); *Bernard*, SpuRt 2013, 8 (11); *Grunewald*, NZG 2016, 1121; *Haslinger*, Zuschauerausschreitungen und Verbandssanktionen im Fußball, S. 28, 31; *Kempf*, SpuRt 2006, 251; *Lambertz*, CaS 2015, S. 268 ff.; *Martens*, NJW 2016, 3691; *Nees*, Der Verbandsstrafenregress im Nachgang an störendes Zuschauerverhalten, S. 196 ff.; *Otting/Thelen*, JA 2017, 380 ff.; *Pfister*, SpuRt 2014, 10; *Philipp*, ZJS 2015, 64 (67 ff.); *Piel/Buhl*, KSzW 2013, 278 (284 ff.); *Pommerening*, SpuRt 2012, 187 (189 f.); *Prütting/Kniepert*, ZfPW 2017, 458; *Weller*, NJW 2007, 960 (964); **Kartellrecht:** *Bayer*, in: FS Karsten Schmidt, 2009, S. 85 (96 f.); *Bayer/Scholz*, GmbHR 2015, 449 (450 ff.); *Dreher*, in: FS Konzen, S. 85 (103 ff.); *Fabisch*, ZWeR 2013, 91 (109 ff.); *Fleischer*, DB 2014, 345 (347 f.); *Harnos*, Geschäftsleitung bei unklarer Rechtslage, S. 104 ff.; *Hauff*, Der Regress von Verbandsgeldbußen im Kapitalgesellschaftsrecht, S. 188 ff.; *Hauger/Palzer*, ZGR 2015, 33 (81); *Horn*, ZIP 1997, 1129 (1136); *Kapp/Hummel*, ZWeR 2011, 349 (353); *Kaulich*, Die Haftung von Vorstandmitgliedern einer AG für Rechtsanwendungsfehler, S. 302 ff.; *Koch* in: Liber Amicorum M. Winter, S. 327 (333 ff.); *ders.*, AG 2012, 429 (434 ff.); *ders.*, AG 2014, 513; *Kredel/Kresken*, KSzW 2015, 276; *Lotze/Smolinski*, NZKart 2015, 254; *Ruttmann*, Die Versicherbarkeit von Geldbußen, Strafschadensersatz und Regressansprüchen in der D&O-Versicherung, S. 166 ff.; *Seibt/Cziupka*, AG 2015, 93 (106 f.); *Schöne/Petersen*, AG 2012, 700 (704 f.); *Spindler*, AG 2013, 889 (894 f.); *Thole*, ZHR 173 (2009), 504 (525 ff.); *Twele*, Die Haftung des Vorstands für Kartellrechtsverstöße, S. 161 ff.; *Werner*, CCZ 2010, 143 (145); *Wilsing*, in: Krieger/Schneider/Altmeppen, Hdb. Mangerhaftung, § 27 Rn. 20 ff.; *Zimmermann*, WM 2008, 433 (436 ff.); *ders.*, DB 2008, 687; *ders.*, BB 2008, 1070 (1073).

schweigt die Literatur im Datenschutzrecht weitgehend darüber. Aufgrund der sowohl in der Anzahl als auch in der Höhe gestiegenen Geldbußen durch das Inkrafttreten der Datenschutzgrundverordnung,[8] wird in Zukunft auch in diesem Bereich mit aufsehenerregenden Regresskonstellationen zu rechnen sein.

Im Verbands- und Kartellrecht wird auf einer ersten Stufe darüber diskutiert, welchen Zweck die Verbandsstrafe beziehungsweise die Geldbuße überhaupt verfolgt.[9] Diese Erkenntnisse prägen in einem zweiten Schritt die Diskussion, ob dieser Zweck bei einem erfolgreichen Regress konterkariert wird. Sofern dies der Fall sei, entfiele der Zurechnungszusammenhang der Verbandsstrafe beziehungsweise der Geldbuße und es sei kein ersatzfähiger Schaden gegeben.

Ebendiese Argumentation fand auch in der einschlägigen Rechtsprechung Berücksichtigung und wurde nicht einhellig beurteilt. Hinsichtlich der Verbandsstrafe wurde das Urteil des OLG Köln, welches mangels Zurechnungszusammenhangs den Anspruch des 1. FC Köln[10] gegen den störenden Zuschauer versagte,[11] vom Bundesgerichtshof aufgehoben.[12] Im Kartellrecht führte die Entscheidung des Landesarbeitsgerichts Düsseldorf zu Diskussionen. Demnach würde der Regress der Geldbuße an die verantwortliche Person das „differenzierte Sanktionssystem des Kartellrechts entwerten und sowohl seinem spezial- als auch generalpräventiven Zweck zuwiderlaufen".[13]

---

8 Vgl. *Anger/Neuerer*, Datenschutz-Verstöße: Zahl der Bußgelder ist drastisch gestiegen, abrufbar unter: *www.handelsblatt.com/politik/deutschland/dsgvo-datenschutz-verstoesse-zahl-der-bussgelder-ist-drastisch-gestiegen/25364576.html?ticket=ST-625155-JMe7lGhNV3A7lGLVFRET-ap1* (Stand: 01.01.2020, zuletzt abgerufen am 11.05.2020).

9 **Verbandsrecht:** *Bagger/Kober*, JM 2015, 360 (361); *Haslinger*, Zuschauerausschreitungen und Verbandssanktionen im Fussball, S. 124; *Große Lefert/Bagger von Grafenstein*, in: Stopper/Lentze, Hdb. Fußball-Recht, Kap. 19 Rn. 94 f.; *Martens*, NJW 2016, 3691 (3693); *Nees*, Der Verbandsstrafenregress im Nachgang an störendes Zuschauerverhalten, S. 95 ff.; *Oberholz*, in: Zuschauer als Störer, S. 85 (95); *Otting/Thelen*, JA 2017, 380 (383); *Orth*, SpuRt 2013, 186 (188); *Pfister*, SpuRt 2014, 10 (11); *Prütting/Kniepert*, ZfPW 2017, 458 (468); *Walker*, NJW 2014, 119 (122); *Wieschemann*, KSzW 2013, 268 (276); **Kartellrecht:** *Biermann* in: Immenga/Mestmäcker, Wettbewerbsrecht, § 81 GWB Rn. 504; *Haus/Serafimova*, BB 2014, 2883.

10 Genau: 1. FC Köln GmbH & Co. KGaA als Betreiber der Profifußballabteilung des 1. FC Köln 01/07 e.V.

11 OLG Köln, npoR 2016, 78 (79 Rn. 17 f.).

12 BGHZ 211, 375.

13 LAG Düsseldorf, NZKart 2015, 277 (280).

Diese Ansätze bilden den Anlass, die einzelnen Zwecke der Verbandsstrafe und der Geldbuße zu untersuchen und im Anschluss zu prüfen, welchen Einfluss diese Ergebnisse auf die Möglichkeit des Regresses haben. Neben den bereits viel diskutierten Konstellationen im Verbands- und Kartellrecht soll eine gleichlaufende Überprüfung anhand eines bisher weniger, in Zukunft aber wohl ebenso umstrittenen Szenarios im Datenschutzrecht angestellt werden.

II. Allgemeingültiger Ansatz und Ausblick

Neben Erkenntnissen zu den einzelnen Konstellationen soll die Untersuchung Aufschluss darüber geben, welche Gemeinsamkeiten, aber auch welche Unterschiede diesen Beurteilungen zu entnehmen sind. Auch wenn sich die hiesige Untersuchung im Wesentlichen auf drei Konstellationen konzentriert, zeigt dies bereits, wie allgegenwärtig und vielschichtig Regresshaftungen sein können. Aus diesem Grund soll mit Hilfe eines allgemeingültigen Ansatzes für die Frage nach einer Zweckverfehlung durch einen Regress etwas Licht ins Dunkle gebracht und die Rechtsanwendung erleichtert werden. Dabei wird auch zu berücksichtigen sein, inwiefern das deutsche Schadensrecht bereits Antworten auf diese Fragen bietet oder ob es möglicherweise einer gesetzlichen Novellierung bedarf.

Für eine solche gesetzliche Regelung in Form eines Regressausschlusses haben sich vereinzelte Stimmen im Rahmen der Fassung eines Verbandssanktionengesetzes ausgesprochen.[14] Der aktuelle Regierungsentwurf nimmt von einem solchen jedoch Abstand und schweigt hinsichtlich etwaiger Regresshaftungen.[15]

C. Gang der Untersuchung

Der erste Teil der Arbeit beschäftigt sich mit den prominenten Beispielen der Regresshaftung aus dem Verbands- und Kartellrecht. Uneinigkeit besteht dabei nicht nur bei der Frage der Zweckverfehlung durch den nachgelagerten Regress, sondern bereits bei der Bestimmung des der Verbandsstrafe beziehungsweise der Geldbuße innewohnenden Zweckes. Die eindeutige Erkundung des Zweckes ist für die anschließende Frage der Zweckverfehlung jedoch essenziell.[16] Selbige

---

14 *Henssler/Hoven/Kubiciel/Weigend*, NZWiSt, 1 (3, § 10); *Saliger/Tsambikakis/Mückenberger/Huber*, NStZ-Beil 2020, 24 (28, § 16).

15 RegE abrufbar unter: *www.bmjv.de/SharedDocs/Gesetzgebungsverfahren/Dokumente/RegE_Staerkung_Integritaet_Wirtschaft.pdf;jsessionid=487DC05A8790A7F8701572A375BA01AC.1_cid324?__blob=publicationFile&v=2* (Stand: 16.06.2020, zuletzt abgerufen am 12.08.2020).

16 -> 1. Teil, A. und B.

Darstellung erfolgt für das bisher nicht ausgiebig diskutierte Gebiet des Datenschutzrechts und der Weiterreichung einer Geldbuße nach der Datenschutzgrundverordnung.[17] Nach der jeweiligen Bestimmung des Zweckes erfolgt eine ausführliche Untersuchung hinsichtlich einer möglichen Zweckverfehlung.[18]

Im Rahmen des zweiten Teils sollen die gewonnenen Erkenntnisse auf Gemeinsamkeiten und Unterschiede hinsichtlich der Konstellationen und Argumentationen untersucht werden. Dabei ist insbesondere die auf der Hand liegende Abweichung der Verbandsstrafe, welche nicht von einer staatlichen Behörde verhängt wird, zu berücksichtigen und in Relation zu bringen.[19]

Im dritten Teil werden die gefundenen Gemeinsamkeiten dahingehend überprüft, ob sie eine Schaffung eines allgemeingültigen, folglich auf jedwede Konstellationen von Regresshaftungen anwendbaren, Ansatzes zulassen.[20] Dabei ist auch die Frage aufzuwerfen, ob dies einer gesetzlichen Regelung bedarf oder eine Fortbildung des geltenden Rechts ausreichend ist. Außerdem wird der aktuelle Entwurf eines Verbandssanktionengesetzes betrachtet, welcher hinsichtlich einer Regelung betreffend die Regresshaftung schweigt, obwohl eine solche von vereinzelten Stimmen gefordert wurde.[21]

Abgeschlossen wird die Arbeit mit der Zusammenfassung der gefundenen Ergebnisse in Form von Thesen.

---

17 -> 1. Teil, C.

18 -> 1. Teil, A. IV. 4.; B. IV. 3.; C. II. 3.

19 -> 2. Teil, A. I. und II.

20 -> 3. Teil, B.

21 -> 3. Teil, G.

1. Teil: Der Regress an den Beispielen des Verbandsrechts, des Kartellrechts und des Datenschutzrechts

A. Verbandsrecht

Im Verbandsrecht stellt sich regelmäßig die Frage nach der Regressfähigkeit von Strafzahlungen. Ein Prominentes Beispiel bildet dort der Fußball: 2.202.400 Euro, dies ist die Summe der in der Saison 2017/2018 verhängten Verbandsstrafen des Deutschen Fußball-Bundes[22] an die Klubs in der 1. und 2. Bundesliga, 3. Liga, DFB-Pokal und Relegation für unsportliches Verhalten ihrer Fans.[23] Angesichts der mittlerweile sehr hohen Strafen versuchen die Vereine immer häufiger, die störenden Zuschauer zu ermitteln und die Strafen weiterzureichen. Die Frage der Regressmöglichkeit beschäftigt auch die Literatur[24] und die Gerichte. Während das Oberlandesgericht Köln den Regress noch ablehnte,[25] sprach sich der BGH am 22.06.2016 für die Regressmöglichkeit aus.[26] Aber auch das Urteil des BGH konnte die Diskussion in der Literatur nicht vollends beenden.[27]

I. Stand der Rechtsprechung

1. Sachverhalt

Im zugrundeliegenden Fall besuchte der Beklagte (mit der Dauerkarte eines Bekannten) das Fußballspiel 1. FC Köln gegen SC Paderborn. In der zweiten Halbzeit zündete er einen Knallkörper, welcher auf dem Unterrang der Tribüne detonierte. Dabei wurden sieben Zuschauer verletzt. Aus diesem Grund wurde dem 1. FC Köln eine Verbandsstrafe, bestehend aus einer Geldstrafe in Höhe von

---

22 Kurzform: DFB

23 *Kicker*, DFB-Strafen: Diese 20 Klubs mussten am meisten zahlen, abrufbar unter: *www.kicker.de/dfb-strafen_diese-20-klubs-mussten-am-meisten-zahlen-727467/slideshow* (Stand: 13.07.2018, zuletzt abgerufen am 29.05.2019).

24 Vgl. nur beispielshaft: *Grunewald*, NZG 2016, 1121; *Martens*, NJW 2016, 3691; *Pfister*, SpuRt 2014, 10; *Prütting/ Kniepert*, ZfPW 2017, 458; *Scheuch*, SpuRt 2016, 58; *Walker*, NJW 2014, 119; *ders.*, in: FS Rössner, S. 701; *Weller*, NJW 2007, 960.

25 OLG Köln, npoR 2016, 78.

26 BGHZ 211, 375.

27 Siehe nur: *Nees*, Der Verbandsstrafenregress im Nachgang an störendes Zuschauerverhalten, S. 1 ff.; *Prütting/ Kniepert*, ZfPW 2017, 458.

50.000 € und eine auf Bewährung ausgesetzte Anordnung zweier Heimspiele unter Ausschluss der Öffentlichkeit, auferlegt. Außerdem erteilte der DFB eine Bewährungsauflage, einen Geldbetrag von insgesamt 30.000 € für Projekte und Maßnahmen der Gewaltprävention und Täterermittlung aufzuwenden. Dieser Auflage wurde bereits ein Betrag in Höhe von 19.961,66 €, den der 1. FC Köln für die Anschaffung eines neuen Kamerasystems aufwendete, gegengerechnet.[28]

2. *Oberlandesgericht Köln Urteil vom 17.12.2015*

Nach dem Oberlandesgericht Köln scheide ein vertraglicher Anspruch des Vereins gegen den störenden Zuschauer aus §§ 280 Abs. 1, 241 Abs. 2 BGB in Verbindung mit dem Zuschauervertrag aufgrund der fehlenden Kausalität zwischen den Pflichtverletzungen des Beklagten und dem geltend gemachten Schaden aus.[29]

Ein Vertragsverhältnis zwischen dem Verein und dem Beklagten sei durch das Vorzeigen der Dauerkarte, der Bereitschaft, das Spiel besuchen zu wollen und dem Einlass des Beklagten zum Spiel zustande gekommen. Durch das Weiterreichen der Dauerkarte, was der Verein grundsätzlich gestattet, sei der Beklagte in die Verhaltenspflichten aus dem Zuschauervertrag eingetreten.[30] Diese Verhaltenspflichten seien durch die einbezogene Stadionordnung konkretisiert. In § 6 Abs. 1 lit. g, Abs. 3 lit. f und h der Stadionordnung sei ein ausdrückliches Verbot, Feuerwerkskörper mitzuführen und abzubrennen und das Werfen von Gegenständen festgeschrieben. Aber auch unabhängig der Geltung der Stadionordnung sei der Beklagte allein aus dem Zuschauervertrag dazu verpflichtet, auf das Integritätsinteresse des Vereins Rücksicht zu nehmen. Der Beklagte habe durch das Zünden des Knallkörpers das Interesse des Vereins an einem ungestörten Ablauf des Spiels pflichtwidrig beeinträchtigt.[31]

Der Senat des Oberlandesgerichts bezweifle eine adäquate Kausalität des Zündens des Knallkörpers für die Verhängung der Verbandsstrafe durch den DFB gegen den Verein ausdrücklich nicht, verneint jedoch das Vorliegen des erforderlichen Zurechnungszusammenhangs.[32]

Nach Ansicht des Oberlandesgerichts Köln sei der Grund für das Verbot des Zündens von Knallkörpern und die damit einhergehende Spielstörung

---

28 Vgl. dazu BGHZ 211, 375 (376 Rn. 3).
29 OLG Köln, npoR 2016, 78 (79 Rn. 17 f.).
30 OLG Köln, npoR 2016, 78 (79 Rn. 19).
31 OLG Köln, npoR 2016, 78 (79 Rn. 20).
32 OLG Köln, npoR 2016, 78 (79 Rn. 22 f.).

die besondere Gefährlichkeit für die Gesundheit der Zuschauer, des Personals und der Spieler, welche den mit der Explosion des Knallkörpers verbundenen Risiken gleichermaßen ausgesetzt seien.[33] Diese vom Beklagten geschaffene Gefahrenlage habe sich aber gerade nicht bezüglich des durch den Verein geltend gemachten Schaden realisiert. Vielmehr habe sich die durch die Mitgliedschaft des Vereins beim DFB und die damit einhergehende Unterwerfung unter die Regeln des DFB begründete Gefahr realisiert, aufgrund von sportlichen Vergehen seiner Anhänger verantwortlich zu sein und in Konsequenz für das Fehlverhalten mit Strafen belegt zu werden.[34] Darüber hinaus sei die komplexe Rechtslage nach der DFB-Satzung sowie der Rechts- und Verfahrensordnung und die hinzukommenden finanziellen Folgen für einen durchschnittlichen Zuschauer nicht absehbar, sodass nicht ersichtlich sei, dass der Beklagte eine dahingehende Rücksichtnahmepflicht übernahm, um den Verein vor Verbandsstrafen seitens des DFB zu schützen. Auch eine Abwälzung der Strafe seitens des Vereins im Rahmen der Ausgestaltung des Zuschauervertrages sei nicht ersichtlich, da § 7Abs. 2 der einbezogenen Stadionordnung gerade für den Fall des Abrennens pyrotechnischer Gegenstände eine Vertragsstrafe von bis zu 1.000 € vorsehe. Dies ließe den Schluss zu, dass der Verein selbst nicht von einem solchen Schutzzweck ausging.[35]

Bezugnehmend auf das Urteil des OLG Rostock[36], welches den Zurechnungszusammenhang als gegeben ansieht, führt das OLG Köln aus, dass es um den Ersatz eines im Verhalten des Zuschauers zwar angelegten, im Einzelnen jedoch ungewissen und von der Entscheidung der DFB-Sportgerichte abhängigen Vermögensschaden des Vereins ginge. Sowohl die Höhe der Strafe als auch die konkrete Ausgestaltung – von keiner Bestrafung, über Bewährungsauflagen bis hin zu einem Zuschauerausschluss – seien völlig ungewiss. Demnach hinge das Zustandekommen eines Vermögensschadens beim Verein von der Wahl des Sanktionsmittels und den Strafzumessungserwägungen der DFB-Sportgerichte ab und nicht von dem störenden Verhalten des Zuschauers.[37]

Der zugrundeliegende Fall sei darüber hinaus auch nicht mit den (vermeintlich) ähnlich gelagerten Konstellationen in der Rechtsprechung vergleichbar. So

33 OLG Köln, npoR 2016, 78 (79 Rn. 26).
34 OLG Köln, npoR 2016, 78 (80 Rn. 26).
35 OLG Köln, npoR 2016, 78 (80 Rn. 26).
36 OLG Rostock, NJW 2006, 1819.
37 OLG Köln, npoR 2016, 78 (80 Rn. 28).

fehle es für eine Übertragung der Grundsätze der sog. Vertragsstrafe-Fälle[38] an der Einschaltung des Zuschauers in die Leistungsbeziehungen zwischen dem Verein und dem DFB.[39] Auch die Fälle der sog. Beraterhaftung[40] seien nicht vergleichbar, da es an der vertraglichen Verpflichtung seitens des Zuschauers fehlt, den Verein vor einer Bestrafung durch den DFB zu bewahren.[41]

Auch ein deliktischer Anspruch des Vereins gegen den Zuschauer komme nicht in Betracht. Eine Haftung aus § 823 Abs. 1 BGB entfiele, da das Vermögen nicht unmittelbar geschützt sei. Sofern der Verein einen eingerichteten und ausgeübten Gewerbebetrieb unterhält, fehle es bei dem Verhalten des Zuschauers allerdings an der Betriebsbezogenheit.[42] Ein Anspruch aus § 823 Abs. 2 BGB i.V.m. § 40 Abs. 1 Nr. 3 SprengG komme ebenso wenig in Betracht, da das SprengG nicht den Schutz des Vereins vor Verbandsstrafen umfasse.[43] Mangels Schädigungsvorsatzes des Zuschauers (er habe sich die Tragweite seines schädigenden Verhaltens nicht hinreichend konkret vorgestellt) scheide auch ein Anspruch aus § 826 BGB aus.[44]

3. *Bundesgerichtshof Urteil vom 22.09.2016*

Der BGH hob mit Versäumnisurteil vom 22.09.2016 das Urteil des Oberlandesgerichts Köln auf. Der Tenor des BGH lautet: „Wirft ein Zuschauer eines Fußballspiels einen gezündeten Sprengkörper auf einen anderen Teil der Tribüne, kann er vertraglich auf Schadensersatz für eine dem Verein deswegen gem. § 9a Nr. 1 und 2 der Rechts- und Verfahrensordnung des Deutschen Fußball-Bundes e.V. auferlegten Geldstrafe haften."[45]

---

38 BGH, NJW 1998, 1493; BGH, NJW-RR 2000, 684: Danach kann ein Hauptunternehmer, welcher zur Zahlung einer Vertragsstrafe an den Auftraggeber wegen verzögerter Fertigstellung des Werkes verpflichtet ist, seinen Subunternehmer, welcher seinerseits durch eine schuldhafte Pflichtverletzung die Verzögerung herbeigeführt hat, auf Schadensersatz in Anspruch nehmen.

39 OLG Köln, npoR 2016, 78 (81 Rn. 33).

40 BGH, NJW 1997, 518; BGH, DStR 2010, 1695: Demnach kann der Täter den Ersatz einer gegen ihn auferlegten Strafe oder Buße gegen seinen Vertragspartner beanspruchen, wenn dieser vertraglich dazu verpflichtet war, den Täter vor der Begehung dieser Straftat und Ordnungswidrigkeit zu schützen.

41 OLG Köln, npoR 2016, 78 (81 Rn. 37).

42 OLG Köln, npoR 2016, 78 (81 Rn. 42).

43 OLG Köln, npoR 2016, 78 (81 Rn. 44).

44 OLG Köln, npoR 2016, 78 (81 Rn. 46).

45 BGHZ 211, 375.

Die Vorinstanz bestätigend sei zwischen dem Zuschauer und dem 1. FC Köln ein Zuschauervertrag zustande gekommen. Die aus dem Vertrag und der einbezogenen Stadionordnung erwachsenden Pflichten des Zuschauers habe dieser durch den Böllerwurf verletzt. Ebenso sei das Zünden des Knallkörpers adäquat kausal für die Verhängung der Verbandsstrafe.[46]

Während das Oberlandesgericht Köln einen erforderlichen Zurechnungszusammenhang zwischen dem geltend gemachten Schaden und der Pflichtverletzung verneinte,[47] sprach sich der BGH für das Vorliegen eines solchen aus.[48] Demnach stamme die Verbandsstrafe aus dem Bereich der Gefahren, zu deren Abwendung die verletzte Vertragspflicht bestehe. Die sich aus dem Zuschauervertrag ergebende Rücksichtnahmepflicht zur Gewährleistung eines ungestörten Spielablaufs, stelle ein Hauptinteresse des Veranstalters da. Demnach sei der einzelne Zuschauer dazu verpflichtet, alle Handlungen zu unterlassen, die in einen ungestörten Spielablauf eingreifen.[49] Die verhängte Verbandsstrafe stünde auch in einem inneren Zusammenhang mit der Störung des ordentlichen Spielablaufs. Die Verbandsstrafe durch den DFB an den Verein sei eine unvermeidbare Folge, denn dem Verein sei die Durchführung eines professionell organisierten Fußballspiels nur mit Hilfe einer übergeordneten Organisation möglich. Dies mache eine Unterwerfung unter die Statuten des DFB notwendig. Der DFB, welcher das äquivalente Ziel eines störungsfreien Spielablaufes verfolge, bediene sich zur Erreichung dieses Ziels der Verbandsstrafe für durch Zuschauer verschuldete Störungen. Eine solche Strafe sei dazu „geeignet, präventiv direkt auf die Vereine oder Veranstalter und indirekt auf ihre Fans einzuwirken, damit es zu solchen Störungen nicht kommt".[50] Die auf § 9a Nr. 1 und 2 DFB Rechts- und Verfahrensordnung beruhende Strafe sei unmittelbar auf das Verhalten des Störenden zurückzuführen und sei nicht zufällig aus Anlass der Störung verhängt worden.[51] Das Ziel des DFB, künftiges Zuschauerverhalten solcher Art zu verhindern, würde auch durch die Weitergabe der Strafe im Rahmen des Regresses gefördert, da potenzielle Störer ebenfalls mit dem Regress solcher Strafzahlungen zu rechnen haben.[52] Auch im Wege ergänzender Vertragsauslegung ließe sich ein Haftungsausschluss nicht begründen. Dem Zuschauer sei bei Abschluss

---

46 BGHZ 211, 375 (378 Rn. 12).

47 OLG Köln, npoR 2016, 78 (79).

48 BGHZ 211, 375 (378 Rn. 13).

49 BGHZ 211, 375 (380 Rn. 18).

50 BGZH 211, 375 (376).

51 BGZH 211, 375 (376); **a.A.,** LZG Wien, SpuRt 2012, 198; *Pfister*, SpuRt 2014, 10 (11 f.).

52 BGZH 211, 375 (381 Rn. 20).

des Zuschauervertrages zum einen klar, dass der Veranstalter einen störenden Zuschauer gar nicht zu seiner Veranstaltung zuließe und zum anderen ließe sich ein verständiger Zuschauer auf eine solche Haftung ein.[53] Auch eine Versagung des Regresses auf Grundlage einer möglichen Unwirksamkeit des § 9a DFB Rechts- und Verfahrensordnung sei nicht in Betracht zu ziehen, da sich der 1. FC Köln durch das pflichtwidrige Verhalten des Zuschauers zur Zahlung der Geldstrafe an den DFB herausgefordert sehen durfte und dies folglich keine ungewöhnliche Reaktion darstelle.[54] Außerdem sei es dem Verein auch nicht vorzuwerfen und könne ihm nicht zum Mitverschulden gereicht werden, die Strafe ohne Einlegung von Rechtsmitteln gezahlt zu haben. Vielmehr sei § 9a DFB Rechts- und Verfahrensordnung und vergleichbare verschuldensunabhängige Regelungen zur Einstandspflicht für Zuschauerverhalten von der Sportgerichtsbarkeit als zulässig erklärt worden.[55] Gegen die Zurechenbarkeit des Schadens spreche auch nicht der Umstand, dass es nicht bei jedem Verstoß eines Zuschauers gegen seine Verhaltenspflichten zu einer Verbandsstrafe gegen den Verein komme. Vielmehr beruhe die (im einzelnen ungewisse) Verbandsstrafe gerade auf dem Verhalten des störenden Zuschauers.[56]

Darüber hinaus sei es unerheblich, ob der Zuschauer das Risiko einer Verbandsstrafe gegen den Verein bewusst übernommen habe. Auch die vereinbarte Vertragsstrafe in dem Zuschauervertrag dürfe nicht den Schluss zulassen, dass weitere Schadensersatzansprüche hinsichtlich des Abrennens von pyrotechnischen Gegenständen entfielen. Vielmehr regle die Stadionordnung selbst, dass die Vertragsstrafe weitere Schadensersatzansprüche unberührt lässt.[57]

Der Senat weist außerdem darauf hin, dass ein anspruchsminderndes Mitverschulden des Vereins nach §§ 254 Abs. 1, Abs. 2 S. 2, 278 S. 1 BGB weder darauf gestützt werden könne, dass keine hinreichende Kontrolle beim Stadioneinlass erfolgte, noch, dass das Ordnungspersonal den Zuschauer wegen seines negativen Verhaltens bereits in der ersten Spielhälfte des Stadions hätte verweisen müssen.[58]

---

53 BGZH 211, 375 (381 Rn. 21).

54 BGZH 211, 375 (382 Rn. 23).

55 BGZH 211, 375 (382 Rn. 24); zur Sportgerichtsbarkeit: TAS/CAS, Schiedsspruch vom 20.04.2007 – CAS 2007/A/1217 – Feyernoord Rotterdam v/UEFA, SpuRt 2007, 164); Ständiges SchiedsG für Vereine und Kapitalgesellschaften der Lizenzligen, SpuRt 2013, 200.

56 BGZH 211, 375 (383 Rn. 26).

57 BGZH 211, 375 (383 Rn. 27).

58 BGZH 211, 375 (384 Rn. 31).

Die Begründung zur Ablehnung eines Schadensersatzanspruches gem. § 826 BGB durch das Oberlandesgericht Köln genüge darüber hinaus nicht. Dem Zuschauer dürfte es nicht entgangen sein, dass den Vereinen bei Zuschauerausschreitungen Verbandsstrafen durch den DFB auferlegt werden. Außerdem sei es nicht ersichtlich, dass der Zuschauer keine hinreichend konkrete Vorstellung von den Folgen seines Handelns hatte. Insbesondere sei eine Vorstellung des genauen Kausalverlaufs und der konkreten Höhe des Schadens nicht notwendig.[59]

II. Rechtsgrundlage

Als Rechtsgrundlage für den Regress kommt in erster Linie die Anspruchsgrundlage der §§ 280 Abs. 1, 241 Abs. 2 BGB in Betracht, wobei das zugrundeliegende Schuldverhältnis der Zuschauervertrag darstellt.[60] Dies kann zumindest Geltung beanspruchen, sofern der Vertrag unmittelbar zwischen dem Heimverein und dem Zuschauer geschlossen wird. Es sind jedoch auch Fälle denkbar, in denen der Zuschauervertrag nicht unmittelbar mit dem am Spielbetrieb teilnehmenden Verein[61], sondern mit einer Stadiongesellschaft geschlossen wird. In diesem Fall kann über die Grundsätze eines Vertrages mit Schutzwirkung Dritter das erforderliche Schuldverhältnis bejaht werden.[62] Eine häufige Konstellation ist darin zu sehen, dass Anhänger des Gastvereins auffällig werden und dem Gastverein eine Verbandsstrafe auferlegt wird, während der Zuschauervertrag zwischen dem Heimverein und dem Zuschauer geschlossen wurde, es somit auf den ersten Blick an einem unmittelbaren Vertragsverhältnis zwischen Gastverein und Zuschauer fehlen könnte. *Bagger von Grafenstein* und *Fischer* vertreten dabei unter Bezugnahme auf die geübte Praxis, die Auffassung, dass der Auswärtsfan zwei Verträge, namentlich einen Ticketkaufvertrag mit dem Auswärtsclub und einen Zuschauervertrag mit dem Heimklub schließe, sodass zu beiden Vereinen ein Schuldverhältnis bestehe.[63] *Nees* geht noch einen Schritt weiter und kommt zu dem Ergebnis, dass bereits durch den mit dem Spielbesuch

---

59 BGHZ 211, 375 (384 Rn. 32); bzgl. der Vorstellung über den Kausalverlauf und der Höhe des Schadens verweisend auf BGH, NJW 1987, 3205 (3206).

60 BGHZ 211, 375 (378 Rn. 11); *Meier/Lenze*, MDR 2017, 6; *Otting/ Thelen*, JA 2017, 380 (380 f.); *Prütting/Kniepert*, ZfPW 2017, 458 (462); *Walter/Kober*, jM 2017, 283 (284).

61 Gemeint sind die Teilnehmer am Spielbetrieb unabhängig ihrer Rechtsform.

62 Vgl. dazu *Nees*, Der Verbandsstrafenregress im Nachgang an störendes Zuschauerverhalten, S. 26 f.; *Unger*, Die Haftung des Fußballveranstalters bei Zuschauerausschreitungen, S. 51 ff.

63 *Bagger von Grafenstein/ Fischer*, SpuRt 2017, 5 (8 f.).

einhergehenden Kontakt zwischen dem Verein und dem Zuschauer ein gesetzliches Schuldverhältnis mit Schutz- und Rücksichtnahmepflichten zustande komme.[64] Neben den vertraglichen kommen auch die deliktischen Anspruchsgrundlagen der §§ 823, 826 BGB in Betracht.

III. Stand der Literatur

Ungeachtet der genauen Argumentationslinie lässt sich feststellen, dass ein großer Teil der Literatur den Regress einer Verbandsstrafe an den verantwortlichen Zuschauer uneingeschränkt annimmt.[65] Neben der Ansicht des OLG Köln[66] finden sich jedoch auch weitere Stimmen, die eine Regressfähigkeit der Verbandsstrafen ablehnen.[67] Die zugrundeliegenden Argumentationen stützen sich hingegen nicht in Gänze auf den der Verbandsstrafe innewohnenden Zweck.

IV. Zurechnungszusammenhang

1. Abstrakte Darstellung der Schadenszurechnung

Die Schadenszurechnung geht im Grundsatz von der Äquivalenztheorie aus und wird durch die Korrektive der Adäquanz und dem Schutzzweck der Norm konkretisiert.

a. Äquivalenztheorie

Der Gesetzgeber hat mit § 249 Abs. 1 BGB grundsätzlich die Entscheidung getroffen, dass der Schädiger den Zustand herzustellen hat, der bei Nichteintreten des zum Ersatz verpflichtenden Umstandes bestehen würde. Die Pflicht zum Schadensersatz setzt somit voraus, dass das Verhalten des in Anspruch genommenen für den entstandenen Schaden kausal geworden ist. Im Sinne der conditio-sine-qua-non Formel ist das Verhalten nicht kausal für den Schaden,

---

64 *Nees*, Der Verbandsstrafenregress im Nachgang an störendes Zuschauerverhalten, S. 65 f.

65 *Bagger/Kober*, jM 2015, 360 (361 f.); *Bernard*, SpuRt 2013, 8 (11); *Haslinger*, Zuschauerausschreitungen und Verbandssanktionen im Fußball, S. 28 f.; *Kempf*, SpuRt 2006, 251; *Lambertz*, CaS 2015, S. 268 ff.; *Nees*, Der Verbandsstrafenregress im Nachgang an störendes Zuschauerverhalten, S. 196 ff.; *Philipp*, ZJS 2015, 64 (67 ff.); *Piel/Buhl*, KSzW 2013, 278 (284 ff.); *Pommerening*, SpuRt 2012, 187 (189 f.); *Weller*, NJW 2007, 960 (964).

66 OLG Köln, npoR 2016, 78.

67 *Grunewald*, NZG 2016, 1121; *Martens*, NJW 2016, 3691; *Otting/Thelen*, JA 2017, 380 ff.; *Pfister*, SpuRt 2014, 10; *Prütting/Kniepert*, ZfPW 2017, 458.

wenn es nicht hinweggedacht werden kann, ohne dass der Erfolg entfiele.[68] Dies heißt jedoch auch, dass jeder Schaden zu ersetzen ist, der nach der conditio-sine-qua-non Formel kausal ist. Die Äquivalenztheorie muss sich demnach den Vorwurf gefallen lassen, so ausufernd zu sein, dass der Erfolg auf zahllosen Ursachen beruht.[69] Darüber, dass die an der Äquivalenztheorie ausgerichtete Haftung deutlich zu weit geht, besteht Einigkeit.[70] Im Laufe der Zeit haben sich deswegen Ansätze – wohl entgegen dem Willen des Gesetzgebers[71]– entwickelt, die eine Begrenzung der Schadensersatzpflicht herbeiführen wollen.

b. Adäquater Kausalzusammenhang

Gänzlich unwahrscheinliche Schadensfolgen sollen durch die sogenannte Adäquanztheorie von der Schadensersatzpflicht ausgeschlossen werden.[72] Ein adäquater Kausalzusammenhang bestehe nach Auffassung der Rechtsprechung dann, „wenn eine Tatsache im allgemeinen und nicht nur unter besonders eigenartigen, ganz unwahrscheinlichen und nach dem regelmäßigen Verlauf der Dinge außer Betracht zu lassenden Umständen zur Herbeiführung eines Erfolges geeignet war“.[73] Einigkeit besteht mittlerweile über die dogmatische Einordnung der Adäquanztheorie. Diese sei nicht als Kausalitätslehre,[74] sondern als Zurechnungstheorie einzuordnen, da es um die Begrenzung von Schadensfolgen aufgrund wertender Betrachtungen ginge.[75] Fraglich bei dieser Theorie

---

68 BGH, NJW 2013, 2345 Rn. 20; NJW 2017, 263 Rn. 14; NJW 2018, 541 Rn. 18; *Oetker* in: MüKo BGB, § 249 BGB Rn. 103; *Flume,* in: BeckOK BGB, § 249 BGB Rn. 285.

69 *Oetker* in: MüKo BGB, § 249 BGB Rn. 103 mit dem Beispiel, dass auch die Zeugung des Unfallopfers für den Unfall ursächlich sei.

70 BGHZ 2, 138; NJW 2013, 2345 Rn. 20, NJW 2018, 541 Rn. 18, NJW 2018, 944 Rn. 15; *Deutsch*, Allg. Haftungsrecht, Rn. 134; *Grüneberg*, in: Palandt, Vor § 249 BGB Rn. 25; *Lange/Schiemann*, Schadensersatz, § 3 IV 1 (S. 81); *Looschelders*, Schuldrecht AT, § 45 Rn. 8 f.; *Medicus/Lorenz*, Schuldrecht AT, Rn. 680; *Schiemann*, in: Staudinger, § 823 BGB Rn. 12; *Spickhoff*, in: Soergel, BGB, § 823 Rn. 22; *Xynopoulou*, Die Voraussehbarkeit als Voraussetzung des Schadensersatzes in Vertragshaftung, S. 128 f.

71 Vgl. dazu *Mugdan*, Die gesamten Materialien zum Bürgerlichen Gesetzbuch für das Deutsche Reich, Bd. II, S. 10; *Bartel*, Beschränkung des Schadensersatzumfangs durch das Übermaßverbot?, S. 36; *Lorenz* in: FS Deutsch, S. 251 (252 f.).

72 *Flume,* in: BeckOK BGB, § 249 BGB Rn. 284.

73 BGHZ 3, 261 (267) bezugnehmend auf RGZ 133, 126 (127); BGH, NJW 2005, 1420 (1421); NJW 2002, 2232 (2233); BAG, NJW 2009, 251 (Rn. 53).

74 Von *Looschelders*, Schuldrecht AT, § 45 Rn. 13 als ein verbreitetes Missverständnis bezeichnet.

75 *Looschelders*, Schuldrecht AT, § 45 Rn. 13, *Rother*, Haftungsbeschränkung im Schadensrecht, S. 8; *Stoll*, Kausalzusammenhang und Normzweck im Deliktsrecht, S. 4 f.

ist, aus welcher Perspektive die Vorhersehbarkeit bzw. Wahrscheinlichkeit des Schadenseintritts zu beurteilen ist. Ein großer Teil der Literatur und der Rechtsprechung stellt auf die objektive nachträgliche Prognose eines optimalen Beurteilers ab.[76] Dies sei dahingehend missverständlich, dass es letztendlich darauf ankomme, eine prognostizierende Entscheidung eines hypothetisch optimalen Betrachters nachzuvollziehen.[77] Somit könne einzig die ex-ante-Perspektive maßgeblich sein.[78]

Ein Problem und somit auch Anknüpfungspunkt für die Kritiker ist die Frage danach, was der optimale Beurteiler in dem zu beurteilenden Einzelfall vorhergesehen hätte.[79] Zum Teil wird vorgetragen, dass für einen optimalen Beurteiler kaum etwas außerhalb der Wahrscheinlichkeit liege.[80] Durch den Begriff des „optimalen Beurteilers" liege das Ergebnis allein in der Hand des Rechtsanwenders, was zu einer Unsicherheit in der Entscheidungsfindung führe.[81]

c. Schutzzweck der Norm

Aufgrund dieser weitverbreiteten Kritik wurde ein weiteres Korrektiv, namentlich die Schutzzwecklehre, geschaffen.[82] Die Schutzzwecklehre wird dabei von einigen Stimmen als das wichtigste Eingrenzungskriterium der Zurechenbarkeit angesehen.[83]

Bei dem Korrektiv des Schutzzwecks der Norm sei danach zu fragen, ob die durch den Schädiger verletzte Pflicht gerade vor den daraus entstehenden Rechtsgutsverletzungen bzw. Schäden schützen soll.[84] Anders formuliert, kann auch danach gefragt werden, ob der Schaden in einen Bereich genau derer

---

76 OLG Hamm, NJW-RR 2013, 349 (350); OLG München, r+s 1991, 18 (19); *Looschelders,* Schuldrecht AT, § 45 Rn. 14; *Grüneberg,* in: Palandt, BGB, Vor § 249 Rn. 27.

77 *Flume,* in: BeckOK BGB, § 249 BGB Rn. 285.

78 *Magnus,* in: NK-BGB Bd. II/1, Vor §§ 249–255 BGB Rn. 66; *Oetker,* in: MüKo BGB, § 249 BGB Rn. 111.

79 *Looschelders,* Schuldrecht AT § 45 Rn. 15.

80 *von Caemmerer,* in: Gesammelte Schriften, S. 395 (402).

81 *Musielak,* JA 2013, 241 (241 f.); *Looschelders,* Schuldrecht AT § 45 Rn. 15.

82 Die Schutzzwecklehre wird insbesondere mit *Rabel,* Das Recht des Warenkaufs, S. 495 ff. und *von Caemmerer,* in: Gesammelte Schriften, S. 395 ff. in Verbindung gebracht.

83 *Looschelders,* Schuldrecht AT § 45 Rn. 18; *Oetker,* in: MüKo BGB, § 249 BGB Rn. 120 ff.

84 *Looschelders,* SchuldR AT § 45 Rn. 18.

Gefahren fällt, weswegen die in Rede stehende Rechtsnorm erlassen oder die (vor-) vertragliche Pflicht vereinbart wurde.[85] Dies sei etwa nicht der Fall, wenn sich das dem Geschädigten zuzurechnende allgemeine Lebensrisiko realisiere.[86] Dieses Korrektiv beansprucht sowohl bei vertraglichen[87] und deliktischen[88] Ansprüchen als auch im EBV[89] und Straßenverkehrsrecht[90] Geltung. Darüber hinaus ist eine Anwendung „unabhängig davon, auf welche Bestimmung die Haftung gestützt wird",[91] also in allen erdenklichen Haftungsszenarien statthaft.[92]

Auch das Korrektiv des Schutzzwecks der Norm stößt nicht auf unkommentierte Anerkennung, sondern muss sich einzelner Kritik ausgesetzt sehen.[93] Trotzdem wird die Lehre des Schutzzwecks der Norm gemeinsam mit der Adäquanztheorie von der Rechtsprechung, ohne ernsthaft in Abrede gestellt zu werden, gegenwärtig angewandt.[94] Die Kritik aufnehmend finden sich Stimmen in der Literatur, welche die gesetzgeberische Entscheidung des § 249 Abs. 1 BGB berücksichtigen und den Charakter der Adäquanztheorie und der Schutzzwecklehre als Korrektiv zur Verhinderung völlig untragbarer Entscheidungen im Einzelfall betonen.[95] Dies solle dazu führen, dass gerade diejenigen, die die Ersatzfähigkeit einer Schadensposition verneinen, die einzelfallbezogene Begründung substanziiert darlegen müssen.[96]

---

85 BGHZ 27, 137 (140); BGHZ 29, 65 (69 f.); BGHZ 44, 372 (376); BGHZ 116, 209 (212); *Flume*, in: BeckOK BGB, § 249 BGB Rn. 293; *Oetker*, in: MüKo BGB, § 249 BGB Rn. 120.

86 BGHZ 201, 263 (267 f.); *Lange/Schiemann*, Schadensersatz, § 3 X 4, (S.145 f.).

87 BGHZ 163, 223 (226 f.); BGHZ 116, 209 (212).

88 BGHZ 27, 137 (140); *Oetker*, in: MüKo BGB, § 249 BGB Rn. 124.

89 BGH, NJW 1990, 909 (910).

90 BGHZ 115, 84 (86 f.).

91 BGHZ 201, 263 (267 Rn. 10).

92 Siehe auch *Flume*, in: BeckOK BGB, § 249 BGB Rn. 289.

93 Vgl. *Musielak*, JA 2013, 241 (243): Auch hier stehe der Kritikpunkt im Raum, dass die Zurechnungslehre keine berechenbaren Ergebnisse liefere, da auch dieser Ansatz sehr weit sei und Wertungen erfordere.

94 BGH, NJW 1999, 3203 (3204); NJW 2000, 664 (667); NJW 2000, 947 (948); NJW-RR 2006, 965.

95 *Nees*, Der Verbandsstrafenregress im Nachgang an störendes Zuschauerverhalten, S. 84 beziehend auf *Bartelt*, Beschränkung des Schadensersatzumfangs durch das Übermaßverbot?, S. 42.

96 *Nees*, Der Verbandsstrafenregress im Nachgang an störendes Zuschauerverhalten, S. 84.

2. *Argumente der Literatur betreffend die Schadenszurechnung*

Im Hinblick auf die Adäquanztheorie wird die Schadenszurechnung nicht ernsthaft in Frage gestellt.[97] Einzig *Otting/Thelen* sprechen sich für eine Ablehnung der Schadenszurechnung wegen fehlender Adäquanz aus. Es mangele an der Einhaltung des Transparenzgebots, sofern in dem Zuschauervertrag auf die Möglichkeit eines Regresses nicht hingewiesen werde.[98] Liegt dem Vertrag ein solcher Hinweis nicht zugrunde, wird sich ein Zuschauer über die Vorgehensweise des Vereins, namentlich die Regressnahme des störenden Zuschauers im Nachgang einer Verbandsstrafe, nicht in Kenntnis setzen.[99] Zu Recht wird dem entgegengehalten, dass sowohl durch eine regelmäßige Berichterstattung in den Medien[100] als auch durch Durchsagen vor und während des Spiels im Stadion,[101]

---

97 Die **ganz h.M.** sieht die Verbandsstrafe als Folge von Zuschauerausschreitungen als adäquat kausalen Schaden an: BGH, NJW 2016, 3715 (3716); OLG Rostock SpuRt 2006, 249 (250); OLG Köln npoR 2016, 78 (79); LG Köln SpuRt 2015, 258 (259); LG Hannover SpuRt 2015, 174 (176); AG Brakel NJW-RR 1988, 1246; *Bagger/Kober,* JM 2015, 360 (361); *Bernard*, SPuRt 2013, 8 (10); *Fröhlich/Fröhlich*, CaS 2015, 157 (159 f.); *Grunewald*, NZG 2016, 1121 (1123); *Jedamzik*, in: Zuschauer als Störer, S. 105 (121); *Kadlec*, in: Berufssportrecht VI, S. 59 (84); *Kober*, Pyrotechnik in deutschen Fußballstadien, S. 131; *Martens,* NJW 2016, 3691 (3692); *Mäsch*, JuS 2017, 261 (262); *Müller-Eiselt*, Die Gewährleistung der Sicherheit bei Fußballspielen, S. 259 f.; *Nees*, Der Verbandsstrafenregress im Nachgang an störendes Zuschauerverhalten, S. 85 f.; *Pfister*, SpuRt 2014, 10 (11); *Philipp*, ZJS 2015, 64 (67 f.); *Piel/Buhl*, KSzW 2013, 278 (284); *Pommerening*, SpuRt 2012, 187 (189); *Riehm*, LMK 2016, 384429; *Scheuch*, RW 2015, 439 (444 f.); *ders.*, SpuRt 2016, 58 (60); *Seip,* CaS 2016, 40 (43); *Walker*, in: Verantwortlichkeit und Haftung im Sport, S. 87 (97); *ders.,* in: FS Rössner, S. 701 (706).

98 *Otting/Thelen*, JURA 2017, 380 (382 ff.).

99 *Otting/Thelen*, JURA 2017, 380 (383).

100 *Bagger/Kober*, JM 2015, 360 (361); *Kober*, Pyrotechnik in deutschen Fußballstadien, S. 131; *Pommerening*, SpuRt 2012, 187 (189), *Scheuch,* RW 2015, 439 (444 f.); vgl. nur beispielsweise die Berichterstattung zu den Ausschreitungen im Spiel der ersten DFB-Pokalrunde der Saison 2019/2020 zwischen 1. FC Kaiserslautern und 1. FSV Mainz 05: *FAZ online*, Mainzer Blamage auf dem Rasen und den Rängen, abrufbar unter: *www.faz.net/aktuell/sport/fussball/dfb-pokal-mainzer-blamage-auf-dem-rasen-und-den-raengen-16328152.html* (Stand: 11.08.2019, zuletzt abgerufen am 20.02.2020); *Focus online*, Fehlverhalten einiger Fans: Mainzer Klubchef will Täter in Regress nehmen, abrufbar unter: *www.focus.de/sport/fussball/dfbpokal/fussball-dfb-pokal-fehlverhalten-einiger-fans-mainzer-klubchef-will-taeter-in-regress-nehmen_id_11019389.html* (Stand: 11.08.2019, zuletzt abgerufen am 30.09.2020).

101 *Scheuch,* RW 2015, 439 (445).

die entsprechende Praxis der Vereine im Umgang mit Verbandsstrafen bekannt sein sollte.[102]

Beleuchtet man den Meinungsstand hinsichtlich der Frage eines bestehenden Zurechnungszusammenhangs, so trifft man ebenfalls auf eine vorherrschend bejahende Meinung.[103] Diese sieht sich dahingehend jedoch sowohl quantitativ als auch hinsichtlich der Qualität der Argumente stärkeren Gegenansichten ausgesetzt.[104] Die den Zurechnungszusammenhang ablehnenden Ansichten begründen dies einerseits damit, dass sich der Verein freiwillig den Regeln des Verbandes und somit auch seiner Strafgewalt unterwerfe, sodass die Verbandsstrafe keinen zurechenbaren Schaden darstelle.[105] Andererseits wird angeführt, dass eine Weitergabe der Strafe im Wege des Regresses nicht mit dem Zweck der Verbandsstrafe zu vereinbaren sei.[106]

Dem Argument der Freiwilligkeit wird in der Literatur mit verschiedenen Begründungen im Ergebnis zu Recht entgegnet.[107] Zum einen wird ein Vergleich zu der Rechtsprechung im Baurecht gezogen. Dabei hat der BGH festgestellt, dass ein Hauptunternehmer, welcher aufgrund eines Versäumnisses seines Nachunternehmers zur Zahlung einer Vertragsstrafe verpflichtet wird,

---

102 Vgl. auch *Nees*, Der Verbandsstrafenregress im Nachgang an störendes Zuschauerverhalten, S. 85.

103 BGHZ 211, 375 (378 Rn. 13 f.); OLG Rostock, SpuRt 2006, 249 (250); LG Köln, SpuRt 2015, 258 (259); AG Brakel, NJW-RR 1988, 1246; *Bagger/Kober*, JM 2015, 360 (361); *Bernard*, SPuRt 2013, 8 (10); *Fröhlich/Fröhlich*, CaS 2015, 157 (160); *Haslinger*, Zuschauerausschreitungen und Verbandssanktionen im Fußball, S. 29; *Kadlec*, in: Berufssportrecht VI, S. 58 (81 ff.); *Kober*, Pyrotechnik in deutschen Fußballstadien, S. 131; *Lambertz*, CaS 2015, 268 (270 f.); *ders.*, CaS 2016, 344 f.; *Martens*, NJW 2016, 3691 (3692 f.); *Mäsch*, JuS 2017, 261 (263 f.); *Meier/Lenze*, MDR 2017, 6 (8 f.); *Müller-Eiselt*, Die Gewährleistung der Sicherheit bei Fußballspielen, S. 260 ff.; *Nees*, Der Verbandsstrafenregress im Nachgang an störendes Zuschauerverhalten, S. 99.; *Philipp*, ZJS 2015, 64 (68); *Pommerening*, SpuRt 2012, 187 (189); *Riehm*, LMK 2016, 384429; *Seip*, CaS 2016, 58 (59 f.); *Scheuch*, SpuRt 2016, 58 (59 f.); *Walker*, in: Verantwortlichkeit und Haftung im Sport, S. 87 (97); *ders.*, in: FS Rössner, S. 701 (706 f.); *Weller/Benz/Wolf*, JZ 2017, 237 (244).

104 LG Hannover, SpuRt 2015, 174 (175 f.); OLG Köln npoR 2016, 78 (79); *Grunewald*, NZG 2016, 1121, 1124; *Otting/Thelen*, JURA 2017, 380 (383); *Pfister*, SpuRt 2014, 10 (11 f.).

105 LG Hannover, SpuRt 2015, 174 (175 f.); OLG Köln, npoR 2016, 78 (79).

106 *Grunewald*, NZG 2016, 1121, 1124; *Otting/Thelen*, JURA 2017, 380 (383); *Pfister*, SpuRt 2014, 10 (11 f.).

107 Siehe ausführlich dazu: *Nees*, Der Verbandsstrafenregress im Nachgang an störendes Zuschauerverhalten, S. 89 ff.

diese Vertragsstrafe an den Nachunternehmer weitergeben könne. Die freiwillige Vereinbarung der Vertragsstrafe gebiete keine andere Beurteilung und sei somit irrelevant.[108] Der Geschädigte sei vielmehr mit all seinen vorherigen Dispositionen und Vorschädigungen hinzunehmen.[109] Des Weiteren wird der Argumentation entgegengebracht, dass die freiwillige Unterwerfung des Vereins Voraussetzung für die Teilnahme an den Wettbewerben sei, was ebenso für den Zuschauer einen Vorteil darstelle, da dieser somit deutlich attraktivere Spiele zu sehen bekomme.[110] Zum anderen wird die Freiwilligkeit mit Hinblick auf die Monopolstellung des DFB in Frage gestellt. Begründet wird dies mit allgemeinen Erwägungen zur Privatautonomie und der vom BGH geforderten Inhaltskontrolle nach § 242 BGB von Verbandsnormen solcher Verbände mit überragender Machtstellung.[111]

3. *Fehlender Zurechnungszusammenhang aufgrund des Zweckes der Verbandsstrafe*

Die folgenden Ansichten vereint allesamt die Argumentation, dass der Bejahung des Zurechnungszusammenhangs der Zweck der Verbandsstrafe entgegenstehe.[112] *Pfister* sieht den Zweck der Verbandsstrafe darin, sowohl den strafadressierten Verein als auch die übrigen am Wettbewerb teilnehmenden Vereine zu motivieren, die eigenen Sicherheitsmaßnahmen zu überprüfen und gegebenenfalls nachzurüsten. Der Verbandsstrafe komme somit ein spezial- und generalpräventiver Zweck zu.[113] Dieser Zweck liefe ins Leere, wenn der strafadressierte Verein die Strafe im Wege eines Schadensersatzanspruches von dem Zuschauer zurückverlangen könne. Der Zuschauer müsse darüber hinaus auch keine Rücksicht auf das Interesse des Vereins nehmen, nicht durch den Verband bestraft zu werden. Vielmehr bestehe die unzureichende Sicherheit unabhängig des Verhaltens des einzelnen Zuschauers. Dieser offenbare durch sein Verhalten nur

---

108 BGH, NJW 1998, 1492 (1493 f.); BGH, NJW-RR 2000, 684 f.

109 *Weller/Benz/Wolf*, JZ 2017, 237 (244).

110 *Lambertz*, CaS 2015, 268 (271); *ders.*, CaS 2016 344 (345); Es wird außerdem darauf hingewiesen, dass der Besuch des Spiels ebenfalls freiwillig geschehe. Siehe dazu auch: *Scheuch*, RW, 2015, 439 (446); *ders.*, SpuRt 2016, 58 (60).

111 Vgl. ausführlich *Nees*, Der Verbandsstrafenregress im Nachgang an störendes Zuschauerverhalten, S. 91 ff.

112 *Grunewald*, NZG, 1221 (1224); *Otting/Thelen*, JURA 2017, 380 (383); *Pfister*, SpuRt 2014, 10 (11 f.).

113 *Pfister*, SpuRt 2014, 10 (11).

die entsprechenden Mängel.[114] Auch *Otting/Thelen* sehen in einem möglichen Regress eine Verhinderung des Verbandsstrafenzwecks. Allerdings verstehen diese den Zweck nicht als Maßnahme zur Verhaltensprävention, sondern allein als Disziplinierung des Strafadressaten. Dies könne jedoch nicht erreicht werden, wenn der Adressat die Strafe an den Zuschauer weiterleiten könnte.[115] *Grunewald* pflichtet der Zweckverfehlung durch Weiterreichung der Strafe ebenso bei. Der einzige Zweck der Verbandsstrafe sei die Verpflichtung des Vereins und die Veranlassung, entsprechende Sicherheitsvorkehrungen zu treffen. Es soll gerade der Verein getroffen werden, da dieser durch entsprechende Sicherheitsmaßnahmen ein künftiges Fehlverhalten von Zuschauern verhindern könne.[116]

Pfisters Argumentation wird unter anderem entgegnet, eine monetäre Endbelastung des Vereins entstehe auch bei Versagung des Regresses meist nicht, da eine Umwälzung der Strafe auf die Zuschauer mittels Erhöhung der Kartenpreise wahrscheinlich sei.[117] Dies wird richtigerweise von der Literatur als reine Behauptung und Mutmaßung eingeordnet und widerlegt die Ansicht *Pfisters* nicht.[118] Gewichtiger sind jedoch die dahingehenden Gegenargumente, dass zur Erreichung des Verbandsstrafenzwecks eine Endbelastung des Vereins nicht notwendig sei, da dieser in einem ersten Schritt das Ermittlungsrisiko und bei erfolgreicher Täterermittlung in einem zweiten Schritt das Insolvenzrisiko des Täters zu tragen habe.[119] Um diese Ansichtsweise beurteilen zu können, ist es von entscheidender Bedeutung, zunächst den Zweck der Verbandsstrafe herauszuarbeiten. Wie eingangs zu sehen ist, beurteilen allein *Pfister*, *Otting/Thelen* und *Grunewald*, welche allesamt eine Zweckverfehlung bei Weiterreichung der Strafe annehmen, den Zweck unterschiedlich.

a. Untersuchung des Zwecks der Verbandsstrafe

aa. Die Geldstrafe im staatlichen Strafrecht

Bevor eine Betrachtung der Geldstrafe als Verbandsstrafe erfolgt, widmet sich die Aufmerksamkeit der Geldstrafe im staatlichen Strafrecht. Insbesondere soll der aktuelle Meinungsstand, welcher Zweck mit der Geldstrafe verfolgt wird,

---

114 *Pfister*, SpuRt 2014, 10 (12).
115 *Otting/Thelen*, JUIRA 2017, 380 (383).
116 *Grunewald*, NZG 2016, 1121 (1124).
117 *Kurth/Seip*, SpuRt 2017, 15 (17).
118 *Nees*, Der Verbandsstrafenregress im Nachgang an störendes Zuschauerverhalten, S. 97.
119 *Nees*, Der Verbandsstrafenregress im Nachgang an störendes Zuschauerverhalten, S. 97; *Pommerening*, SpuRt 2012, 187 (189); *Riehm*, LMK 2016, 384429; *Weller/Benz/Wolf*, JZ 2017, 237 (244).

dargestellt werden.[120] Die daraus gewonnenen Erkenntnisse ermöglichen eine bessere Einordnung der Verbandsstrafe und bilden eine Grundlage für die weiteren Untersuchungen.

1) Die traditionellen Straftheorien

Die traditionellen Straftheorien, die insbesondere von *Kant*, *Hegel*, *Feuerbach* und *von Liszt* begründet wurden, belaufen sich auf die absolute, die generalpräventive und spezialpräventive Theorie.

a) Die absolute Straftheorie (Kant, Hegel)

Kant[121] und *Hegel*[122] verfolgten die sogenannten absoluten Straftheorien, nachdem die Strafe um den Gerechtigkeitswillen verhängt werde. Nach *Kant* sei somit ein Täter auch dann zu bestrafen, wenn dies sicher keinen gesellschaftlichen Nutzen hat. *Hegel* ergänzt *Kants* Verständnis dahingehend, dass der Mensch immer auch die allgemeine Richtigkeit seines Handelns beteuere, sodass mit der Begehung einer Straftat immer auch die Behauptung einhergehe, das durch die Tat verletzte Recht solle keine Geltung beanspruchen.[123] Die Strafen seien von einer Zweckverfolgung losgelöst und allein auf den Ausgleich eines in der Vergangenheit liegenden Unrechts begrenzt.[124]

b) Die generalpräventive Theorie (Feuerbach)

Während bei der absoluten Straftheorie der repressive Charakter im Vordergrund steht, soll bei der generalpräventiven Theorie der Sinn der Strafe darin liegen, potenzielle Täter von der Begehung einer Straftat abzuschrecken.[125] Ursprung findet dieser Ansatz in der Theorie des psychologischen Zwangs (*von Feuerbach*). Demnach komme dem Strafrecht der Auftrag zu, den Bürger psychologisch an der Begehung einer Straftat zu hindern, indem die auf die Tatbegehung gerichteten egoistischen Motive durch die Herstellung entgegengesetzter egoistischer Motive aufgewogen werden. Die Verhängung der Strafe sei dazu notwendig, die Glaubwürdigkeit der Strafandrohung zu unterstreichen, welche dem Bürger die Gewissheit zu geben habe, dass das auf die Tat folgende Übel größer ist als der Ennui des unbefriedigten Antriebs zur Tat.[126] Teilweise erfuhr

---

120 Im Folgenden angelehnt an *Frister*, Strafrecht AT, 2. Kap. Rn 2 ff.

121 Vgl. *Kant*, in: Texte zur Strafrechtstheorie der Neuzeit, Bd. I, S. 241–246.

122 Vgl. *Hegel*, in: Texte zur Straftheorie der Neuzeit, Bd. II, S. 61–69.

123 Vgl. auch *Frister*, Strafrecht AT, 2. Kap. Rn. 5.

124 *Hassemer/Neumann*, in: Kindhäuser/Neumann/Paeffgen, NK-StGB, Vorb. zu § 1 StGB, Rn. 270.

125 *Frister*, Strafrecht AT, 2. Kap. Rn. 8.

126 *Feuerbach*, in: Texte zur Strafrechtstheorie der Neuzeit, Bd. II, S. 34–38.

die Theorie des psychologischen Zwangs dahingehend eine Modifikation, dass die ökonomische Attraktivität der Straftat Großteils durch das Strafrecht gemindert werden solle.[127]

c) Die spezialpräventive Theorie (v. Liszt)

Auch bei der spezialpräventiven Theorie tritt der repressive Charakter der Tat in den Hintergrund. Im Gegensatz zur generalpräventiven Theorie soll eine präventive Einwirkung auf den Täter selbst erfolgen, sodass er von der Begehung künftiger Straftaten abgehalten wird. Nach *von Liszts* Vorstellung könne dies durch drei verschiedene Methoden gelingen. » Durch „Einpflanzung altruistischer, sozialer Motive" könne er gebessert, durch „Einpflanzung und Kräftigung egoistischer, aber in der Wirkung mit den altruistischen zusammenfallender Motive" abgeschreckt und durch Einschließung vorübergehend oder auch dauernd „unschädlich" gemacht werden. «[128]

2) Vereinigungstheorien

Neben den traditionellen Straftheorien finden sich noch diverse Vereinigungstheorien. Bei der vergeltenden Vereinigungstheorie sollen die Anknüpfungspunkte der Vergeltung sowie der Spezial- und Generalprävention nebeneinanderstehen.[129] Die präventive Vereinigungstheorie vermengt Elemente der Spezial- und Generalprävention dahingehend, dass Straftaten durch die Einwirkungen sowohl auf das Individuum als auch auf die Allgemeinheit verhindert werden könnten.[130] Gemeinsam haben all die Vereinigungstheorien, dass einerseits keiner der bereits genannten Strafzwecke ausgeschlossen, andererseits keinem bedingungslos gefolgt wird. Sowohl die präventiven Absichten als auch die Notwendigkeit eines gerechten Schuldausgleiches seien zu berücksichtigen.[131] Sie müssen sich jedoch auch den Vorwurf gefallen lassen, dem Ziel der Strafe keine bestimmte Richtung und Begründung geben zu können.[132]

---

127 vgl. *Frister*, Strafrecht AT, 2. Kap. Rn. 12.

128 *Frister*, Strafrecht AT, 2. Kap. Rn. 14, zitiert: *von Liszt*, ZStW 3 (1883), 1 (34).

129 *Joecks/Erb*, in: MüKo StGB, Einleitung Rn. 73.

130 *Gropp*, Strafrecht AT, § 1 Rn. 192 ff.; *Joecks/Erb*, in: MüKo StGB, Einleitung Rn. 74; *Roxin*, Strafrecht AT I, § 3 Rn. 36.

131 *Hassemer/Neumann*, in: Kindhäuser/Neumann/Paeffgen, NK-StGB, Vorb. zu § 1 StGB Rn. 286.

132 *Hassemer*, in: Hassemer/Lüderssen/Naucke, Fortschritte im Strafrecht durch die Sozialwissenschaft, S. 41 f.; kritisch auch *Frister*, Strafrecht AT, 2. Kap. Rn. 20; *Lampe*, Strafphilosophie, S. 59.

3) Die Theorie positiver Generalprävention

Den traditionellen Straftheorien steht die Theorie positiver Generalprävention gegenüber. Demnach sei die Funktion der Strafe, die Erhaltung der inneren Akzeptanz der verletzten Verhaltensnorm durch die Allgemeinheit. So soll erreicht werden, dass die betroffene Norm trotz ihrer Missachtung durch die begangene Straftat von der Menschheit als verpflichtend angesehen wird.[133] Diesem Ansatz liegt der Gedanke zugrunde, dass das moralische Verständnis des Individuums nicht nur aus eigener Überzeugung herrühre, sondern maßgeblich von der gesellschaftlichen Realität geprägt sei.[134] Begründet wird diese Überlegung mit dem tiefenpsychologischen oder dem sozialpsychologischen Erklärungsmodell.

Nach dem tiefenpsychologischen Erklärungsmodell orientiere sich jedes menschliche Handeln an dem Prinzip individueller Nutzenmaximierung, sodass moralische Vorstellungen das Ergebnis von Kosten-Nutzen-Erwägungen sein. Deswegen sei es zur Erhaltung der moralischen Vorstellung erforderlich, die im Unterbewusstsein verankerte Angst vor Bestrafung als richtig zu bestätigen. Würde dies nicht geschehen, könnten die Menschen sukzessive zu der Ansicht kommen, das Festhalten an Überzeugungen, dessen Missachtungen ungestraft bleiben, lohne sich unter dem Gesichtspunkt der Kosten-Nutzen-Erwägung nicht.[135]

Das sozialpsychologische Erklärungsmodell hingegen begründet den Ansatz damit, dass sich die Menschen naturgemäß an den Handlungen anderer orientierten. So entstünden moralische Überzeugungen durch einen gesellschaftlichen Kommunikationsprozess, da jeder in dem Handeln anderer Menschen die Richtigkeit dessen sieht und sein eigenes Erleben und Tun nach dem sich daraus ergebenden Muster richte. So lasse die Bereitschaft zum normtreuen Verhalten nach, wenn der Bürger bemerkt, dass eine Verletzung der Norm ohne Konsequenzen bleibt.[136] Um im Falle einer Normverletzung eine zukünftige Orientierung der Menschheit an dem zugrundeliegenden Handeln zu verhindern, sorge die an den Täter gerichtete Strafe dafür, dass der Kommunikationsprozess wieder neutralisiert werde.[137]

---

133 Vgl. *Frister*, Strafrecht AT, 2. Kap. Rn. 20.

134 *Frister*, Strafrecht AT, 2. Kap., Rn. 21.

135 *Frister*, Strafrecht AT, 2. Kap. Rn. 22, grundlegend verweisend auf *Haffke*, Tiefenpsychologie und Generalprävention.

136 *Joecks/Erb*, in: MüKo StGB, Einleitung Rn. 71.

137 *Jakobs*, Strafrecht AT, Abschn. 1 Rn. 4 ff.; *Streng*, in: FS Hruschka, S. 697; im Übrigen: *Frister*, Strafrecht AT, 2. Kap. Rn. 23.

bb. Zweck einer Verbandsstrafe gegen Vereine für Zuschauerausschreitungen

Nachdem zum besseren Verständnis festgestellt wurde, welchen Zweck Strafen im staatlichen Strafrecht verfolgen, stellt sich die Frage, welchen Zweck die Verbandsstrafe des Deutschen Fußball-Bundes gegen die Vereine für Zuschauerausschreitungen hat. Dazu wird zunächst auf das 9-Punkte-Papier eingegangen, um zu untersuchen, welchen Zweck der DFB selbst in der Geldstrafe an die Vereine sieht. Sodann erfolgt ein Überblick über den Literaturstand sowie die zivilgerichtliche Rechtsprechung und abschließend eine Stellungnahme.

1) Satzungsgrundlage DFB

Die Geldstrafe des DFB an die Vereine für Zuschauerausschreitungen hat ihre Grundlage in § 9a in Verbindung mit § 1 Nr. 4 der Rechts- und Verfahrensordnung des DFB. § 9a DFB-RuVO regelt die Verantwortung der Vereine für das Verhalten der Zuschauer. „Vereine und Tochtergesellschaften sind für das Verhalten ihrer Spieler, Offiziellen, Mitarbeiter, Erfüllungsgehilfen, Mitglieder, Anhänger, Zuschauer und weiterer Personen, die im Auftrag des Vereins eine Funktion während des Spiels ausüben, verantwortlich.“[138] Weiter heißt es: „Der gastgebende Verein und der Gastverein bzw. ihre Tochtergesellschaften haften im Stadionbereich vor, während und nach dem Spiel für Zwischenfälle jeglicher Art.“[139] Ergänzend dazu normiert § 44 der DFB-Satzung die grundsätzliche Strafgewalt des Verbandes und die zulässigen Strafarten. Darunter fällt gem. § 44 Nr. 2c) DFB-Satzung unter anderem eine Geldstrafe in Höhe von bis zu 250.000 €.

2) Verständnis des Deutschen Fußball-Bundes

a) Richtlinie für die Arbeit des DFB-Kontrollausschusses in sportgerichtlichen Verfahren gegen Vereine und Kapitalgesellschaften[140]

Prägender Leitgedanke für die Verhängung der Verbandsstrafe soll die „täterorientierte Sanktionierung“ sein.[141] Dabei bezieht sich der DFB auf die Urteile des Bundesgerichtshofes vom 22.09.2016[142] und 03.11.2017[143], in denen der Regress der störenden Zuschauer für die Verbandsstrafe höchstrichterlich

138 § 9a Nr. 1 DFB-RuVO.

139 § 9a Nr. 2 DFB-RuVO.

140 Abrufbar unter: *www.dfb.de/fileadmin/_dfbdam/175970-Richtlinie_Kontrollausschuss.pdf* (zuletzt abgerufen am 28.09.2020); im Folgenden kurz: RL DFB KontrollAuss.

141 Punkt 2 RL DFB KontrollAuss.

142 BGHZ 211, 375.

143 BGH, NJW 2018, 294.

anerkannt wurde. Die Ermittlung der verantwortlichen Täter soll durch den Heim- und Gastverein erfolgen und bei Erfolg eine entsprechende Inregressnahme angestrebt werden.[144] Die Richtlinie geht gar einen Schritt weiter und sieht die effektive Tataufklärung und Täterermittlung als zentrale Pflichten des Vereins an. Begründet wird dies damit, dass es dem Heim- bzw. Gastverein in den klar umgrenzten und in deren jeweiligen Verantwortungsbereich liegenden Zuschauerbereichen möglich sei, die Täter zu ermitteln, sofern ein funktionierender Ordnungsdienst und gute Sicherheitsmaßnahmen gegeben sind.[145] Sollte dieser Pflicht nicht nachgegangen werden, liege nach der Rechtsprechung des internationalen Sport-Schiedsgerichts (CAS) ein schuldhafter Pflichtverstoß des Vereins vor.[146] War die Täterermittlung hingegen erfolgreich und trifft den Verein kein eigenes Verschulden an dem Zuschauerverhalten, soll dies sanktionsmindernd wirken.[147] Außerdem ergeht der Hinweis, dass insbesondere die Durchsetzung des in der Stadionordnung festgelegten Vermummungsverbots zur erfolgreichen Täterermittlung unabdingbar sei.[148] Dieses Zusammenspiel aus Sanktionierung des Vereins im ersten und die Täterermittlung samt Regressnahme durch diesen im zweiten Schritt, soll insgesamt eine abschreckende, generalpräventive Wirkung haben.[149] Der präventive Charakter der sportgerichtlichen Aufarbeitung wird in Punkt 7 der Richtlinie bestärkt, wonach die vorbeugende Maßnahme zur Vermeidung neuerlicher Vorfälle und nicht die Bestrafung des in der Vergangenheit liegenden Vorfalls im Vordergrund stehe. Im Rahmen der sportgerichtlichen Aufklärung können des Weiteren sicherheitsfördernde Auflagen oder Bewährungsstrafen auf Grundlage der §§ 7a und 7b DFB-RuVO erteilt werden.[150] Der eingangs dargestellte Leitfaden der täterorientierten Sanktionierung wird dadurch bestätigt, dass eine Strafmilderung wegen Täterermittlung selbst nach Rechtskraft des sportgerichtlichen Verfahrens durch bestreiten eines Wiederaufnahmeverfahrens nach § 32 Nr. 3 DFB-RuVO möglich sein soll.[151] Der DFB selbst sieht seine Geldstrafe an die Vereine bzw. Kapitalgesellschaft somit als überwiegend präventive Maßnahme, durch die zukünftige

144 Punkt 2 RL DFB KontrollAuss.
145 Punkt 3 RL DFB KontrollAuss.
146 CAS, Schiedsspruch vom 20.04.2007 – CAS 2007/A/1217 – Feyenoord Rotterdam vs. UEFA, SpuRt 2007, 164.
147 Punkt 5 RL DFB KontrollAuss.
148 Punkt 4 RL DFB KontrollAuss.
149 Punk 6 RL DFB KontrollAuss.
150 Punkt 8 RL DFB KontrollAuss.
151 Punkt 10 RL DFB KontrollAuss.

Zuschauerausschreitungen verhindert werden und nicht die abgeschlossenen Verhaltensweisen als solches bestraft werden sollen. Da der DFB jedoch mangels Unterwerfung unter die Verbandsstrafgewalt selbst keine Verbandsstrafen an die Zuschauer verhängen kann, muss dies primär über eine Sanktionierung des Vereins stattfinden. Dieser soll jedoch für die Ermittlung der einzelnen Täter und des Tatgeschehens sorgen und bei erfolgreicher Ermittlung die Verbandsstrafe an die Täter im Wege des Regresses weiterreichen.

b) *Wie ist die Richtlinie für die Arbeit des DFB-Kontrollausschusses in sportgerichtlichen Verfahren gegen Vereine und Kapitalgesellschaften einzuordnen?*

Welche Rolle diese Sichtweise, niedergeschrieben in der Richtlinie für die Arbeit des DFB-Kontrollausschuss in sportgerichtlichen Verfahren gegen Verein und Kapitalgesellschaften, bei der Beurteilung des Zwecks spielt, kann jedoch erst beurteilt werden, wenn die Herkunft der Richtlinie und die mit dem Erlass einhergehende Intention festgestellt ist. Die Richtlinie wurde im Wesentlichen von dem Kontrollausschuss des DFB entwickelt und vom, durch die Mitglieder ebenfalls legitimierten, DFB-Präsidium erlassen.[152] Bei dem Kontrollausschuss handelt es sich um die „Anklage-Behörde" des DFB.[153] Der Kontrollausschuss macht somit bei Stellung des Strafantrags von seiner eigens entwickelten Richtlinie Gebrauch und orientiert sich an dieser. Eine einzelfallbezogene Entscheidung durch die DFB-Rechtsorgane ist jedoch jederzeit möglich.[154] Das Verständnis des DFB von der Geldstrafe jedoch einzig aus dieser Richtlinie herzuleiten, ist unzureichend. Vielmehr gebietet sich ein Blick in die einschlägigen Materialien zur Entstehung des § 9a DFB-RuVO und die darauffolgenden Entwicklungen. In der Richtlinie findet sich folgender Satz: „Entsprechend dem zentralen Leitgedanken der Beschlüsse des DFB-Bundestages 2013 zur Bewährungsstrafe und Auflagenverhängung bei Zuschauerverhalten richten der DFB-Kontrollausschuss und die DFB-Rechtsorgane ihre Arbeit vorrangig „täterorientiert" aus."[155] Dem Protokoll[156] des 41. Ordentlichen Bundestages am 24. und 25. Oktober 2013 lassen

152 Vgl. Interview mit Rainer Koch abrufbar unter: *www.dfb.de/verbandsservice/verbandsrecht/kontrollausschuss/richtlinien-fuer-den-kontrollausschuss/* (Stand: 21.08.2018, zuletzt abgerufen am 07.11.2019).

153 § 50 Nr. 1 DFB-Satzung.

154 Punkt 9 RL DFB KontrollAuss.

155 Punkt 2 RL DFB KontrollAuss.

156 „Protokolle vom 41. Ordentlichen DFB-Bundestag am 24.-25. Oktober 2013/ Nürnberg und vom Außerordentlichen DFB-Bundestag am 15. April 2016/ Frankfurt am

sich die Abstimmungsergebnisse und teilweise Kommentare zu den Anträgen von *Dr. Rainer Koch* entnehmen. Der Antrag Nr. 23 umfasst die Regelung des § 7 Nr. 1 h) DFB-RuVO, wonach die Nichterfüllung von Auflagen i.S.d. neu geschaffenen § 7b DFB-RuVO[157] mit einer Geldstrafe von bis zu 250.000 Euro belegt werden kann. Durch die in dem neu geregelten § 7b DFB-RuVO genannten Auflagen soll die Erreichung des vorrangigen Ziels der Sanktionierung zur Verhütung künftigen unsportlichen Verhaltens der Anhänger gefördert werden.[158] Dies sei notwendig, um das Ziel, anstelle von Strafsanktionen mehrfach Auflagen mit einer präventiven Wirkung zu verhängen, wirksam durchzusetzen.[159] „Wir wollen ja auch Auflagen anstelle von Strafsanktionen vielfach mit in Erwägung ziehen, eben mit der Zielsetzung, präventiv vorzugehen."[160] Schaut man sich die Aussage *Kochs* genauer an, kommt man zu dem Schluss, dass die Geldstrafe als solche vom DFB selbst durchaus als Strafe mit repressiver Wirkung angesehen wird und erst die Auflagen den präventiven Charakter ausmachen. Die Aussage *Kochs* darf jedoch auch nicht überbewertet werden, sondern kann einzig als Indiz bei der Zweckbestimmung herangezogen werden. In einem im Zusammenhang mit dem Erlass der Richtlinie geführten Interview äußert sich *Koch* dahingehend, dass mit der täterorientierten Sanktionierung und der Erhöhung der Transparenz die Prävention als Grundsatz der DFB-Sportgerichtsbarkeit bedient werde.[161] Die Einführung von sicherheitsfördernden Auflagen und/oder Bewährungsstrafen[162] durch den DFB-Bundestag und der anschließend durch

---

Main" (abrufbar unter: *www.dfb.de/fileadmin/_dfbdam/120928-PROTOKOLLE_Bundestag_fuer_APP.pdf)* (zuletzt abgerufen am 12.11.2019).

157 Siehe dazu Antrag Nr. 25 zum 41. Ordentlichen Bundestag, abgedruckt in der konsolidierten Fassung der Anträge zum 41. Ordentlichen Bundestag am 24./25. Oktober 2013 in Nürnberg, S. 119 f.

158 Vgl. Begründung zu Antrag Nr. 25 zum 41. Ordentlichen Bundestag, abgedruckt in der konsolidierten Fassung der Anträge zum 41. Ordentlichen Bundestag am 24./25. Oktober 2013 in Nürnberg, S. 120.

159 *Rainer Koch* beim 41. Ordentlichen Bundestag: „Protokolle vom 41. Ordentlichen DFB-Bundestag am 24.-25. Oktober 2013/ Nürnberg und vom Außerordentlichen DFB-Bundestag am 15. April 2016/ Frankfurt am Main" S. 81.

160 *Rainer Koch* beim 41. Ordentlichen Bundestag: „Protokolle vom 41. Ordentlichen DFB-Bundestag am 24.-25. Oktober 2013/ Nürnberg und vom Außerordentlichen DFB-Bundestag am 15. April 2016/ Frankfurt am Main" S. 81.

161 Vgl. Interview mit *Rainer Koch,* aaO.

162 Antrag 24 auf dem DFB-Bundestag 2013: „Protokolle vom 41. Ordentlichen DFB-Bundestag am 24.-25. Oktober 2013/ Nürnberg und vom Außerordentlichen DFB-Bundestag am 15. April 2016/ Frankfurt am Main" S. 81.

die Richtlinie ins Leben gerufene Leitgedanke der täterorientierten Sanktionierung versuchen somit den präventiven Charakter der Geldstrafe hervorzurufen. Im Vorlauf des Ordentlichen Bundestages 2013 wurde über § 9a DFB-RuVO in seiner Ausgestaltung erneut diskutiert, da in der Vergangenheit Zweifel an dessen Wirksamkeit aufkamen. Antrag Nummer 23 zum 41. Ordentlichen Bundestag am 24./25. Oktober 2013 in Nürnberg umfasst die Bestätigung des § 9a DFB-RuVO. Die entsprechende Begründung lautet im Wortlaut:

„Gegenstand des mit Urteil vom 14.5.2013 zum Abschluss gekommenen Verfahren „Dynamo Dresden" vor dem Ständigen Schiedsgericht für Vereine und Kapitalgesellschaften der Lizenzligen war der von beiden Rechtsinstanzen des DFB auf Antrag des DFB-Kontrollausschuss verhängte Ausschluss von Dynamo Dresden aus dem Wettbewerb des DFB-Vereinspokals der Spielzeit 2013/2014. Das Ständige Schiedsgericht stellte in den Entscheidungsgründen fest, dass § 9a der Rechts- und Verfahrensordnung des DFB (RVO) verankerte verschuldensunabhängige Zurechnung von Fehlverhalten der Fans eines Vereins zu diesem Verein mit der daran anknüpfenden Möglichkeit, Sanktionen gegen den Verein auszusprechen, jedenfalls dann rechtlich nicht zu beanstanden ist, „wenn vorrangiges Ziel der Sanktion die Verhütung künftigen unsportlichen Verhaltens der Anhänger ist".

Genau diese Zielsetzung verfolgt der DFB mit § 9a RVO:

- *Gewalt, rassistische oder diskriminierende Äußerungen oder grob unsportliche Verunglimpfungen stellen ebenso wie der Einsatz von Pyrotechnik schwerwiegende Verstöße gegen die Stadionordnungen dar, die keinesfalls toleriert werden dürfen.*
- *Primäres Ziel der Sportgerichtsbarkeit ist nicht die Bestrafung von Vereinen, sondern die Ermittlung der verantwortlichen Täter, deren Bestrafung bzw. Inregressnahme und die Verhinderung zukünftiger Ordnungsverstöße.*
- *Geldstrafen gegen Vereine, Zuschauerteil- und -vollausschlüsse treffen in Anwendung des Prinzips der verschuldensunabhängigen Haftung in der Regel nicht nur die unmittelbar Schuldigen, sondern auch unbeteiligte Zuschauer und in Mithaftung genommene Vereine. Sie werden vielfach als ungerecht empfunden und sollen deshalb vor allem dann verhängt werden, wenn die Vereine ihrer Pflicht zur Tatverhinderung und Tataufklärung bzw. Täterermittlung nicht im gebotenen Maß nachgekommen sind.*

Verschuldensunabhängige Sanktionen gegen Vereine wegen Fehlverhaltens ihnen zuzurechnender Personen sollen zukünftig mit für den konkreten Fall (Verein) geeigneten Weisungen oder Auflagen verknüpft werden, die die Durchsetzung der Ordnung und die Ermittlung der Täter in den jeweils betroffenen Stadionblöcken für Vorfälle bei zukünftigen Spielen gewährleisten soll.

DFB-Kontrollausschuss und die DFB-Sportgerichtsbarkeit sollen ihre Arbeit vorrangig „täterorientiert" ausrichten, ein entsprechend ausgerichtetes Vereinshandeln soll sich zukünftig stärker als bisher strafmildernd auswirken. Dadurch eröffnet sich den Vereinen und den rechtstreuen Fans die Chance, mittels ordnungsdienstlicher Maßnahmen und Beiträgen zur Tataufklärung gravierende Strafen wegen Taten, die sie selbst nicht verschuldet haben, zu vermeiden oder zumindest abzumildern. Zugleich wird dadurch verhindert, oder zumindest erschwert, dass sich die schuldigen Täter in der Masse rechtstreuer Fans verstecken können.

Diese in den letzten Monaten entwickelte Strategie kann nach dem Urteil des Ständigen Schiedsgerichts im Fall „Dynamo Dresden" uneingeschränkt umgesetzt werden. Die notwendigen Änderungen in der DFB-Satzung und der DFB-Rechts- und Verfahrensordnung liegen dem DFB-Bundestag zur Beschlussfassung vor.

Unabdingbar ist zur Umsetzung der vorgenannten Strategie zugleich die fortbestehende Geltung von § 9a RVO. Ohne diese Norm wären dem Rechtsorganen weitgehend die Hände im Kampf gegen die Gewalt im Umfeld von Fußballveranstaltungen gebunden; darüber hinaus geriete der DFB in eine schwerwiegende Kontraposition zur Rechtslage bei FIFA und UEFA.

An der Zurechnungsregelung in §9a RVO darf deshalb nicht gerüttelt werden, die Norm darf nicht mehr länger zur Disposition gestellt werden! Wer gleichwohl die Bestimmung vor staatlichen Gerichten angreift, muss wissen, dass er damit zugleich die Grundfesten der Verbandsautonomie und der verbandseigenen Konfliktlösungsmechanismen (Sportgerichtsbarkeit) in Frage stellt. Zur verbandseigenen Sportgerichtsbarkeit gibt es keine Alternative. Staatliche Gerichte benötigen für ihre Entscheidungen viel zu lange. Man stelle sich nur vor, wie lange staatliche Gerichte benötigt hätten, um die in der Relegation am Ende der Saison 2011/2012 entstandene Frage, ob Fortuna Düsseldorf oder Hertha BSC für die nur sechs Wochen später angepfiffene Saison 2012/2013 zuzulassen war, zu klären!

Um die in den vergangenen Jahren immer wieder geführte Diskussion um die in § 9a RVO normierte verschuldensunabhängige Haftung zum Abschluss zu bringen und damit innerhalb des DFB und seiner Mitgliedsverbände außer Streit zu stellen, möge der DFB-Bundestag die Wirksamkeit der Norm durch einen neuerlichen Beschluss ausdrücklich bestätigen."[163]

Dieser Vorschlag zur Bestätigung des § 9a DFB-RuVO mit dem Signal, dass unter den Mitgliedern des DFB eine weitgehende Einigkeit über die Wirksamkeit

163 Antrag Nr. 27 zum 41. Ordentlichen Bundestag, abgedruckt in der konsolidierten Fassung der Anträge zum 41. Ordentlichen Bundestag am 24./25. Oktober 2013 in Nürnberg, S. 122 f.

der verschuldensunabhängigen Haftung besteht, kam jedoch nie zur Abstimmung. Vielmehr wurde der Antrag zurückgenommen. Begründet wurde die Rücknahme insbesondere damit, dass nach der Entscheidung des Ständigen Schiedsgerichts in der Causa Dynamo Dresden viele Gespräche mit den Vereinen geführt wurden, sodass keine Veranlassung gegeben sei, über den § 9a DFB-RuVO erneut zu debattieren.[164] Ein möglicher Bedarf seitens der Mitglieder, trotzdem über diesen Punkt zu debattieren, schien nicht vorhanden gewesen zu sein, vielmehr wurde von etwaigen Anfragen abgesehen.[165] Somit kann daraus geschlossen werden, dass bei den Mitgliedern keine durchdringenden Zweifel an der Wirksamkeit und Notwendigkeit des § 9a DFB-RuVO bestehen, auch wenn ein mögliches positives Signal durch eine erneute Bestätigung ausblieb.

Es ist schlussfolgernd davon auszugehen, dass auch das Verständnis des DFB durch die intensivierte Diskussion um die Zulässigkeit des § 9a DFB-RuVO einen Wandel erfahren hat. Ginge man zuvor, wofür einige Anhaltspunkte sprechen, davon aus, dass der DFB seine Geldstrafe als Strafe im eigentlichen Sinne zur Sanktionierung vergangenen Verhaltens versteht, muss man diesen Schluss durch die Einführung von Auflagen und Möglichkeiten des Erlasses und den damit einhergehenden Wandel des Selbstverständnisses nun hinterfragen. Durch diese Änderungen wurde eine klare Verschiebung von der repressiven zur präventiven Seite vorgenommen. Allerdings wird von den neu geschaffenen Möglichkeiten nicht immer Gebrauch gemacht.[166] Es lässt sich somit festhalten, dass durch die beim DFB-Bundestag 2013 gefassten Beschlüsse und Festlegung der Leitgedanken der präventive Charakter der Geldstrafe gefördert wurde. Das

164 Vgl. *Rainer Koch* beim 41. Ordentlichen Bundestag: „Protokolle vom 41. Ordentlichen DFB-Bundestag am 24.-25. Oktober 2013/ Nürnberg und vom Außerordentlichen DFB-Bundestag am 15. April 2016/ Frankfurt am Main" S. 81.

165 Vgl. „Protokolle vom 41. Ordentlichen DFB-Bundestag am 24.-25. Oktober 2013/ Nürnberg und vom Außerordentlichen DFB-Bundestag am 15. April 2016/ Frankfurt am Main" S. 84.

166 Betrachtet man allein die im September 2019 im Zusammenhang mit Zuschauerausschreitungen erlassenen Urteile, so wurde nur in drei von insgesamt 30 Fällen von der Möglichkeit Gebrauch gemacht, einen anteiligen Betrag nachzulassen, sofern dieser für sicherheitstechnische oder infrastrukturelle Maßnahme verwendet wird: vgl. die jeweiligen Urteile ohne Erlassmöglichkeit: 14, 15, 21, 22, 23, 25, 26, 28, 30/2019/ 2020 3. Liga und 10, 11 12, 13, 15, 17, 18, 19, 20 22, 23, 24, 25, 26, 27, 30, 31, 32/2019/ 2020 und mit Erlassmöglichkeit: 17, 20/2019/2020 3. Liga und 14/2019/2020 (Urteile abrufbar unter: *www.dfb.de/verbandsservice/verbandsrecht/urteile/* zuletzt abgerufen am 14.11.2019).

repressive Element hat zwar an Bedeutung verloren, ist jedoch auch nach dem Selbstverständnis des DFB nicht gänzlich verdrängt worden.

c) Die sportgerichtlichen Urteile

Betrachtet man die sportgerichtlichen Urteile des Deutschen Fußball-Bundes[167] näher, könnte sich ein anderes Verständnis ergeben. Schaut man sich beispielsweise die Entscheidung Nr. 20/2019/2020 3. Liga[168] des Sportgerichts gegen die F.C. Hansa Rostock GmbH & Co. KGaA an, so fällt auf, dass der Tenor des Urteils aufgeteilt ist. Unter Punkt 1 wird die Geldstrafe für unsportliches Verhalten der Anhänger gem. § 1 Nr. 4 i.V.m. § 9a Nrn. 1. und 2. der DFB-Rechts- und Verfahrensordnung in Höhe von 12.500 Euro festgelegt. Unter Punkt 2 wird dem Adressaten nachgelassen, von der Geldstrafe in Höhe von 12.500 Euro einen Betrag in Höhe von 4.000 Euro für sicherheitstechnische und infrastrukturelle Maßnahmen zu verwenden. Über die Verwendung ist fristgerecht Nachweis zu erbringen. Aus dem anhängenden Bericht des DFB-Kontrollausschusses geht hervor, dass die Möglichkeit des Nachlasses auf Antrag der F.C. Hansa Rostock GmbH & Co. KG ergangen ist. Angelegt ist die Möglichkeit, einen Teil der Geldstrafe, jedoch nicht mehr als ein Drittel des Betrages, für konkrete sicherheitstechnische und/oder gewaltpräventive Maßnahmen des Vereins bzw. der Tochtergesellschaft zu verwenden, in der bereits erwähnten Richtlinie für die Arbeit des Kontrollausschusses.[169] Die Möglichkeit des Nachlasses findet sich somit nicht in jedem Urteil wieder, vielmehr bildet diese Vorgehensweise eine Ausnahme.[170] Daher stellt sich die Frage, ob der präventive Charakter der Geldstrafe bei Nichtgebrauch der Möglichkeit eines Nachlasses nach dem Verständnis und der Rechtsprechung des DFB überhaupt gegeben sein kann. Schaut man sich dazu erneut die Richtlinie für die Arbeit des DFB-Kontrollausschusses an, so ist die Möglichkeit des Strafnachlasses in dem unter Punkt 9, welcher die Überschrift „Strafzumessungsleitfaden" trägt, gefassten Unterpunkt c. niedergeschrieben. Dies zeigt, dass es sich dabei allein um eine Frage der Strafzumessung handeln soll. Vielmehr trifft die Richtlinie unter Punkt 7 eine allgemeine – unabhängig von der einzelfallbezogenen Strafzumessung geltende – Aussage zum Zweck der Geldstrafe. Dieser soll in der Vermeidung neuerlicher Vorfälle zu sehen sein.[171]

---

167 Die Urteile der DFB-Sportgerichtsbarkeit werden seit Beginn der Saison 2018/2019 unter *www.dfb.de/verbandsservice/verbandsrecht/urteile/* veröffentlicht.

168 Abrufbar unter: *www.dfb.de/fileadmin/_dfbdam/209979-20.09.2019_Hansa_Rostock.pdf* (zuletzt abgerufen am 01.10.2019).

169 Punkt 9c RL DFB KontrollAuss.

170 -> 1. Teil, A. IV. 3. a. bb. 2) b).

171 Punkt 7 RL DFB KontrollAuss.

Somit ist davon auszugehen, dass die Möglichkeit des Strafnachlasses für die Schaffung konkret sicherheitstechnischer und/oder gewaltpräventiver Maßnahmen und insbesondere deren Nichtgebrauch, keinen Grund für das Absprechen des generalpräventiven Charakters aus Sicht des DFB darstellt.

Die Auswertung der Richtlinie, der dazugehörigen Materialien sowie der sportgerichtlichen Urteile lassen den Schluss zu, dass der DFB selbst den präventiven Zweck seiner Geldstrafen gegen die Vereine als vorrangig ansieht und die Ahndung des in der Vergangenheit liegenden Verhaltens nur eine weit untergeordnete Rolle spielen soll.

3) Verständnis der Literatur

In der Literatur wird der Zweck der Geldstrafe gegen die Vereine, beruhend auf § 9a DFB-RuVO, unterschiedlich beurteilt. *Pfister* sieht den Zweck einer Vereinsstrafe insbesondere in der Prävention gegenüber dem bestraften Verein und gegenüber allen anderen Vereinen (Spezial- und Generalprävention). Ein etwaiger Sühnezweck sei hingegen nur nachrangig. Der Verein solle durch die Strafe dazu angehalten werden, seine Sicherheitsvorkehrungen zu analysieren und etwaige Lücken nachzubessern.[172] Dem liegt allerdings der vorgelagerte Gedanke zugrunde, dass den Verein immer auch ein eigenes Verschulden trifft oder zumindest ein Sorgfaltspflichtverstoß gegeben ist.[173] Diese Ansicht kann mit Blick auf die verschuldensunabhängige Haftung nach § 9a DFB-RuVO nur Bestand haben, wenn trotz des eindeutigen Wortlauts des § 9a DFB-RuVO ein Verschulden des Vereins vorauszusetzen ist. Vielmehr gebietet sich jedoch, die Problematik von der anderen Seite zu begutachten. Zunächst ist der Zweck der Geldstrafe gegen die Vereine herauszuarbeiten, um sodann zu untersuchen, welche Auswirkungen dies auf die Auslegung des § 9a DFB-RuVO, insbesondere im Hinblick auf die Verbandsautonomie, haben könnte.[174] Somit kann den Ausführungen *Pfisters* keine für die Verbandsstrafe gegen Vereine allgemeingültige Aussage abgewonnen werden. *Nees* nimmt Bezug auf die Aussage *Pfisters*, kritisiert dabei jedoch ausschließlich die weitergehenden Aspekte hinsichtlich möglicher Auswirkungen auf den Zurechnungszusammenhang, untersucht den Zweck der

172 *Pfister*, SpuRt 2014, 10 (11).

173 Unter Verweis auf die wohl herrschende Meinung: *Pfister*, SpuRt 2014, 10 (11).

174 Vgl. auch die Vorgehensweise des Schiedsgerichts, welches zunächst feststellt, dass die Zulässigkeit des § 9a DFB-RuVO nicht für solche Maßnahmen zu beurteilen sei, bei denen der Sühnezweck im Vordergrund stehe. Ständiges Schiedsgericht f. Vereine u. KapGes d. Lizenzligen, Urteil v. 14.05.2013 = SpuRt 2013, 200 (202).

Verbandsstrafe im Verhältnis Verband zu Verein allerdings an dieser Stelle nicht weiter.[175]

An anderer Stelle kommt *Nees* allerdings erneut auf den Zweck der Verbandsstrafe zu sprechen. Dabei weitet er den Blickwinkel und fasst nicht nur das Verhältnis zwischen Verband und Verein ins Auge, sondern nimmt eine Gesamtbetrachtung vor.[176] Dabei nimmt er insbesondere Bezug auf die eigens vom DFB in der Richtlinie für die Arbeit des Kontrollausschusses gemachten Äußerungen zum Zweck der Verbandsstrafe. Er erkennt ebenso, dass die Sanktionen des DFB täterorientiert seien und der Verein nur als Durchlaufposten diene, seine Letztbelastung jedoch selbst vom Verband nicht gewollt sei.[177] Dies führe zu dem Schluss, dass der Verband eine mittelbare Einflussnahme durch die Weiterreichung der Verbandsstrafe an die Zuschauer auf diese erreichen wolle.[178] Das einzige Verhalten, dass der Verband vom Verein verlange, sei die Geltendmachung eines Regressanspruches gegen den Zuschauer. Einen darüberhinausgehenden verhaltensregelnden Charakter habe die Verbandsstrafe gegenüber dem Verein nicht.[179] Sicherlich muss bei der Frage nach dem Verbandsstrafenzweck auch das Verständnis des DFB in Betracht gezogen werden, dazu muss in einem ersten Schritt jedoch die Reichweite der Aussagen in der Richtlinie für die Arbeit des Kontrollausschusses untersucht werden. Es ist auf dem ersten Blick nicht ersichtlich, wessen Verständnis dort zugrunde gelegt wird.

Dass der vom DFB eigens titulierte präventive Charakter der Verbandsstrafe im Vordergrund stehe, zweifelt auch *Kurth*[180] nicht an. Er sieht ebenfalls die Spezial- und Generalprävention der Maßnahme als tragendes Merkmal. Ein danebenstehendes, repressives Merkmal lässt sich *Kurths* Aussagen nicht entnehmen. Die vorrangig präventive Wirkung der Maßnahme wird auch von *Haslinger* nicht bestritten, ein repressives Element wird allerdings ebenso erkannt.[181]

175 *Nees*, Der Verbandsstrafenregress im Nachgang an störendes Zuschauerverhalten, S. 95 ff.

176 *Nees*, Der Verbandsstrafenregress im Nachgang an störendes Zuschauerverhalten, S. 152 f.

177 *Nees*, Der Verbandsstrafenregress im Nachgang an störendes Zuschauerverhalten, S. 153.

178 *Nees*, Der Verbandsstrafenregress im Nachgang an störendes Zuschauerverhalten, S. 153 f.

179 *Nees*, Der Verbandsstrafenregress im Nachgang an störendes Zuschauerverhalten, S. 154.

180 *Kurth/Seip*, SpuRt 2017, 15 (17).

181 *Haslinger*, Zuschauerausschreitungen und Verbandssanktionen im Fussball, S. 124.

Auch *Otting/Thelen* sehen den Zweck der Verbandsstrafe darin, den adressierten Verein zu eigenen Maßnahmen zur Verhinderung weiterer Ausschreitungen, zu motivieren.[182] Der spezial- und generalpräventive Charakter der Verbandsstrafe wird auch von *Röhricht* bekräftigt und sei darin zu sehen, dass der strafadressierte Verein zur Pflichteneinhaltung und Regelbefolgung angehalten wird und die übrigen Wettbewerbsbeteiligten von ähnlichen Verstößen abgehalten werden. Der in Bezug genommene Verstoß müsse allerdings schuldhaft begangen worden sein.[183] Auch einige weitere Stimmen rücken die präventive Wirkung der Verbandsstrafe in den Vordergrund, die auf die zukünftige Verhinderung von Ausschreitungen und die Sicherung eines gewaltfreien Wettbewerbes gerichtet sei.[184] Sofern die Ansätze – ebenso wie *Pfister* – auf schuldhafte Verstöße des Vereins abstellen, können diese aus den bereits genannten Gründen nur eingeschränkt einen Beitrag zur hiesigen Diskussion leisten. Vielmehr ist unter Berücksichtigung des klaren Wortlauts des § 9a DFB-RuVO die Haftung unabhängig eines Verschuldens des Vereins zu berücksichtigen und die darauf beruhende Verbandsstrafe zu untersuchen.

Wieschemann spricht der Verbandsstrafe hauptsächlich eine repressive Natur zu.[185] Sie diene nicht der unmittelbaren Gefahrenabwehr und sei gemeinsam mit § 1 Nr. 4 DFB-RuVO und § 44 Nr. 2 g) und h) DFB-Satzung die Grundlage von „Sanktionen".[186] Solche bestraften grundsätzlich die Verletzung von Verhaltenspflichten in einem in der Vergangenheit liegenden Sachverhalt.[187] Demnach sei der Anknüpfungspunkt ein vorwerfbarer Verstoß des Vereins gegen Handlungs- oder Unterlassungspflichten.[188] Den nachrangig – aber dennoch vorhandenen – präventiven Charakter der Sanktion sieht *Wieschemann* in dem Motivationsanreiz zu zukünftigen normkonformen Verhalten.[189]

Walker spricht der Geldstrafe – auf *Wieschemann* beziehend – ebenfalls beinahe jegliche präventive und wettkampfsichernde Wirkung ab. Er beruft sich dabei auf die fehlenden empirischen Belege dafür, dass die Zuschauer ihr

---

182 *Otting/Thelen*, JA 2017, 380 (383).

183 *Röhricht*, in: Sportrecht damals und heute, S. 15 (38).

184 *Bagger/Kober*, JM 2015, 360 (361); *Große Lefert/Bagger von Grafenstein*, in: Stopper/Lentze, Hdb. Fußballrecht, Kap 19. Rn. 94; *Martens*, NJW 2016, 3691 (3693); *Oberholz*, in: Zuschauer als Störer, S. 85 (95).

185 *Wieschemann*, KSzW 2013, 268 (276).

186 *Wieschemann*, KSzW 2013, 268 (270).

187 *Wieschemann*, KSzW 2013, 268 (270).

188 *Wieschemann*, KSzW 2013, 268 (270).

189 *Wieschemann*, KSzW 2013, 268 (270).

Verhalten aufgrund drohender Strafen gegen den Verein und möglicher Regressansprüche richten. Vielmehr beschreibt *Walker* am Beispiel des 1. FC Köln, dass es trotz teils immens hohen Strafen fortlaufend zu Zuschauerausschreitungen komme und sich die Zuschauer dem Einfluss des Vereins entziehen.[190] Somit fehle es solchen Geldstrafen jeglicher Befähigung, auf die Zuschauer einzuwirken und die damit verbundene Sicherung des Wettbewerbs zu erreichen.[191] Sofern man der Geldstrafe nicht jeglichen präventiven Charakter absprechen wollte, ginge dieser jedoch nicht über denjenigen hinaus, dem auch eine gerichtliche Geldstrafe innewohne. Es handle sich um eine Strafe, bei der es vorrangig um eine Sanktionierung einer in der Vergangenheit liegenden Handlung ginge und der Sühnezweck das tragende Element sei.[192] Dem schließen sich im Wesentlichen auch *Prütting* und *Kniepert* an, die der Geldstrafe gegen die Vereine nur eine geringe präventive Wirkung zusprechen. Eine solche sehen sie aber bei einem möglichen Regress gegen den Zuschauer höher an.[193] Welche Wirkung hingegen im Falle des Regresses vorrangig bzw. gewichtiger ist, wird nicht näher erläutert.

Den Ansichten von *Wieschemann* und *Walker* – dem zustimmend auch *Prütting/Kniepert* – kann nicht ohne Weiteres gefolgt werden. Es ist gut möglich, dass ein Beweis für eine positive Verhaltensänderung bei den Anhängern durch die Verbandsstrafe nicht geführt werden kann. Das Gegenteil kann allerdings ebenso wenig dargelegt werden. Der beispielhafte Verweis auf die Anhänger des 1. FC Köln greift dahingehend zu kurz und verbietet einen allgemeingültigen Schluss. Möchte man *Walkers* Aussage auch ohne entsprechende Zahlen und Statistiken beiwohnen, so lässt dies einzig Zweifel an der generalpräventiven Wirkung der Verbandsstrafe zu. Dass es jedoch auch an einer Spezialprävention fehlt, lässt sich damit nicht begründen.

Orth setzt sich im Rahmen einer kritischen Betrachtung der Schiedsgerichtsentscheidung in der Causa Dynamo Dresden auch mit der Frage des Zweckes der Verbandsstrafe auseinander. In der Causa Dynamo Dresden war zwar ein Wettbewerbsausschluss gegenständlich, doch *Orths* Aussagen bezüglich des Strafzwecks können auch auf die Geldstrafe übertragen werden. Zunächst einmal wird festgestellt, dass aufgrund der Verbandsautonomie und der freiwilligen Unterwerfung der Mitglieder unter die weitgehend anerkannte Disziplinargewalt des Verbandes eine Konkurrenz oder gar eine Verletzung des staatlichen Bestrafungsmonopols

---

190 *Walker*, NJW 2014, 119 (122).

191 *Walker*, NJW 2014, 119 (122), berufend auf: *Wieschemann*, KSzW 2013, 60 (66); *Bahners*, CaS 2009, 25 (26).

192 *Walker*, NJW 2014, 119 (122).

193 *Prütting/Kniepert*, ZfPW 2017, 458 (468).

nicht ernstlich in Betracht komme.[194] Vielmehr erhalte sie ihre Berechtigung durch die Verbandsautonomie und die freiwillige Unterwerfung der Mitglieder. Somit solle die Verbandsstrafe der Möglichkeit zur Normdurchsetzung in privaten Rechtsverhältnissen dienen. Nichtsdestotrotz erfülle die Verbandsstrafe alle Merkmale einer „Strafe“ im rechtsethischen Sinne.[195] Zum einen handle es sich bereits nach dem äußeren Erscheinungsbild um eine Strafe. So spreche die Rechtsgrundlage und die Sportgerichte selbst von einer „Strafe“.[196] Zum anderen wohne der Verbandsstrafe sowohl ein Unrechtsurteil als auch ein Sühnezweck inne.[197] Ersteres sei in einer Verletzung der herausragenden Maßstäbe an Fair Play und Wohlverhalten im Verantwortungsbereich der Vereine zu sehen.[198] Letzteres sei dadurch gegeben, dass der Verein trotz seiner Garantenstellung Ausschreitungen seiner Zuschauer nicht verhindern konnte.[199] Diese Versündigung gegenüber den anderen Wettbewerbsteilnehmern werde durch die Verbandsstrafe reduziert und führe zu einer Genugtuung bei den anderen Beteiligten.[200] Auch der Umstand, dass das Ständige Schiedsgericht der Verbandsstrafe über den spezialpräventiven Charakter hinaus einen generalpräventiven zuspricht, ändere nichts an der Einordnung als Strafe, denn dieser sei gerade Eigenart einer solchen.[201] Der präventive Charakter insgesamt sei, lege man die modernen Straftheorien zugrunde, essentieller Bestandteil einer Strafe.[202] *Orth* sieht somit alle Merkmale einer Strafe erfüllt.

a) Die Merkmale einer Strafe aus rechtsphilosophischer Sicht

Was diese Merkmale im Einzelnen sind, hat *Orth* in einem weiteren Beitrag[203] unter Auswertung der rechtsphilosophischen Literatur[204] und angelehnt an *Walker*[205] wie folgt zusammengefasst.

194 *Orth*, SpuRt 2013, 186 (188).
195 *Orth*, SpuRt 2013, 186 (188).
196 *Orth*, SpuRt 2013, 186 (188) beschreibt dies sinnbildlich mit den Worten: „If it looks like a duck, swims like a duck, and quacks like a duck, then it probably is a duck.“.
197 *Orth*, SpuRt 2013, 186 (188 f.).
198 *Orth*, SpuRt 2013, 186 (189).
199 *Orth*, SpuRt 2013, 186 (188 f.).
200 *Orth*, SpuRt 2013, 186 (189).
201 *Orth*, SpuRt 2013, 186 (188).
202 *Orth*, SpuRt 2013, 186 (190).
203 *Orth*, SpuRt 2012, 93; Die Strafmerkmale sollen demnach für Sanktionen im staatlichen und privatrechtlichen Rahmen gelten.
204 *Bedau*, Buffalo Criminal Law Review, Vol. 5, No. 1, 2001, 103; *Feinberg*, The Monist, Vol. 49, No. 3, 1965, 397–423; Flew, Philosophy, Vol. 29, No. 3 (1954), 291, (291 ff.); *Walker*, Why Punish?, S. 1–4;. z.T. zitiert nach *Orth*, Spurt 2012, 93 (95 Fn. 16).
205 *Walker*, Why Punish?, S. 1–3.

„*a) Strafe betrifft die Auferlegung von etwas, das für den Empfänger für unwillkommen gehalten wird: die Unbill einer Disqualifikation, die Härten einer Haft, die Schmerzen beim Auspeitschen, Ausweisung aus einem Land, Ausschluss aus einer Gemeinschaft, oder – in extremen Fällen – Tod.*
b) Diese Auferlegung erfolgt absichtlich und aus einem bestimmten Anlass.
c) Von denjenigen, die diese Strafe aussprechen – etwa Mitgliedern der Gesellschaft, Organisation oder Familie –, wird angenommen, dass sie hierzu Recht haben.
d) Der Anlass, weswegen eine Strafe ausgesprochen wird, betrifft ein Tun oder Unterlassen, das ein Gesetz, eine Regel oder dergleichen verletzt.
e) Die zu bestrafende Person hat eine freiwillige Rolle im Rahmen der Regelübertretung gespielt, oder wenigstens glaubt dies der Strafende oder gibt es vor.
f) Der Grund des Strafenden für die Bestrafung ergibt die Rechtfertigung, Strafe auszusprechen. Es darf nicht bloßer Sadismus sein. Eine Rechtfertigung ist von Nöten, weil die Auferlegung von etwas Unerfreulichen ohne Rücksicht auf die Wünsche des Betroffenen geschieht (anders als beim Zahnarztbesuch, Operation oder Buße, von deren Leiden man sich Besserung erhofft).
g) Entscheidend für die Frage, ob eine Maßnahme eine Strafe ist, ist die Auffassung oder die Absicht derjenigen Personen entscheidend, welche die Maßnahme anordnet, nicht hingegen die Auffassung der Person, die belastet wird.“[206]

b) Sind die Merkmale einer Strafe aus rechtsphilosophischer Sicht erfüllt?

Unstrittig wird die Auferlegung einer Geldstrafe an die Vereine auch von diesen als Härte und unwillkommen verstanden. Auch die eventuelle Möglichkeit eines Regresses ändert daran nichts, da der Verein zumindest das Risiko der Täterermittlung und somit auch der Endbelastung trägt (a). Die Auferlegung der Geldstrafe erfolgt außerdem absichtlich aufgrund eines bestimmten Anlasses, namentlich den Zuschauerausschreitungen (b). Der DFB nimmt auch an, zur Verhängung der Geldstrafe berechtigt zu sein. Diese Berechtigung erlangt der Verband kraft seiner aus der Verbandsautonomie hergeleiteten Diziplinargewalt und der demokratischen Legimitation durch die Mitglieder (c). Außerdem müsste der Anlass zum Strafausspruch ein Tun oder Unterlassen betreffen, welches eine Regel oder dergleichen verletzt. Bei

206 *Orth*, SpuRt 2012, 93 (95) unter Rückgriff auf *Walker*, Why Punish, S. 1–3.

§ 9a DFB-RuVO handelt es sich in erster Linie um eine Zuweisungsnorm. Anknüpfungspunkt ist jedoch mit den Zuschauerausschreitungen unstrittig ein Tun, welches durch den Verein nicht verhindert werden konnte (d). Dabei hat der jeweilige Verein auch eine freiwillige Rolle gespielt. Dieser hat sich mit der Teilnahme an dem Wettbewerb des DFB bzw. der DFL der entsprechenden Disziplinargewalt, damit auch der Norm des § 9a DFB-RuVO, unterworfen (e). Mit der Bekämpfung und Vermeidung zukünftiger Zuschauerausschreitungen ist ebenso der Grund und die Rechtfertigung für die Geldstrafe gegeben (f). Zuletzt ist für die Einordnung als Strafe entscheidend, dass der DFB die Geldstrafe auch als eine solche ansieht. Zu dem Selbstverständnis des DFB wurde oben[207] bereits ausführlich Stellung genommen. Tragender Gedanke war dabei die spezial- und generalpräventive Wirkung der Geldstrafe, welche den repressiven Charakter klar überwiegen soll. Zuvor[208] wurde hinsichtlich der Geldstrafe im staatlichen Strafrecht herausgearbeitet, dass auch dieser ein spezial- und generalpräventiver Charakter innewohne. Somit spricht die Einordnung des DFB selbst auch nicht gegen eine „Strafe“. Vielmehr spricht die reine Wortwahl sowohl der Rechtsgrundlage als auch der Sportgerichte selbst von einer „Strafe“. So lautet die Überschrift des § 44 DFB-Satzung, in dem auch in Nummer 2 c) die Geldstrafe genannt ist, von der „Strafgewalt des Verbandes und Strafarten“. In den einschlägigen Urteilen wird außerdem von einer Geldstrafe gesprochen.[209] Demnach sind alle Elemente einer Strafe aus rechtsphilosophischer Sicht gegeben und *Orth* kann bezüglich der Einordnung als Strafe zugestimmt werden.

4) Rechtsprechung

Auch die Rechtsprechung hat sich zu dem Zweck der Geldstrafe des DFB an den Verein geäußert. Sie knüpft dabei im Wesentlichen an das Verständnis des DFB an. Das Landgericht Köln hat sich ausschließlich auf den vom DFB beschriebenen Präventionszweck berufen.[210] Der BGH stimmt dem zu und sieht die

---

207 -> 1. Teil, A. IV. 3. a. bb. 2).

208 -> 1. Teil, A. IV. 3. A. aa.

209 Vgl. nur beispielhaft: Entscheidung Nr. 35/2019/2020 3. Liga (abrufbar unter: *www.dfb.de/fileadmin/_dfbdam/212640-25.10.2019_Eintracht_Braunschweig_%284.375_-%29.pdf)* zuletzt abgerufen am 05.11.2019; Entscheidung Nr. 42/2018/2019 (abrufbar unter: *www.dfb.de/fileadmin/_dfbdam/211953-14.10.2019_Karlsruher_SC.pdf)* (zuletzt abgerufen am 05.11.2019).

210 LG Köln, npoR 205, 203 (204).

Geldstrafe als geeignet, auf den Verein bzw. Veranstalter direkt und auf die Fans indirekt einzuwirken, um zukünftige Ausschreitungen zu verhindern.[211] Das OLG Köln hat in dem Verfahren zusätzlich von einem „an das Strafrecht angelehntes Sanktionssystem" gesprochen.[212] Tiefergehende Erkenntnisse zum Zweck der Geldstrafe lassen sich der Rechtsprechung allerdings nicht entnehmen.

b. Stellungnahme zum Zweck der Verbandsstrafe

Anhand der vorstehenden Darstellung lässt sich erkennen, dass der Zweck der Verbandsstrafe seitens des DFB an die Vereine nicht abschließend geklärt ist. Dieser reicht von einem nahezu rein präventiven bis hin zu einem beinahe rein repressiven Zweck. Zu den Ansichten lässt sich eingangs sagen, dass sie bei ihrer Beurteilung jeweils mindestens einen relevanten Aspekt außer Acht lassen. *Pfister* setzt für seinen Ansatz ein Verschulden bzw. einen Sorgfaltspflichtverstoß des Vereins voraus. Da der klare Wortlaut des § 9a DFB-RuVO jedoch im Grundsatz von einer verschuldensunabhängigen Haftung ausgeht und auch in der sportgerichtlichen Praxis ein Verschulden der Vereine meist nicht festgestellt wird,[213] muss eine Untersuchung des Zwecks der Geldstrafe auch ausgehend von einer verschuldensunabhängigen Haftung erfolgen. Selbigen Vorwurf muss sich auch *Röhricht* gefallen lassen. Setzt man ein Verschulden bzw. einen Sorgfaltspflichtverstoß für die Verhängung der Geldstrafe voraus, hat dies auch entscheidenden Einfluss auf die Zweckbestimmung und kann zu einem anderen Ergebnis führen.

Nees führt seine Untersuchungen zwar auf Grundlage der Einordnung als verschuldensunabhängige Haftung, beruft sich hingegen nahezu ausschließlich auf das Selbstverständnis des DFB. Dabei fehlt es zumindest an einer Berücksichtigung der äußeren Umstände und der Frage danach, welche Rolle die Richtlinie für die Arbeit des DFB-Kontrollausschusses in sportgerichtlichen Verfahren gegen Vereine und Kapitalgesellschaften in diesem Zusammenhang überhaupt spielt. *Wieschemann* stellt bei seiner Einordnung als primär repressive Maßnahme hauptsächlich auf die Bezeichnung als „Sanktionen" in der DFB-Satzung

---

211 BGHZ 211, 375 (381 Rn. 20).

212 OLG Köln, npoR 2016, 78 (80).

213 Vgl. nur beispielhaft: Entscheidung Nr. 22/2019/2020 3. Liga (abrufbar unter: *www.dfb.de/fileadmin/_dfbdam/210105-23.09.2019_Bayern_München_-%281.400_--%29.pdf*; zuletzt abgerufen am 06.11.2019); Entscheidung Nr. 35/2019/2020 3. Liga (abrufbar unter: *www.dfb.de/fileadmin/_dfbdam/212640-25.10.2019_Eintracht_Braunschweig_%284.375_-%29.pdf*; zuletzt abgerufen am 06.11.2019); Entscheidung Nr. 42/2018/2019 (abrufbar unter: *www.dfb.de/fileadmin/_dfbdam/211953-14.10.2019_Karlsruher_SC.pdf*; zuletzt abgerufen am 06.11.2019).

ab. Dies kann für eine abschließende Beurteilung jedoch nicht ausreichend sein. An den Ansatz *Wieschemanns* knüpft *Walker* an. *Walker* versucht der Maßnahme die präventive Wirkung dadurch abzusprechen, dass – beispielhaft bei den Anhängern des 1. FC Köln – eine Verhaltensänderung durch die Geldstrafe nicht nachgewiesen werden könne. Daraus den Umkehrschluss zu ziehen, dass es zu keinerlei Verhaltensänderungen kommt, entbehrt sich jedoch ebenfalls einer Grundlage und geht zu kurz. Somit kann auf dieser Grundlage der Geldstrafe nicht der spezial- und generalpräventive Charakter abgesprochen werden.

Der Ansatz von *Orth* wird einer vollumfänglichen Betrachtung am ehesten gerecht. Aber auch *Orth* fasst einen Aspekt nicht ins Auge. Für die Beurteilung des Zwecks gebietet sich eine Untersuchung der sportgerichtlichen Urteile, welche teilweise eine Aufspaltung der Geldstrafe derart vornehmen, dass ein Teil der Strafe erlassen werden kann, sofern dieser Betrag für sicherheitsfördernde Maßnahmen verwendet wird.[214] Somit fehlt es der Diskussion weiterhin an einem Ansatz, der versucht, den Zweck der Geldstrafe unter Berücksichtigung aller relevanten Aspekte herauszuarbeiten.

Ausgehend von dem klaren Wortlaut des § 9a DFB-RuVO und damit einer verschuldensunabhängigen Haftung, sind die zu berücksichtigenden Aspekte das Selbstverständnis des DFB hinsichtlich des Zwecks der Geldstrafe (Bundestag und Rechtsorgane), das Sanktionsmodell des DFB in Gänze, die äußeren Merkmale und Indizien sowie der Umstand, dass alle Merkmale einer Strafe erfüllt sind.

Hinsichtlich des Selbstverständnisses des DFB wurde bereits herausgearbeitet, dass die Geldstrafe überwiegend eine präventive Maßnahme darstellt, durch die zukünftige Zuschauerausschreitungen verhindert und nicht die in der Vergangenheit liegenden Verhaltensweisen bestraft werden sollen.[215] Dies gilt umso mehr, wenn von der Möglichkeit des Strafnachlasses mittels Auflagen betreffend sicherheitsfördernder Maßnahmen Gebrauch gemacht wird. Das repressive Element der Verbandsstrafe wird jedoch auch nach dem Selbstverständnis des DFB nicht in Gänze verdrängt.

Das Sanktionsmodell ausschließlich im Hinblick auf die Geldstrafe an die Vereine zu betrachten, geht abermals zu kurz. Der Umstand, dass der DFB selbst

---

214 Vgl. Punkt 9c RL DFB KontrollAuss; die fehlende Betrachtung *Orths* wird darauf zurückzuführen sein, dass die Möglichkeit der Auflagen und Bewährungen erst auf dem DFB-Bundestag am 24./25.10.2013 gefasst wurde, der Beitrag jedoch bereits im Heft 5/2013 – erschienen am 01.09.2013 – veröffentlicht wurde.

215 -> 1. Teil, A. IV. 3. a. bb. 2).

den Täter und nicht den Verein mit der Strafe erreichen will, muss auch berücksichtigt werden.[216] Der DFB fordert die Vereine auf, die Täter zu ermitteln und anschließend in Regress zu nehmen. Zu diesem Vorhaben werden die Vereine mit einer möglichen Strafsenkung im Falle der erfolgreichen Täterermittlung motiviert.[217] Diese Senkung fällt nochmals höher aus, sofern sich der identifizierte Täter in besonders anerkennenswerter Weise ehrenamtlich im Sport oder in Sozialprojekten engagiert.[218] Im Umkehrschluss sieht der DFB in einer mangelnden Tataufklärung und Täterermittlung einen Pflichtverstoß der Vereine.[219] In dieser Zusammenschau lässt sich ein großer Anreiz für die Vereine erkennen, die entsprechenden Maßnahmen zur Verhinderung zukünftiger Ausschreitungen zu treffen oder zumindest solche Rahmenbedingungen zu schaffen, dass im Nachgang von Zuschauerausschreitungen eine Täterermittlung besser gelingt.[220]

In diesem Gesamtkonzept ist eine weitere Steigerung des präventiven Zweckes zu sehen. Die Motivation der Vereine zur Tataufklärung und Täterermittlung wird gesteigert, sodass es zu einer Erhöhung der Sicherheitsmaßnahmen kommt. Dies führt weiterhin dazu, dass sich die (potenziellen) Täter einer höheren Gefahr ausgesetzt sehen, bei den Ausschreitungen identifiziert zu werden. Dieser Umstand kann dazu führen, neue Vorfälle zu verhindern. Ob dies im Ergebnis tatsächlich auch zu einer Reduzierung der Ausschreitungen führt, kann nur schwer beurteilt werden. Der Erfolg der Maßnahmen kann für die Festlegung der Zweckrichtung jedoch keine zentrale Rolle spielen. Vielmehr ist somit in Gesamtbetrachtung des Sanktionsmodells die präventive Wirkung weiterhin tragendes Element der Verbandsstrafe gegen den Verein.

---

216 So im Ansatz bereits: *Nees*, Der Verbandsstrafenregress im Nachgang an störendes Zuschauerverhalten, S. 95 ff.

217 Punkt 9b RL DFB KontrollAuss: Bei erfolgreicher Täteridentifizierung von einem Täter reduziert sich die Strafe um 25 %, bei Identifizierung von einem bis zu 50 % der Täter um 50 % und bei mehr als 50 % bis 100 % der Täter um 75 %.

218 Punkt 9b RL DFB KontrollAuss: von 25 % auf 40 %, von 50 % auf 65 % und von 75 % auf 90 %.

219 Punkt 5 RL DFB KontrollAuss.

220 Als Beispiel die Aussage des Hertha Klub-Sprechers *Max Jung* nach den Zuschauerausschreitungen bei dem Berlin Derby zwischen Union und Hertha BSC Berlin am 02.11.2019 mit drei Verletzten sowie 25 Strafermittlungsverfahren wegen Körperverletzung, Hausfriedenbruchs, Sachbeschädigung und Landfriedensbruchs: „Es gibt mittlerweile verbesserte Kamerasysteme in den Stadien. [. . .]“ (*www.bz-berlin.de/berlin-sport/hertha-bsc/so-jagen-hertha-union-und-die-polizei-die-chaoten*, Stand: 03.11.2019, zuletzt abgerufen am 19.11.2019).

Wie außerdem im deskriptiven Teil herausgearbeitet wurde, erfüllt die Geldstrafe alle rechtsphilosophischen Merkmale einer Strafe.[221] Wie aber auch festgestellt wurde, wird nach den heute vertretenen Straftheorien auch der staatlichen Strafe ein – teils mehr, teils weniger – präventiver Zweck zugesprochen. So steht der Umstand, dass die Geldstrafe als Strafe im rechtsphilosophischen Sinne verstanden wird, in keinem Konflikt zu dem Selbstverständnis des DFB, welcher der Verbandsstrafe einen weit überwiegenden präventiven Charakter zuspricht. Des Weiteren ist festzuhalten, dass durch die Erfüllung der Merkmale einer Strafe im rechtsphilosophischen Sinne nicht auch der Schluss gezogen werden darf, die Verbandsstrafe sei eine Strafe im Sinne des staatlichen Strafrechts.[222]

So bleibt im Ergebnis festzuhalten, dass die Verbandsstrafe – in Gestalt der Geldstrafe – auch als Strafe im rechtsphilosophischen Sinne einzustufen ist, der präventive Charakter dieser allerdings klar im Vordergrund steht. Ein repressiver Teil kann jedoch ebenso wenig gänzlich ausgeschlossen werden. Eine Konkurrenz zur staatlichen Strafe stellt die Verbandsstrafe jedoch nicht dar, sondern ist ein Mittel zur Durchsetzung der verbandsinternen Regelungen. Der präventive Charakter der Verbandsstrafe wird dann nochmals gefördert, wenn von der Möglichkeit des Strafnachlasses bei Verwendung eines Teilbetrages für sicherheitstechnische bzw. infrastrukturelle Maßnahmen Gebrauch gemacht wird.

4. *Stellungnahme zur Frage der Zweckverfehlung im Falle eines Regresses (Pfister, Otting/Thelen, Grunewald)*

Der Zweck der Verbandsstrafe liegt primär in der Prävention, namentlich in der Vermeidung künftiger Ausschreitungen. Der repressive Charakter und somit die Disziplinierung für vergangenes Verhalten kann der Verbandsstrafe jedoch ebenso wenig in Gänze abgesprochen werden. Es ist folglich ein präventiver Charakter, der klar überwiegt und ein nachrangiger repressiver Charakter auszumachen. Um nun die eingangs erwähnten Ansichten, welche einen Regressausschluss wegen Verfehlung des Zwecks befürworten, auf Sinnhaftigkeit zu überprüfen, muss der hier erarbeitete Ansatz zugrunde gelegt werden. Es ist somit zu fragen, ob der primär präventive und sekundär repressive Zweck der Verbandsstrafe wegfällt, sofern man einen Regress zuließe.

---

221 -> 1. Teil, A. IV. 3. a. bb. 3) b).

222 So auch *Walker*, Why Punish, S. 1, der die Strafeigenschaften unabhängig davon, ob die Sanktion im staatlichen oder privatrechtlich organisierten Rahmen verhängt wird, gelten lassen will.; zustimmend *Orth*, SpuRt 93 (95).

Zunächst ist festzuhalten, dass der Ansicht *Grunewalds* schon deswegen nicht zugestimmt werden kann, da der Zweck der Verbandsstrafe nicht ausschließlich in einer Disziplinierung des Vereins zu sehen ist.

Die Ansätze *Pfisters* und *Otting/Thelens* bedürfen einer detaillierteren Auseinandersetzung, da sie zumindest ansatzweise, wenn auch nicht in der entsprechenden Schärfe, den richtigen Zweck der Verbandsstrafe erkannt haben. Denn sowohl der von *Pfister* angesprochene Zweck, den Verein zur Überprüfung der Sicherheitsmaßnahmen und der Schließung möglicher Lücken im Sicherheitssystem zu motivieren als auch die Verhinderung künftiger Ausschreitungen zu erreichen, wie es von *Otting/Thelen* herausgestellt wird, sind freilich Maßnahmen, die von der hier erarbeiteten Präventivwirkung der Verbandsstrafe umfasst sind.[223]

a. Präventiver Charakter der Verbandsstrafe

Der präventive Charakter ist darin zu sehen, zukünftige Zuschauerausschreitungen zu verhindern. Damit es zu keiner Verfehlung des Zwecks kommt, muss folglich trotz erfolgreichem Regress das verhaltenssteuernde Moment der Strafe fortbestehen.

Beachtung finden muss in diesem Zusammenhang insbesondere der Umstand, dass sowohl auf erster Ebene das Ermittlungs- als auch auf zweiter Ebene das Insolvenzrisiko des Täters allein bei dem strafadressierten Verein liegt.[224] Um das Risiko der Täterermittlung genauer darzustellen, wurden die Urteile der DFB-Sportgerichte des Jahres 2019 ausgewertet.[225]

Gegenstand der Auswertung waren 160 Urteile mit verhängten Geldstrafen in der Summe von 2.103.665 €. In lediglich 21 Fällen konnte bereits bis zum Abschluss des Verfahrens eine Täteridentifizierung durch den strafadressierten Verein erfolgen. Dies entspricht einem Anteil von 13,13 %. Wohlgemerkt muss hinzugefügt werden, dass eine Ermittlung des Täters immer auch im Nachhinein erfolgen kann. So kann im Wege eines Wiederaufnahmeverfahrens nach § 32 Nr. 3 DFB-Rechts- und Verfahrensordnung auch bis zu einem Jahr nach Rechtskraft der sportgerichtlichen Verurteilung eine Strafmilderung bei nachträglicher Täterermittlung erreicht werden.[226] Auch unabhängig

223 Siehe zu den Ansichten *Pfisters* und *Otting/Thelens* -> 1. Teil, A. IV. 3. a. bb. 3).

224 So auch *Pommerening*, SpuRt, 2012, 187 (189); *Riehm*, LMK 2016, 384429; *Weller/Benz/Wolf*, JZ, 2017, 237 (244).

225 Siehe zur Auswertung **Anlage**.

226 Siehe auch Punkt 10 RL DFB KontrollAuss.

des Wiederaufnahmeverfahrens und somit über die Dauer eines Jahres hinaus ist freilich eine Täterermittlung und somit eine potentielle Inanspruchnahme im Wege des Regresses denkbar. Es kann jedoch stark angezweifelt werden, dass nach einem solch langem Zeitraum noch mit einer erfolgreichen Ermittlung eines Täters eines so weit in der Vergangenheit liegenden Sachverhaltes zu rechnen ist. Untermauert wird dies dadurch, dass eine Strafreduzierung durch die DFB-Sportgerichte teilweise bereits dann erfolgt, wenn der Verein nachweisen kann, dass die Polizei eine Vielzahl der Täter identifizieren konnte, es jedoch noch zu keiner Überführung der Täter gekommen ist.[227] Dies darf zu der Annahme führen, dass Vereine bereits bei Vorliegen eines potentiellen Täterkreises eine Strafreduzierung einfordern oder zumindest im Laufe der Jahresfrist geltend machen werden. In der Auswertung der Urteile von 2019 war keine derartige Entscheidung im Rahmen eines Wiederaufnahmeverfahrens zu finden. Somit kann die oben dargestellte Quote von 13,13 % zumindest als grober Anhaltspunkt verwendet werden. Bereits auf der hier beschriebenen ersten Ebene der Täteridentifikation scheitern die Vereine zu rund 85 % an der Weitergabe der Verbandsstrafe. Für die übrigen rund 15 % besteht außerdem auf der zweiten Ebene das Risiko, einem zahlungsunfähigen Täter ausgesetzt zu sein. Verweist man an dieser Stelle erneut auf die oben genannte Auswertung, so lag die durchschnittliche Höhe einer Verbandsstrafe bei 13.147,91 €.[228]

Bei Betrachtung dieser Zahlen, kann das Insolvenzrisiko, ohne eine entsprechende Statistik heranziehen zu können, nicht außer Betracht gelassen werden.[229] Somit kann in der Zusammenschau dieser beider Risiken festgehalten werden, dass die Möglichkeit des Regresses dem Verein keinerlei Anreiz bietet, von einer Verbesserung der Sicherheitsvorkehrungen abzusehen. Außerdem werden die Vereine dazu motiviert, ihre Maßnahmen zur Täteridentifikation stetig weiterzuentwickeln. Dies kann wiederum einen verhaltenssteuernden Einfluss auf die

---

227 Vgl. dazu die Urteilsbegründung in der Entscheidung 150/2018/2019, abrufbar unter: *www.dfb.de/fileadmin/_dfbdam/200129-01.03.2019_1._FC_Heidenheim.pdf* (zuletzt abgerufen am 17.03.2020).

228 In der Spitze 150.000 € gegen den Hamburger SV, abrufbar unter: *www.dfb.de/fileadmin/_dfbdam/197923-07.05.2019_HSV_Fu%C3%9Fball_AG.pdf* (zuletzt abgerufen am 22.03.2020).

229 Vgl. bspw. *rp-online*, Bayer 04 Leverkusen schickt Rechnung – 7000 Euro Strafe für Umarmung mit Ronaldo, abrufbar unter: *rp-online.de/nrw/staedte/leverkusen/leverkusen-7000-euro-strafe-fuer-umarmung-mit-ronaldo_aid-53465221* (Stand: 20.09.2020, zuletzt abgerufen am 24.09.2020).

Täter haben, da sie sich einer größeren Gefahr der Ermittlung ausgesetzt sehen. Vielmehr kann sogar die Erhöhung erfolgreicher Inregressnahmen einen generalpräventiven Charakter aufweisen, da die allgemeine Furcht vor der individuellen Inanspruchnahme steigt.[230]

Aus diesen Gründen kann keinerlei Ansatz dafür gefunden werden, dass ein potenzieller Regress dazu führt, den präventiven Charakter der Verbandsstrafe aufzuheben. Vielmehr kann der Regress als weiteres Mittel in der Riege der Sicherheitsmaßnahmen der Vereine angesehen werden und somit den präventiven Charakter gar unterstützen.

b. Repressiver Charakter der Verbandsstrafe

Auch der repressive, weit untergeordnet Teil der Verbandsstrafe, muss bei erfolgreichem Regress bestehen bleiben. Der repressive Zweck der Verbandsstrafe ist in der Sanktionierung eines in der Vergangenheit liegenden Vorfalls zu sehen.[231] Nun muss zwischen zwei Szenarien unterschieden werden, die bei einem hypothetischen Regress der Verbandsstrafe in Frage kommen.

In einem ersten Szenario gelingt es dem Verein nicht, die oder den Täter zu ermitteln und die Strafe verbleibt in Gänze beim Verein. Dann ist das in der Vergangenheit liegende Verhalten, welches zu sanktionieren ist, darin zu sehen, dass der Verein nicht die zur Vermeidung der Ausschreitungen bzw. zur Identifizierung des Täters erforderlichen Maßnahmen getroffen hat. Dann ist es auch zweckmäßig, die Strafe beim Verein zu belassen. In einem zweiten Szenario gelingt es dem Verein, die bzw. den Täter zu ermitteln. Dann entfällt aber der im ersten Szenario zutreffende Vorwurf, der Verein habe weder Vorkehrungen zur Verhinderung noch zur Identifizierung getroffen, denn gerade diese Täterermittlung war erfolgreich. So trifft die monetäre Belastung der Verbandsstrafe in Gänze die bzw. den Täter und neuer Anknüpfungspunkt für das in der Vergangenheit liegende zu sanktionierende Verhalten kann in der Ausschreitung als solche gesehen werden.[232] Dann ist es auch zweckmäßig, den repressiven Charakter der Verbandsstrafe auf den bzw. die Täter übergehen zu lassen, sofern dies nicht an einer möglichen Zahlungsunfähigkeit des Täters zumindest teilweise scheitert.

---

230 So auch vom DFB explizit erwünscht. Vgl. dazu an div. Stellen der RL DFB KontrollAuss.

231 Vgl. Punkt 7 RL DFB KontrollAuss.

232 Dies führt nach Auffassung des DFB zu „gerechten, individuellen Sanktionen“, vgl. Punkt 7 RL DFB KontrollAuss.

Somit kann unter Berücksichtigung der möglichen Szenarien eine Zweckverfehlung des – zumal weit untergeordneten – repressiven Charakter der Strafe durch die Möglichkeit des Regresses nicht erkannt werden.

V. Zwischenergebnis

Im Ergebnis kann festgehalten werden, dass durch die Zulassung eines Regresses der Verbandsstrafe keine Zweckverfehlung erreicht wird. Der weit übergeordnete präventive Charakter der Strafe bleibt auch bei einem Regress aus den beschriebenen Gründen bestehen. Auch der weit untergeordnete repressive Charakter wird durch den Regress nicht tangiert. Vielmehr hat der Regress positive Auswirkungen auf die Erreichung der in Rede stehenden Zwecke. So kann die spezial- und generalpräventive Wirkung durch den Regress auch auf den bzw. die (potenziellen) Täter ausgeweitet werden, während diese trotzdem ebenso beim Verein verbleibt. Auch der repressive Teil der Strafe kann durch die Möglichkeit des Regresses zweckgerichtet eingesetzt werden. So ist es sinnvoll, diesen nur dann den Vereinen aufzuerlegen, wenn eine Inanspruchnahme der unstreitig primär für die Ausschreitung Verantwortlichen nicht gelingt. Die Möglichkeit des Regresses schadet somit nicht der Zweckerreichung der Verbandsstrafe, sondern kann diesen sogar fördern.

B. Kartellrecht

376.000.000 € – dies ist die Summe der im Jahre 2018 vom Bundeskartellamt verhängten Bußgelder.[233] Schaut man sich die Zahlen auf Unionsebene an, zeigt allein das Beispiel Google, welch horrende Summen im Raum stehen. So wurde das Unternehmen ebenfalls im Jahre 2018 mit einer Geldbuße von 4,34 Milliarden € belegt.[234] Allein diese Zahlen lassen erahnen, dass die Frage eines möglichen Regresses vielfach und intensiv diskutiert wird.[235]

---

233 Statistik abrufbar unter: *www.bundeskartellamt.de/SharedDocs/Open_Data/Verhaengte_Bu%C3%9Fgelder.html;jsessionid=EC829B36085A818A328FF8BFB979BAEF.1_cid362?nn=3591496* (Stand: 20.02.2017, zuletzt abgerufen am 10.02.2020).

234 Statistik einsehbar unter: *de.statista.com/statistik/daten/studie/882868/umfrage/hoechste-eu-kartellstrafen/ (zuletzt abgerufen am 10.02.2020).*

235 Vgl. nur beispielsweise *Bunte*, NJW 2018, 123; *Kapp/Gärtner*, CCZ 2009, 168; *Meyer-Lindemann*, in: Loewenheim/Meessen/Riesenkampff/Kersting/Meyer-Lindemann, Kartellrecht, § 81 GWB Rn. 54 ff.; *Zimmer/Walther*, BB 2017, 629; insbesondere auch zur Höhe des Regresses: *Caspar*, ZHR 176 (2012), 617; *Hoffmann*, NJW 2012, 1393; *Koch*, in: Hüffer/Koch, Aktiengesetz, § 93 AktG Rn. 51; *ders.*, AG 2012, 429; *U. Schmidt*, in: Heidel, NK-Aktienrecht und Kapitalmarktrecht, § 93 AktG Rn. 102.

I. Stand der Rechtsprechung

Anfangs gebietet sich jedoch ein Blick auf den aktuellen Stand der Rechtsprechung. Nennenswert ist dabei insbesondere das Teilurteil des Landesarbeitsgerichts Düsseldorf vom 20.01.2015.

1. Sachverhalt

Der dem Urteil zugrundeliegende Sachverhalt umfasst eine vom Bundeskartellamt verhängte Geldbuße gegen eine Tochtergesellschaft von Thyssen Krupp wegen rechtswidriger Kartellabsprache. Die Bußgelder für die Absprachen im Zusammenhang mit dem Vertrieb von Schienen und anderen Eisenbahn-Oberbaumaterialien betrugen 103 Mio. und 88 Mio. Euro. Die Klage des Unternehmens richtet sich gegen das damalige Mitglied der Geschäftsführung bzw. den Vorstand des Unternehmens. Der Beklagte soll teilweise selbst an den Kartellabsprachen mitgewirkt, jedenfalls seine Aufsichtspflicht verletzt haben.[236]

2. Entscheidung des Landesarbeitsgerichts Düsseldorf vom 20.01.2015

Nachdem in der Entscheidung kurz die Grundsätze der Geschäftsführerhaftung nach § 43 Abs. 2 GmbHG skizziert werden, stellt die Kammer die Diskussion über die Notwendigkeit der summenmäßigen Beschränkung der Geschäftsführer- bzw. Vorstandshaftung gegenüber ihrer Gesellschaft dar, lässt diese Frage jedoch offen.[237] Vielmehr geht die Kammer „von einem vollständigen Ausschluss der Haftung des Organvertreters im Innenverhältnis für Bußgelder seiner Gesellschaft aus“.[238] Dem Argument der Gegner eines solchen Ausschlusses, die klare Trennung zwischen ordnungsrechtlicher Sanktionierung und zivilrechtlicher Lastentragung würde durch einen Ausschluss verwischt, begegnet die Kammer damit, dass der Ordnungsgeber mit der entsprechenden Bußgeldregelung (hier § 81 GWB) auch eine Entscheidung darüber treffe, wer letztverantwortlich die Buße tragen soll.[239] Durch die in Rede stehende zivilrechtliche Innenhaftung liefe die Entscheidung des Gesetzgebers, im Rahmen der Haftung nach § 81 GWB solle das Unternehmen verantwortlich gemacht werden, leer. Die Haftung führe im Ergebnis zu einer Korrektur der ordnungsrechtlichen Intention, die dem mit der Geldbuße verbundenen Zweck zuwiderlaufe.[240] Diese Argumentation

236 LAG, Düsseldorf, NZKart 2015, 277 (277 f.).
237 LAG Düsseldorf, NZKart 2015, 277 (278).
238 LAG Düsseldorf, NZKart 2015, 277 (278).
239 LAG Düsseldorf, NZKArt 2015, 277 (278).
240 LAG Düsseldorf, NZKart 2015, 277 (279).

unterstützt die Kammer mit einem Vergleich mit der Rechtsprechung betreffend die Pflicht zur Übernahme von Geldbußen im Innenverhältnis zwischen Arbeitnehmer und Arbeitgeber.[241] Dies müsse auch für den umgekehrten Fall Geltung beanspruchen, wenn also das mit einem Bußgeld belegte Unternehmen die natürliche Person in Regress nehmen wollte. Auch die Geldbuße gegen ein Unternehmen verfolge den ausdrücklichen Zweck, das Unternehmen zu treffen und dieses bzw. seinen Träger zu einer angemessenen Kontrolle anzuhalten. Durch einen Innenregress würde sich das Unternehmen dieser Verantwortung entziehen können.[242] Explizit für den Fall des Kartellrechts gelte dies im Hinblick auf die Buße nach § 81 GWB bzw. Art. 23 der Verordnung (EG) Nr. 1/2003 des Rates vom 16.12.2002, da durch diese das Unternehmen als Bußgeldadressaten zur Einhaltung der Wettbewerbsregeln angehalten werden soll. Ebendiese generalpräventive Wirkung könne nur erreicht werden, wenn eine Weitergabe der Geldbuße im Innenverhältnis an die natürliche Person ausgeschlossen ist. Durch die Geldbuße sollten gerade die Unternehmensträger getroffen werden, damit deren zukünftiges Verhalten unter dem Einfluss der Buße stehe. Bei den Unternehmensträgern handle es sich nicht etwa um die Organe, sondern um diejenigen, die diese Organvertreter gewählt, bestellt und angestellt haben. Die Träger des Unternehmens sollen demnach auch die finanzielle Verantwortung für die Konsequenzen des Organhandelns zu tragen haben.[243]

Darüber hinaus wohne der Kartellbuße auch der Zweck der Vorteilsabschöpfung inne, sodass durch die Geldbuße auch eine Bereicherung ausgeglichen werden solle.[244] Ebenso soll durch die Herabstufung der Vorteilsabschöpfung durch den Gesetzgeber zu einer optionalen Maßnahme die spezialpräventive Wirkung der Sanktion hervorgehoben werden. Diese sei dadurch zu erreichen, dass der primäre Zweck der Buße in einer Sanktionierung des Täters, namentlich des Unternehmens, zu sehen ist.[245]

---

241 Vgl. beispielsweise die genannten Entscheidungen: LAG Köln v. 29.02.2012 - 9 Sa 1464/11; 11.03.1993 - 5 Sa 1068/92; LAG Rheinland-Pfalz v. 26.01.2010 - 3 Sa 497/09; LAG Schleswig-Holstein v. 30.03.2000 - 4 Sa 450/99; LAG Hamm v. 20.12.1991 - 18 Sa 5056/91; 30.07.1990 - 19 (4) Sa 1824/89: Demnach sei ein Arbeitgeber nicht verpflichtet, die dem Arbeitnehmer im Rahmen einer dienstlichen Nutzung des Firmen-LKW wegen einer Verkehrsordnungswidrigkeit verhängten Geldbuße zu erstatten.

242 LAG Düsseldorf, NZKart 2015, 277 (279).

243 LAG Düsseldorf, NZKart 2015, 277 (279).

244 LAG Düsseldorf, NZKart 2015, 277 (279 f.).

245 LAG Düsseldorf, NZKart 2015 (277 (280).

Die Kammer sieht sich in ihrer Argumentation dadurch bestätigt, dass das deutsche Kartellrecht selbst zwischen Bußgeldern gegen natürliche Personen und Unternehmen unterscheide. Dabei spiele insbesondere die unterschiedliche Höhe des Bußgeldes eine Rolle. Während die Geldbuße gegen Unternehmen bis zu 10 % des Gesamtjahresumsatz ausmachen könne, sei das Bußgeld gegen natürliche Personen summenmäßig auf maximal 1 Mio. Euro begrenzt. Dieser abgestufte Bußgeldrahmen würde bei einer Inregressnahme der natürlichen Person ins Leere laufen.[246] Selbige Unterstützung vermag die Kammer in der Ausgestaltung der Kronzeugenregelung finden, wonach für den ersten Antragsteller eine vollumfängliche Bußgeldfreiheit im Raum stehe. Dies spreche dafür, dass die Bußgeldverhängung, insbesondere auch die Ausgestaltung der Höhe, allein auf das Unternehmen zugeschnitten sei. Aus den genannten Gründen würde ein Regress das „differenzierte Sanktionssystem des Kartellrechts entwerten und sowohl seinem spezial- als auch generalpräventiven Zweck zuwiderlaufen".[247]

II. Rechtsgrundlage

Die Rechtsgrundlage für den Regress hängt einerseits von der Rechtsform des bußgeldadressierten Unternehmens, andererseits von der Funktion der handelnden Person und dem vertraglichen Verhältnis untereinander ab. Die verschiedenen Optionen in Gänze darzustellen, ist aufgrund der Vielfalt nicht hilfreich. Vielmehr genügt eine Reduzierung auf die in der Praxis wohl relevantesten Haftungstatbestände. Dies ist zum einen bei einer Aktiengesellschaft der mögliche Rückgriffanspruch des Unternehmens gegenüber dem Vorstand nach § 93 Abs. 2 AktG und zum anderen bei der Gesellschaft mit beschränkter Haftung gegenüber dem Geschäftsführer nach § 43 Abs. 2 GmbH. Hinzu kommt ein, von der Rechtsform des Unternehmens und der Funktion des Handelnden unabhängiger Haftungstatbestand gegenüber Mitarbeitern gem. § 280 Abs. 1 BGB in Verbindung mit dem Arbeitsvertrag.[248]

III. Stand der Literatur

Die Frage nach der Regressfähigkeit von gegen Unternehmen verhängten Bußgeldern für Kartellabsprachen an Organmitglieder ist in der Literatur stark

246 LAG Düsseldorf, NZKart 2015, 277 (280); im konkreten Beispiel betrug die Geldbuße gegen das Unternehmen in der Summe 191 Mio. Euro, während der Bußgeldrahmen gegen natürliche Personen nach § 81 Abs. 4 S. 1 GWB auf 1. Mio. Euro begrenz ist.

247 LAG Düsseldorf, NZKart 2015, 277 (280).

248 Vgl. *Bunte*, NJW 2018, 123; *Zimmer/Walther*, BB 2017, 629 (631).

umstritten.[249] Das Meinungsbild in der Literatur reicht von einem vollumfänglichen Regress über eine Regressbegrenzung bis hin zu einer vollständigen Versagung des Regresses.[250] Auch wenn für die vorliegende Arbeit nicht alle Ansichten und Argumentationsmuster relevant sind, ist eine grobe Darstellung der übrigen Meinungen für die Nachvollziehbarkeit angebracht.[251]

1. *Regress in voller Höhe*

Ein großer Teil der Literatur spricht dem Unternehmen einen Schadensersatzanspruch in Höhe der kompletten Unternehmensgeldbuße gegen den Vorstand[252] zu, sofern ihn ein Verschulden im Sinne der Organhaftung trifft.[253] In der Geldbuße sei ein ersatzfähiger Schaden i.S.d. § 249 BGB zu sehen, welcher somit auch im Wege der Vorstandshaftung geltend zu machen sei.[254] Dabei wird eine Verknüpfung zu der Rechtsprechung des Bundesgerichtshofes betreffend die Steuerberaterhaftung hergestellt.[255]

2. *Möglichkeit des Regresses mit summenmäßiger Beschränkung*

Eine weitere stark vertretende Ansicht will im Grundsatz ebenso den Regress zulassen, sieht aber eine höhenmäßige Begrenzung als notwendig an.[256] Die

---

249 So auch *Lotze/Smolinski*, NZKart 2015, 254.

250 So auch *Thomas*, NZG 2015, 1409 (1409 f.).

251 Darstellung nach *Thomas*, NZG 2015, 1409 (1410).

252 Hier ausgehend von einer Haftung des Vorstandes einer Aktiengesellschaft nach § 93 Abs. 2 AktG, was aber im Grundsatz entsprechend auf andere Rechtsformen übertragen werden kann.

253 *Bayer/Scholz*, GmbHR 2015, 449 (450 ff.); *Fleischer*, DB 2014, 345 (347 f.); *ders.*, BB 2008, 1070 (1073); *Hauff*, Der Regress von Verbandsgeldbußen im Kapitalgesellschaftsrecht, S. 188 ff.; *Hauger/Palzer*, ZGR 2015, 33 (81); *Kapp/Hummel*, ZWeR 2011, 349 (353); *Kredel/Kresken*, KSzW 2015, 276; *Schöne/Petersen*, AG 2012, 700 (704 f.); *Twele*, Die Haftung des Vorstands für Kartellrechtsverstöße, S. 161 ff.; *Werner*, CCZ 2010, 143 (145); *Wilsing*, in Krieger/Schneider/Altmeppen, Hdb. Mangerhaftung, § 27 Rn. 20 ff.; *Zimmermann*, WM 2008, 433 (436 ff.); *ders.*, DB 2008, 687.

254 *Bayer/Scholz*, GmbHR 2015, 449 (454).

255 Vgl. zur Steuerberaterhaftung BGH, NJW 1997, 518: Demnach könne ein Steuerberater gegenüber seinem Mandanten schadensersatzpflichtig sein, wenn dieser aufgrund eines Beratungsfehlers mit einer Geldbuße oder gar Strafe belegt wurde.

256 *Bayer*, in: FS K. Schmidt, S. 85 (96 f.); *Fabisch*, ZWeR 2013, 91 (109 ff.); *Harnos*, Geschäftsleitung bei unklarer Rechtslage, S. 104 ff.; *Kaulich*, Die Haftung von Vorstandmitgliedern einer AG für Rechtsanwendungsfehler, S. 302 ff.; *Koch*, in: Liber Amicorum M. Winter, S. 327 (333 ff.); *ders.*, AG 2012, 429 (434 ff.); *ders.*, AG 2014, 513;

ursprünglich festgesetzte Geldbuße gegen das Unternehmen sei der Höhe nach an der Wirtschaftlichkeit des Unternehmens gemessen, sodass es bei einem vollumfänglichen Regress zu einer Überbelastung des Organmitglieds komme. Dogmatisch wird eine Begrenzung entweder mithilfe der Treue- und Fürsorgepflicht[257] oder gestützt auf eine Analogie zum Umfang der in § 81 Abs. 4 S. 1 GWB geregelten Managerhaftung[258] zu erreichen versucht.

3. *Versagung des Regresses*

Eine dritte Ansicht will den Regress einer Unternehmensgeldbuße in Gänze versagen. Der Sanktionszweck der Geldbuße gegen das Unternehmen sei in einer Verhaltenssteuerung betreffend das Unternehmen zu sehen. Dieser könne jedoch durch die Zulassung eines Regresses eingeschränkt oder gar in Gänze vereitelt werden.[259]

IV. Zurechnungszusammenhang

Der Blick ist auch hier auf solche Ansichten gerichtet, die unmittelbar an den Zweck der Geldbuße anknüpfen und ihn als tragendes Argument für die Verwehrung des Regresses nutzen oder eben diese Argumente zu entkräften versuchen. Letztendlich spielt diese Frage auch im Kartellrecht im Rahmen des Zurechnungszusammenhangs, namentlich dem Schutzzweck der Haftungsgrundlage eine Rolle.

Ruttmann, Die Versicherbarkeit von Geldbußen, Strafschadensersatz und Regressansprüchen in der D&O-Versicherung, S. 166 ff.; *Seibt/Cziupka*, AG 2015, 93 (106 f.); *Spindler*, AG 2013, 889 (894 f.); *Thole*, ZHR 173 (2009), 504 (525 ff.).

257 So etwa *Bayer*, in: FS K. Schmidt, S. 85 (97); *Fabisch*, ZWeR 2013, 91 (110 f.); *Harnos*, Geschäftsleitung bei unklarer Rechtslage, 2013, S. 106 f.; *Koch*, AG 2012, 429 (435 ff.); *ders.*, in: Liber Amicorum M. Winter, S. 327 (338 ff.); *ders.*, AG 2014, 513; *Ruttmann*, Die Versicherbarkeit von Geldbußen, Strafschadensersatz und Regressansprüchen in der D&O-Versicherung, S. 168; *Seibt/Cziupka*, AG 2015, 93 (106 f.); *Spindler*, AG 2013, 889 (894 f.); s. hierzu auch *Blaurock*, in: FS Bornkamm, S. 107 (115 f.).

258 Vgl. *Gaul*, AG 2015, 109 (118); *Thole*, ZHR 173 (2009), 504, 533.

259 *Dreher*, in: FS Konzen, S. 85 (103 ff.); *Horn*, ZIP 1997, 1129 (1136); *Lotze/Smolinski*, NZKart 2015, 254; zweifelnd auch *Schiemann*, in: Staudinger, BGB, § 249 BGB Rn. 203.

1. Argumentation hinsichtlich einer Zweckverfehlung der Unternehmensgeldbuße bei Möglichkeit des Regresses

Neben zahlreichen Stimmen in der Literatur[260] verfolgt auch das Landesarbeitsgericht Düsseldorf in eingangs dargestellter Entscheidung[261] eine u.a. auf die Zweckverfehlung durch den Regress gerichtete Argumentation.

Im Wesentlichen will das Gericht der gesetzlichen Regelung in § 81 GWB sowie der äquivalenten Regelung in Art. 23 der Verordnung (EG) Nr. 1/2003 des Rates vom 16.12.2002 eine dahingehende Aussage entnehmen, dass der Zweck der Geldbuße einem Regress entgegen stehe.[262] Damit begegnet das Gericht auch der Gegenansicht, welche durch den Ausschluss des Regresses eine unzulässige Vermischung der beiden unabhängig voneinander stehenden Systeme, namentlich dem Ordnungs- und dem Zivilrecht, sieht.[263] Die Regresshaftung führe im Ergebnis jedoch zu einer Korrektur der ordnungsrechtlichen Intention.[264] Darüber hinaus sei § 81 GWB auch ein generalpräventiver Zweck zu entnehmen. Dies würde dadurch deutlich, dass der Gesetzgeber gerade das Unternehmen mit der Geldbuße treffen wollte, um *dieses* zur Einhaltung der Wettbewerbsregeln anzuhalten. Dies gelinge nur, wenn die Buße nicht an die natürlichen Personen weitergegeben werden könne, sondern unmittelbar die Unternehmensträger trifft und somit *deren* künftiges Handeln unter dem Einfluss der Geldbuße stehe.[265] Neben dem generalpräventiven sei der Geldbuße auch ein spezialpräventiver Charakter abzugewinnen. Dieser sei insbesondere in der Vermögensabschöpfung zu sehen. Durch die der Geldbuße innewohnenden Vorteilsabschöpfung soll eine kartellbedingte Bereicherung des Unternehmens ausgeglichen werden. Diese müsse ebenso beim Unternehmen verbleiben und dürfe nicht weitergereicht werden.[266] In dieser Auffassung sieht sich das Gericht durch die Unterscheidung des Gesetzgebers zwischen dem Unternehmen und den natürlichen Personen bestätigt. Während für das Unternehmen eine Geldbuße bis zu einer

---

260 *Dreher*, in: FS Konzen, S. 85; *Goette*, ZHR 176 (2012), 588; *Horn*, ZIP 1997, 1129; *Krause*, BB Beilage 2007 Nr. 7, S. 2; *Lotze*, NZKart 2014, 162; *Lotze/Smolinski*, NZKart 2015, 254; *Thomas*, NZG 2015, 1409; allgemein gegen eine Einordnung einer Geldstrafe als ersatzfähiger Schaden: *Schiemann*, in: Staudinger, BGB, § 249 Rn. 203.

261 LAG Düsseldorf, NZKart 2015, 277 (278 ff.).

262 LAG Düsseldorf, NZKart 2015, 277 (278 ff.).

263 *Fleischer*, BB 2008, 1070; *Glöckner/M.-Tautphaeus*, AG 2001, 344; *Zimmermann*, WM 2008, 433.

264 LAG Düsseldorf, NZKArt 2015, 277 (278).

265 LAG Düsseldorf, NZKart 2015, 277 (279).

266 LAG, Düsseldorf NZKart 2015, 277 (279 f.).

Höhe von 10 % des Gesamtjahresumsatzes[267] möglich sei, könne ein Bußgeld gegen eine natürliche Person nur in Höhe von maximal einer Millionen Euro[268] verhängt werden. Dieses differenzierte Sanktionssystem des Kartellrechts würde ein möglicher Regress entwerten und dem spezial- und generalpräventiven Zweck zuwiderlaufen.[269]

Diese Argumente teilt im Wesentlichen auch *Lotze*[270], der aber zusätzlich eine Begründung in den Leitlinien für die Bußgeldzumessung in Kartellordnungswidrigkeiten vom 25.06.2013[271] sucht. In diesen Leitlinien, welche als Grundlage für die höhenmäßige Zumessung der Geldbuße dienen,[272] werde zwischen tat- und täterbezogenen Aspekten unterschieden. Zu den täterbezogenen Kriterien gehöre insbesondere die Rolle des Unternehmens am Markt, der Verschuldensgrad und Vorbelastungen durch vorherige Verstöße. Es sei nicht ersichtlich, warum eine durch etwaige Vorbelastungen höher ausfallende Geldbuße an das handelnde Organ weitergegeben werden könne. So seien die Maßstäbe der Bemessung als Indiz dafür anzusehen, dass ein Regress beim Leitungsorgan systemwidrig sei.[273] Darüber hinaus müsse eine Bemessung immer unter spezial- und generalpräventiven Gesichtspunkten erfolgen, sodass die Sanktionierung das Unternehmen treffen müsse und eine Endbelastung der Organmitglieder zweckwidrig sei.[274] So ist es nicht überraschend, dass das Urteil des Landesarbeitsgerichtes auf Zustimmung seitens *Lotze* gemeinsam mit *Smolinski*, insbesondere im Hinblick auf die in der Zweckverfehlung gründende Argumentation, stößt.[275]

Ebenso den Zweck der Verbandsstrafe aufnehmend argumentiert *Thomas* für eine Versagung des Regresses. So sieht *Thomas* den Zweck der Geldbuße in der Übelszufügung, der Herstellung einer Anlassangemessenheit und einer

---

267 Siehe § 81 IV S. 1 und 2 GWB.

268 Siehe § 81 IV S. 1 GWB.

269 LAG Düsseldorf, NZKart 2015, 277 (280).

270 *Lotze*, NZKart 2014, 162 (166 ff.); *Lotze/Smolinski*, NZKArt 2015, 254 (255 ff.).

271 Abrufbar unter: *www.bundeskartellamt.de/SharedDocs/Publikation/DE/Leitlinien/Bekanntmachung%20-%20Bu%C3%9Fgeldleitlinien-Juni%202013.pdf?__blob=publicationFile&v=5* (Stand: 25.06.2013, zuletzt abgerufen am 31.03.2020).

272 Vgl. im Detail die Grundsätze der Leitlinien für die Bußgeldzumessung in Kartellordnungswidrigkeiten vom 25.06.2013.

273 *Lotze*, NZKart 2014, 162 (167).

274 MwN *Lotze*, NZKart 2014, 162 (167).

275 *Lotze/Smolinski*, NZKArt 2015, 254 (258); weitere zustimmende Stimmen: Bachmann, BB 2015, 907 (910 f.); *Melot de Beauregard*, DB 2015, 928 f.; *Kolb*, GWR, 2015, 169 von einem „[...] nachvollziehbaren Ergebnis" sprechend.

Abschöpfung.[276] Nennenswert ist der Ansatz, dass in dem präventiven und repressiven Zweck der Geldbuße auch die verfassungsrechtliche Legitimation für die staatliche Verhängung der Geldbuße seitens des Staates zu sehen sei. In dem Sanktionszweck sei der für die Verhältnismäßigkeit der Maßnahme notwendige legitime Zweck der Geldbuße zu sehen. So solle gerade dem Unternehmen durch die Buße ein Übel zugefügt werden und so das für alle geltende Funktionsprinzip zur Anwendung gebracht werden. Dieses Übel könne dem Unternehmen aber nur dann zugefügt werden, wenn *dieses* endbelastet und *dessen* Vermögen getroffen werde. Ließe man jedoch einen Regress zu, käme es ipso iure im Zeitpunkt der Verhängung einer Geldbuße zu einer Regresspflicht und somit zu einer Endbelastung weg vom Unternehmen hin zum haftenden Organmitglied. Dies führe zu einer Aufhebung der Konnexität zwischen der Geldbuße und dem Vermögen des Bußgeldadressaten. Dies habe weiterhin zur Folge, dass die eingangs beschriebene Legitimation für die Geldbuße, welche durch die Übelszufügung des Unternehmens entstehe, wegfiele. Hinsichtlich eines teilweise angeführten Insolvenzrisikos des Organmitglieds und somit begrenzter Erfolgsaussichten für einen Regress, entgegnet *Thomas,* dass dies nichts an dem normativen Widerspruch ändere. Trotzdem würde ein Organmitglied für eine Vermögenslast haftbar gemacht, welche seitens des Staates in Form der Geldbuße derart getroffen wurde, um das Vermögen des Unternehmens zu treffen.[277] Dieser normative Widerspruch verstärke sich, wenn man eine mögliche Versicherbarkeit im Wege einer D&O Versicherung betrachte. Ließe man einen Regress zu, so müsse man die Geldbuße intern zu einem versicherbaren zivilrechtlichen Anspruch umformen, sodass die hauptsächlich im Unternehmensinteresse liegende D&O Versicherung im Ergebnis wirtschaftlich zu einer Deckung der im Ausgang an das Unternehmen gerichteten Buße führe. Denke man dann noch an eine Abtretung des Deckungsanspruches, nähere man sich einer Eigenschadensdeckung des Unternehmens an. Dies habe ein inkonsequentes Sanktionssystem zur Folge, wodurch die mit einer Abschreckung begründeten Geldbußen gegen die Unternehmen über den Weg des Regresses versichert werden könnten. Im Ergebnis entstünde gar eine makroökonomische Verlagerung der Kartellbußen von den Unternehmen auf die gesamte Gemeinschaft der Versicherungsnehmer.[278] Damit dieser normative Widerspruch nicht entsteht,

276 Vgl. *Thomas*, NZG 2015, 1409 (1410 ff.).
277 *Thomas*, NZG 2015, 1409 (1411).
278 *Thomas*, NZG 2015, 1409, (1419).

müsse ein Regress durch die teleologische Reduktion des § 93 Abs. 2 AktG[279] versagt werden.[280]

Ebenso sieht *Dreher* die Regressansprüche wegen Unternehmensgeldbußen als außerhalb des Schutzzwecks der Norm liegend an.[281] Sowohl das deutsche als auch das europäische Kartellrecht verfolgten mittlerweile im Wesentlichen dieselben Funktionen, namentlich die Veranlassung zur Einhaltung der Wettbewerbsregeln primär mittels Spezial- und Generalprävention.[282] Zu Unterschieden komme es dahingehend, dass im deutschen Kartellrecht sowohl das Unternehmen als auch die Organmitglieder Adressat der Geldbuße sein können, während im europäischen Kartellrecht nur das Unternehmen erfasst werden könne. Somit komme es bei der Möglichkeit eines Regressanspruches zu einem Widerspruch zu den jeweiligen Betonungen der Regelungssysteme.[283] Hinsichtlich der Spezialprävention macht *Dreher* auf die unterschiedlichen Bußgeldrahmen aufmerksam. Die in der Höhe von dem Umsatz des Unternehmens abhängige Unternehmensgeldbuße überschreite die gegen das Organmitglied aufgrund persönlicher Verantwortlichkeit aussprechbare Buße um ein Vielfaches. Durch diese Regelung habe der Gesetzgeber einen Rahmen für die Angemessenheit persönlicher Bußgelder festgelegt, sodass dies einer Weitergabe der Unternehmensgeldbuße auf das Organmitglied im Falle einer persönlichen Bußgeldverpflichtung im Wege stehe. Sofern jedoch nur eine Geldbuße gegen das Unternehmen, nicht aber gegen das Organmitglied verhängt wurde, bilde der gesetzlich festgelegte Bußgeldrahmen für das Organmitglied – wollte man einen Regress nicht kategorisch ausschließen – die Obergrenze für eine Innenhaftung.[284] Auch die generalpräventive Wirkung der Geldbuße entfiele, wenn man dem alleinigen oder primären Bußgeldadressaten, namentlich das Unternehmen im Wege des Regresses die Möglichkeit biete, sich einerseits zu entlasten und die Organmitglieder andererseits doppelt zu belasten. Dass eine Entlastung des Unternehmens durch den Regress zweckwidrig ist, würde dadurch deutlich, dass gerade das rechtswidrige Verhalten des Unternehmens in der Vergangenheit sanktioniert und die Veranlassung zum rechtmäßigen Verhalten in der Zukunft an das Unternehmen, erreicht werden solle. Diese Verknüpfung von

---

279 Dies wird ebenso für die übrigen Rechtsformen Geltung beanspruchen.
280 *Thomas*, in: Kling/Thomas, Kartellrecht, § 23 Rn. 107.
281 *Dreher*, in: FS Konzen, S. 85 (S. 107).
282 *Dreher*, in: FS Konzen, S. 85 (S. 104 ff.).
283 *Dreher*, in: FS Konzen, S. 85 (S. 105).
284 *Dreher*, in: FS Konzen, S. 85 (105).

Ahndung und Verhaltenssteuerung wohne der Geldbuße inne und würde durch einen Regress entkräftet.[285]

2. *Wesentliche Argumente gegen einen Regressausschluss wegen Zweckverfehlung*

Nicht minder häufig finden sich auch solche Stimmen, die versuchen, die genannten Argumente der Gegenansicht zu entkräften und einen Regressausschluss wegen Zweckverfehlung ablehnen.[286] Ausgehend von der gesetzlichen Ausgangslage ließe sich eine Abstreitung der uneingeschränkten Einstandspflicht des Geschäftsleiters so leicht nicht begründen. Vielmehr stelle eine Rechtsverletzung im Außenverhältnis auch eine Pflichtverletzung im Innenverhältnis dar. Die Business Judgement Rule könne hier keine Anwendung finden.[287] Entgegen der zuvor dargestellten Ansicht *Thomas'*[288], der eine Deckung des Regressanspruches durch die D&O-Versicherungen annimmt, sieht *Koch* einen solchen Anspruch nicht von der Versicherung gedeckt. So sei ein Regressanspruch nach dem Schutzzweck der in den Vertragswerken geregelten Haftungsausschlüsse für Strafen und Geldbußen auch von diesem Ausschluss umfasst.[289] Vielmehr würde eine solche Absicherung gegen §§ 134, 138 BGB verstoßen, wobei es kein Unterschied mache, ob das Bußgeld direkt gegen den Geschäftsleiter gerichtet ist oder über Umwege im Rahmen des Regresses an diesen gereicht wird.[290]

Dem Ansatz *Drehers*, der Regressanspruch liege außerhalb des Schutzzwecks der Haftungsnorm,[291] wird entgegengehalten, dass dies mit der derzeitigen Rechtsprechung und Strafrechtsdogmatik nicht vereinbar sei. Insbesondere die Diskussion um § 258 Abs. 2 StGB könne Aufschluss bringen.[292] So hat der BGH

285 *Dreher*, in FS: Konzen, S. 85 (S. 106),

286 *Binder*, Grenzen der Vorstandshaftung, S. 269 ff.; *Habersack*, ZHR 177 (2013), 782 (801 ff.); *Sailer-Coceani*, in: Schmidt/Lutter, AktG, § 93 AktG Rn. 37; *Schöne/Petersen*, AG 2012, 700 ff.; für eine summenmäßige Begrenzung *Bayer*, in: FS K. Schmidt, S. 85 (S. 96 f.); *Fleischer*, BB 2008, 1070 (1073); *Koch*, in: Liber Amicorum M. Winter, S. 327 (S. 334); *ders.*, in: Hüffer/Koch, AktG, § 93 AktG Rn. 51bf.; *Marsch-Barner*, ZHR 173 (2009), 723 (730); *Thole*, ZHR 173 (2009), 504 (533 f.).

287 *Koch*, in: Liber Amicorum M. Winter, S. 327 (S. 330) m.w.N.

288 *Thomas*, NZG 2015, 1409, (1419).

289 *Koch*, in: Liber Amicorum M. Winter, S. 327 (S. 331).

290 *Koch*, in: Liber Amicorum M. Winter, S. 327 (S. 331); *Werner*, CCZ 2010, 143 (146 f.); *Wilsing*, in: Krieger/Schneider/Altmeppen, Hdb. Managerhaftung, § 27 Rn. 55.

291 *Dreher*, in: FS Konzen, S. 85 (S. 107).

292 *Koch*, in: Liber Amicorum M. Winter S. 327 (S. 333) m.w.N.

entschieden, dass die Zahlung fremder Geldstrafen keine Vollstreckungsvereitlung i.S.d. § 258 Abs. 2 StGB darstelle.[293] Dieser Ansicht wird im Schrifttum weitgehend gefolgt.[294] Das durch die Geldstrafe bezweckte Übel habe der Täter bereits durch die Zahlung der Strafe erfahren und eine nachträgliche Kompensation durch Dritte könne nicht mehr seitens des Staates kontrolliert werden.[295] Die im Kartellrecht zugrundeliegende Konstellation sei jedoch vergleichbar. Zunächst komme es zur Zahlung der Geldbuße durch das Unternehmen, ehe im Wege eines nachgelagerten Regresses eine Erstattung durch Dritte in Betracht gezogen werde.[296] Ein Regressausschluss sei nur im Wege einer teleologischen Reduktion der Haftungstatbestände realisierbar. Eine solche lässt sich jedoch nicht mit einer möglichen Zweckverfehlung der Geldbuße erreichen. Zwar kann eine solche Zweckvereitlung durch die Weitergabe der Buße nicht gänzlich ausgeschlossen werden, doch genügen für eine teleologische Reduktion keine Zweckmäßigkeitserwägungen, sondern es bedürfe einer teleologischen Zwangsläufigkeit, die auf diesem Wege nicht zu begründen sei.[297] Stimmen, die hingegen einen Regressausschluss über die abschließende Zuordnung der Geldbuße durch das Ordnungswidrigkeitenrecht sehen, wird entgegengehalten, dass eine hinreichende Begründung für eine teleologische Reduktion der Haftungstatbestände auch auf diesem Wege nicht gelinge. Vielmehr finde sich im nationalen Recht keinerlei Stütze dafür, dem Ordnungswidrigkeitenrecht eine abschließende Freistellung zu entnehmen. Eine Belastung sowohl auf zivil- als auch strafrechtlichen Wege sei nicht ausgeschlossen. Dies müsse ebenso für eine Doppelbelastung durch zwei unabhängige Bußgelder, namentlich das staatlich verhängte Bußgeld gegen den Geschäftsleiter höchstpersönlich als auch ein im Wege des Regresses eines gegen das Unternehmen verhängten Bußgeldes, gelten.[298]

---

293 BGHSt 37, 226; BGH NJW 1997, 518 (519).

294 *Cramer*, in: MüKo StGB, § 258 StGB Rn. 35; *Engels*, JURA, 1981, 581 ff.; *Fischer*, StGB, § 258 StGB Rn. 32; *Krey*, JZ 1991, 889; *Kühl*, in: Lackner/Kühl, StGB, § 258 StGB Rn. 13; kritischer, aber als unbedenklich ansehend, wenn zumindest zunächst die Strafzahlung durch den Täter erfolgt und im Nachhinein durch einen Dritten erstattet wird *Altenhain*, in: Kindhäuser/Neumann/Paeffgen, NK-StGB, § 258 StGB Rn. 65; *Müller-Christmann*, JuS 1992, 379 (381); *Scholl*, NStZ 1999, 599 (605).

295 *Stree/Hecker*, in: Schönke/Schröder, StGB, § 258 StGB Rn. 29.

296 *Koch*, in: Liber Amicorum M. Winter, S. 327 (S. 334).

297 *Koch*, in: Liber Amicorum M. Winter, S. 327 (S. 334 f.).

298 *Koch*, in: Liber Amicorum M. Winter, S. 327 (336); ähnlich *Fleischer*, BB 2008, 1070 (1073); *ders.*, DB 2014, 345 (347 f.); *Kapp/Hummel*, ZWeR 2011, 349 (354); *Kersting*, ZIP 2016, 1266 (1268); *Suchy*, NZG 2015, 591 (593); *Zimmermann*, WM 2008, 433 (437 f.).

Suchy entgegnet dem Ansatz, dass sich das Unternehmen durch einen Regress den Zwecken einer Geldbuße entziehen könne, mit faktischen Erwägungen. Dabei fasst er insbesondere den durch das Kartellverfahren und durch die damit einhergehende mediale Berichterstattung entstandenen Imageschaden in den Blick. Dieser unwiderrufliche Imageschaden, ein erhebliches Prozessrisiko sowie das Insolvenzrisiko des Geschäftsleiters führten dazu, dass auch bei Zulassung eines Regresses allein durch die Festsetzung der Geldbuße sowohl der general- und spezialpräventive Charakter als auch die Ahndung des Unternehmens erreicht würden.[299]

a. Untersuchung des Zweckes einer Unternehmensgeldbuße

Um eine Bewertung der zuvor dargestellten Ansichten vornehmen zu können, muss zunächst untersucht werden, welchen Zweck bzw. welche Zwecke die Geldbuße seitens der Behörden gegen das Unternehmen überhaupt verfolgt. An dieser Stelle sei zunächst auf die Ausführungen hinsichtlich der Geldstrafe im Strafrecht zu verweisen.[300] Darüber hinaus sind jedoch die dem Kartellrecht innewohnenden Besonderheiten zu berücksichtigen.

aa. Leitlinien des Bundeskartellamts

Die „Leitlinien für die Bußgeldzumessung in Kartellordnungswidrigkeitenverfahren“[301] nehmen ebenfalls auf die mit der Geldbuße verbundenen Zwecke Bezug. So seien neben einem ahndenden Teil immer auch die spezial- und generalpräventiven Gesichtspunkte der Geldbuße zu berücksichtigen.[302] Bei jeder Tat habe eine individuelle Zumessung zu erfolgen, die dem Grundsatz der Verhältnismäßigkeit entspricht. Grundlage der Bemessung sei nach § 81 Abs. 4 S. 6 GWB und § 17 Abs. 3 OWiG die Schwere der Zuwiderhandlung, die Dauer und Bedeutung der Ordnungswidrigkeit sowie der täterbezogene Vorwurf.[303] Wesentlicher Anhaltspunkt für die Bußgeldobergrenze ist demnach der Gesamtjahresumsatz des vor der Entscheidung der Behörde liegenden Geschäftsjahrs.

---

299 *Suchy*, NZG 2015, 591 (592); zum Reputationsschaden: *Grau/Dust*, ZRP 2020, 134 (136).

300 -> 1. Teil, A. IV. 3. a. aa.

301 Abrufbar unter: *www.bundeskartellamt.de/SharedDocs/Publikation/DE/Leitlinien/Bekanntmachung%20-%20Bu%C3%9Fgeldleitlinien-Juni%202013.pdf?__blob=publicationFile&v=5%22%20* (Stand: 25.06.2013, zuletzt abgerufen am 28.09.2020); im Folgenden kurz: Leitlinien KartellOwig.

302 Punkt 1 und 4 Leitlinien KartellOwig.

303 Punkt 2 Leitlinien KartellOwig.

So sei die individuelle Ahndungsempfindlichkeit des Unternehmens festzustellen.[304] Neben dem täterbezogenen Umsatz sei ebenso der tatbezogene Umsatz in Ansatz zu bringen. So soll verhindert werden, dass die Sanktionen zu den am Markt durch die konkrete Tat erreichten Vorteile nicht außer Verhältnis stehen. Der tatbezogene Umsatz sei anhand des mit den kartellrechtlich relevanten Produkten bzw. Dienstleistungen erzielten inländischen Umsatzes zu ermitteln.[305]

Die Leitlinien geben darüber hinaus die konkrete Vorgehensweise einer Bußgeldbemessung an. Zunächst ist der gesetzliche Bußgeldrahmen zu bestimmen. Dieser sei durch die gesetzlichen Regelungen nach unten bei fünf Euro (§ 17 Abs. 1 OWiG) und nach oben für schwere Kartellordnungswidrigkeiten für vorsätzliche (§ 81 Abs. 4 S. 2 GWB) auf 10 % und für fahrlässige Zuwiderhandlungen auf 5 % (§ 17 Abs. 2 OWiG) des im Geschäftsjahr vor der Entscheidung erzielten Gesamtumsatzes begrenzt.[306] Nach Festlegung des gesetzlichen Bußgeldrahmens wird die konkrete Geldbuße innerhalb des vorgegebenen Rahmens ermittelt. Ausgangspunkt für den Bemessungsspielraum ist das Gewinn- und Schadenspotential einerseits und der Gesamtumsatz des Unternehmens andererseits. Dabei geht das Kartellamt von einem Gewinn und Schadenspotential in Höhe von 10 % des in dem Zeitraum während des Kartellverstoßes erzielten tatbezogenen Umsatzes aus.[307] Die jeweilige Unternehmensgröße wird in einem nächsten Schritt mit Hilfe eines Faktors berücksichtigt, mit welchem das ermittelte Gewinn- und Schadenspotential multipliziert wird. Dieser Faktor wird wie folgt festgesetzt: Gesamtumsatz (i.S.d. § 81 Abs. 4 S. 2 GWB) von

≤ 100 Mio. € = 2–3;
100 Mio. € bis 1 Mrd. € = 3–4;
1 Mrd. € bis 10 Mrd. € = 4–5;
10 Mrd. € bis 100 Mrd. € = 5–6;
> 100 Mrd. € > 6.[308]

Sollte der nach dieser Rechnung ermittelte Wert niedriger als die eingangs ermittelte Bußgeldobergrenze sein, bildet dieser die neuerliche Obergrenze.[309] Wird jedoch festgestellt, dass der errechnete Wert aufgrund eines offensichtlich wesentlich höheren Gewinn- und Schadenspotentials zu niedrig bemessen

---

304 Punkt 3 Leitlinien KartellOwig.
305 Punkt 4 Leitlinien KartellOwig.
306 Punkt 8 Leitlinien KartellOwig.
307 Punkt 9 f. Leitlinien KartellOwig.
308 Vgl. Tabelle unter Punkt 13 Leitlinien KartellOwig.
309 Punkt 14 Leitlinien KartellOwig.

ist, kann dieser ausnahmsweise auch überschritten werden.[310] Anhand dieser Aspekte wurde somit ein Bußgeldrahmen festgelegt. Innerhalb dieses Rahmens hat das Kartellamt wiederum einen Bemessungsspielraum. Dabei wird die Tat anhand der in § 81 Abs. 4 S. 6 GWB und § 17 Abs. 3 OWiG gesetzlich geregelten Kriterien unter Berücksichtigung der schärfenden und mildernden Faktoren eingeordnet.[311] Über die Ahndung hinaus ist es dem Bundeskartellamt außerdem möglich Vorteile zu entziehen.[312]

Anhand der detaillierten Ausführungen hinsichtlich der Bußgeldbemessungen gegen das Unternehmen ist auch zu erkennen, dass die genannten Zwecke der Geldbuße auf das adressierte Unternehmen zuzutreffen haben. Die Zwecke der Geldbuße sollen also nach den Leitlinien des Bundeskartellamtes das Unternehmen treffen. Es wird keinerlei Bezug auf die dahinterstehenden handelnden Personen genommen.

bb. Verständnis der Literatur und Rechtsprechung

Der Geldbuße infolge der Verwirklichung eines Ordnungswidrigkeitentatbestandes komme insbesondere eine präventive und repressive Funktion sowie der Effekt der Gewinnabschöpfung zu.[313] Mit der Qualifizierung der Tat als Ordnungswidrigkeit bringe der Gesetzgeber auch zum Ausdruck, dass der Tat ein geringerer sozialethischer Unwert zukommt als einer mit Strafe bedrohten Handlung.[314] Auch wenn sich eine Geldstrafe und eine Geldbuße aus der Perspektive des Adressaten nicht unterscheide, wohne der Geldbuße eine primäre

310 Punkt 15 Leitlinien KartellOwig.

311 Punkt 16 Leitlinien KartellOwig; „*Tatbezogene Kriterien* sind z.B. die Art und Dauer der Zuwiderhandlung, ihre qualitativ zu bestimmenden Auswirkungen (z.B. Umfang der von der Zuwiderhandlung betroffenen räumlichen Märkte, Bedeutung der an der Zuwiderhandlung beteiligten Unternehmen auf den betroffenen Märkten), die Bedeutung der Märkte (z.B. Art des von der Zuwiderhandlung betroffenen Produkts) und der Organisationsgrad unter den Beteiligten. Bei Preis-, Quoten-, Gebiets- und Kundenabsprachen sowie ähnlich schwerwiegenden horizontalen Wettbewerbsbeschränkungen wird die Einordnung in der Regel im oberen Bereich erfolgen. *Täterbezogene Kriterien* sind z.B. die Rolle des Unternehmens im Kartell, die Stellung des Unternehmens auf dem betroffenen Markt, Besonderheiten bei der Wertschöpfungstiefe, der Grad des Vorsatzes/der Fahrlässigkeit und vorangegangene Verstöße. Das Bundeskartellamt berücksichtigt die wirtschaftliche Leistungsfähigkeit der Unternehmen.“.

312 Punkt 17 Leitlinien KartellOwig.

313 *Sackreuther*, in: BeckOK OWiG, § 17 OWiG Rn. 5, 9 f.

314 Vgl. BVerfG, NJW 2008, 1137 zur Straftat; BVerfGE 27, 18.

Mahnung zu pflichtgemäßem Handeln inne.[315] Dies erachte der Gesetzgeber als zur Entsprechung des Schutzzwecks der Ge- oder Verbote ausreichend.[316] In der Auswahl, ob das pflichtwidrige Verhalten mit den Mitteln des Strafrechts oder mit denen des Ordnungswidrigkeitenrechts sanktioniert werden soll, sei der Gesetzgeber grundsätzlich frei.[317] Der ultima ratio Folgen des Strafrechts werde sich der Staat nur dann bedienen, wenn das Verhalten über seine Pflichtwidrigkeit hinweg besonders sozialschädlich und seine Verhinderung für das menschliche Zusammenleben unerlässlich sei.[318] Das Ordnungswidrigkeitenrecht hingegen diene der Ahndung eines Verstoßes gegen Verhaltensnormen zweiten Ranges des Ordnungsgefüges. Die Einhaltung der Normen sei ebenso wichtig für den Rechtsfrieden und das ordnungsgemäße Zusammenleben der Menschen, betreffe aber nicht den Schutz der elementaren Rechtsgüter.[319] Dementsprechend sei die der Geldbuße folgende Repression für eine Handlung mit geringerem sozialethischem Unwert keineswegs mit selbiger einer Strafe zu vergleichen.[320] Im Gegensatz zur Strafe solle die Geldbuße primär nicht dem Ausgleich einer dem Täter zukommenden sozialethischen Schuld und Stigmatisierung dienen.[321] Vielmehr solle mit der Geldbuße primär zukünftiges Verhalten beeinflusst werde. So sei die maßgebliche Funktion in der Spezial- und Generalprävention zu sehen.[322] In spezialpräventiver Hinsicht solle der Geldbuße eine Pflichtenmahnung folgen, die den Adressaten zu künftigen normgerechten Verhalten bewege.[323] Neben dem Betroffenen wirke die Geldbuße auch generalpräventiv gegenüber Dritten. Denjenigen, die sich selbst in einer vergleichbaren Situation befinden, würden die Konsequenzen eines pflichtwidrigen Verhaltens vor Augen geführt.[324]

---

315 BVerfGE 27, 18; zur faktischen Wirkung EGMR, NJW 1985, 1273; *Mitsch*, in: KK-OWiG, § 17 OWiG Rn. 7.

316 *Sackreuther*, in: BeckOK OWiG, § 17 Rn. 1.

317 BVerfG, NJW 2008, 1137 m.w.N.

318 BVerfG, NJW 2008, 1137.

319 *Mitsch*, in: KK-OWiG, § 17 OWiG Rn. 7; *Sackreuther*, in: BeckOK OWiG, § 17 OWiG Rn. 2.

320 BVerfGE 22, 80.

321 *Gürthler*, in: Göhler, OWiG, Vor § 1 OWiG Rn. 9; *Mitsch*, in: KK-OWiG, § 17 OWiG Rn. 8 m.w.N.; *Sackreuther*, in: BeckOK OWiG, § 17 OWiG Rn. 6.

322 *Mitsch*, in: KK-OWiG, § 17 OWiG Rn. 9.

323 BVerfGE 27, 18.

324 *Gürthler*, in: Göhler, OWiG, Vor § 1 OWiG Rn. 9; *Sackreuther*, in: BeckOK OWiG, § 17 OWiG Rn. 8; *Mitsch*, in: KK-OWiG, § 17 OWiG Rn. 9.

Neben der primär[325] spezial- und generalpräventiven und der nachrangig repressiven Wirkung der Geldbuße, könne durch diese ebenso eine Gewinnabschöpfung erreicht werden. Dadurch solle den Tätern ein durch die Begehung der Ordnungswidrigkeit erwachsender monetärer Vorteil wieder entzogen werden. Die Gewinnabschöpfung steigere jedoch nicht den repressiven Charakter der Geldbuße, sondern fördere vielmehr die präventive Funktion.[326]

Konkret auf die Kartellrechtsgeldbuße bezogen, ergebe sich keine abweichende Beurteilung. Während bei einer Verbandsgeldbuße der Gewinnabschöpfung eine gesteigerte Bedeutung zukomme, spiele der spezial- und generalpräventive Aspekt trotzdem im Vergleich zur Repression eine klar übergeordnete Rolle.[327] Sowohl das deutsche als auch das europäische Kartellrecht verfolge mit der Geldbuße das vorrangige Ziel, die normadressierten Unternehmen zur Einhaltung der Wettbewerbsregeln zu veranlassen.[328] Der – wenn auch nachrangige – repressive Aspekt könne der Kartellgeldbuße jedoch nicht in Gänze abgesprochen werden. Gerade deswegen unterscheide sie sich von einem rein präventiven Zwangsgeld.[329]

b. Stellungnahme zum Zweck der Geldbuße

Der große Streit über den Zweck des Kartellbußgeldes bleibt in der Literatur aus, auch wenn einige Stimmen dem repressiven Charakter der Geldbuße etwas mehr Gewicht zusprechen als andere.[330] Trotzdem muss für die Beurteilung einer Zweckverfehlung durch einen etwaigen Regress der genaue Zweck der Geldbuße benannt werden. Dabei ist die Einordnung oberhalb eines Zwangsgeldes aber unterhalb einer Geldstrafe treffend. So kann der Geldbuße keineswegs der repressive Charakter vollständig abgesprochen werden, doch tritt dieser ersichtlich hinter den spezial- und generalpräventiven Gesichtspunkten zurück. Vorrangig müssen zukünftig solche Verhaltensweisen vermieden werden, die gegen die Wettbewerbsregeln verstoßen. So steht im Zentrum der Maßnahme nicht

---

325 von „präventiven Wesenszügen“ sprechend *Achenbach*, ZIS 2012, 178 (180).

326 *Sackreuther*, in: BeckOK OWiG, § 17 OWiG Rn. 9.

327 *Biermann*, in: Immenga/Mestmäcker, Wettbewerbsrecht, § 81 GWB Rn. 504.

328 *Haus/Serafimova*, BB 2014, 2883; *Biermann*, in: Immenga/Mestmäcker, Wettbewerbsrecht, § 81 GWB Rn. 504; sich dem anschließend LAG Düsseldorf, NZKart 2015, 277 (279).

329 Auf die Kartellbuße nach Art. 23 VO 1/2003 und das Zwangsgeld nach Art. 24 VO 1/2003 bezogen *Biermann*, in: Immenga/Mestmäcker, Wettbewerbsrecht, § 81 GWB Rn. 504 m.w.N.

330 -> 1. Teil, b. IV. 2. b.

die Sanktionierung des vergangenen Verhaltens, sondern die Schaffung eines mit den Wettbewerbsregeln vereinbaren Marktauftretens. So darf auch nicht die Pönalisierung des einzelnen Unternehmens entscheidend sein, sondern die Abschreckung gegenüber den übrigen Marktteilnehmern. Dabei lassen insbesondere die Leitlinien des Bundeskartellamtes erkennen, dass die Zielscheibe der Verhaltenssteuerung das Unternehmen sein soll. Die Bemessung der Geldbuße findet allein anhand der wirtschaftlichen Verhältnisse des Unternehmens statt. Die außerdem mit der Geldbuße verbundene Gewinnabschöpfung fördert darüber hinaus die präventive Funktion. So soll mit der Abschöpfung des durch die Handlung erwirtschafteten Mehrs nicht etwa die Sanktionierung des vergangenen Verhaltens erhöht werden, sondern der Anreiz für zukünftige wettbewerbswidrige Handlungen genommen werden. Auch dies gelingt sowohl in spezial- als auch in generalpräventiver Hinsicht. Durch die Abschöpfung des Gewinnes wird nicht nur dem adressierten Unternehmen, sondern auch allen übrigen am Wettbewerb Beteiligten jeglicher Anreiz für ein wettbewerbswidriges Verhalten genommen. Die Geldbuße kann somit im Ergebnis als eine Maßnahme eingeordnet werden, die primär der Verhaltenssteuerung sowohl des Adressaten als auch der übrigen Marktteilnehmer dient. Dabei stellt sich ebenso die Möglichkeit der Gewinnabschöpfung als präventives Mittel dar. Hinzu kommt ein nachrangiger, aber nicht gänzlich ausgeschlossener ahndender Teil für das in der Vergangenheit liegende, wettbewerbswidrige Verhalten.

3. *Stellungnahme zur Frage der Zweckverfehlung*

Der eingangs festgestellte Zweck der Geldbuße muss bei der Frage nach dem Regress Berücksichtigung finden. Wie bereits dargestellt finden sich nicht wenige Stimmen, die eine Weitergabe der Kartellbuße aufgrund der damit verbundenen Verfehlung des ihr innewohnenden Zweckes kategorisch ausschließen.[331] Um diese Fragestellung adäquat beantworten zu können, bedarf es einer kleinschrittigeren Vorgehensweise. Jeder einzelne Zweck der Geldbuße muss unter der Fiktion eines Regresses untersucht werden.

a. Präventiver Charakter der Geldbuße

aa. Generalprävention

Beeinflusst der Regress den Zweck der Geldbuße, die übrigen Marktteilnehmer als potenziell künftige Kartellanten zu einem pflichtgemäßen Marktverhalten zu

331 -> 1. Teil, B. III. 3.

veranlassen? Der Zweck der Geldbuße wird nicht dadurch erreicht, dass die Buße am Ende auch genau das adressierte Unternehmen endbelastet. Vielmehr entsteht der Abschreckungseffekt u.a. durch eine Berichterstattung über die mittlerweile horrenden Bußgelder. So entzieht es sich möglicherweise sogar der Wahrnehmung der am Markt beteiligten Unternehmen, ob ein etwaiger Regressprozess im Ergebnis erfolgreich geführt werden konnte. Das derzeit anhängige Verfahren zum „Schienenkartell"[332], welches in der Literatur wiederholt Anlass zur Diskussion gegeben hat, wird in dieser Hinsicht wohl eine Ausnahme darstellen. Erwähnenswert ist auch ein drohender Imageschaden des Unternehmens.[333] In dieser Hinsicht gebietet sich eine rein faktische Betrachtungsweise. Als im Sommer 2017 mehrere Kartellvorwürfe gegen die deutschen Autobauer im Raum standen, fürchtete der Vorsitzende des Bundestags-Verkehrsausschusses, Martin Burkert, „das Qualitätslabel „Made in Germany" könnte Schaden nehmen.".[334] Dies ist zunächst nicht von der Hand zu weisen. Außerdem würde an dieser Berichterstattung und dem entstandenen Imageschaden auch nicht die Möglichkeit des Regresses etwas ändern. Vielmehr haftet dieser dem Unternehmen fortwährend an.[335] So findet sich eine ähnliche Diskussion wiederholt bei der sog. Verdachtsberichterstattung in den Medien. Darunter ist die Berichterstattung über einen bestimmten Verdacht gegen eine einzelne oder mehrere Personen zu verstehen.[336] Vermehrt sind solche Berichterstattungen im Zusammenhang mit möglichen Begehungen von Straftaten vorzufinden und stehen in einem ständigen Konflikt mit der Unschuldsvermutung.[337] Unabhängig der rechtlichen Zulässigkeit solcher Berichte und den regulatorischen Mitteln wird im Rahmen dieser Diskussion aber auch der Einfluss der Berichterstattung auf die öffentliche Meinungsbildung offenbar. So sei bereits die Darstellung eines Verdachtes in den Medien dafür ausreichend, den Ruf einer Person nachhaltig zu schädigen.[338]

---

332 LAG Düsseldorf, NZKart 2015, 277.

333 So auch *Grau/Dust*, ZRP 2020, 134 (136); *Suchy*, NZG 2015, 591 (592).

334 *Focus Online*, SPD-Verkehrspolitiker fürchtet Schaden für 'Made in Germany', abrufbar unter: *www.focus.de/finanzen/news/wirtschaftsticker/auto-kartell-spd-verkehrspolitiker-fuerchtet-schaden-fuer-made-in-germany_id_7394186.html* (Stand: 25.07.2017, zuletzt abgerufen am 17.04.2020).

335 *Grau/Dust*, ZRP 2020, 134 (136).

336 *Molle*, ZUM 2010, 331 (332).

337 *Schlüter*, Verdachtsberichterstattung zwischen Unschuldsvermutung und Informationsinteresse, S. 12.

338 OLG Köln, AfP 1989, 693 (685); *Schlüter*, Verdachtsberichterstattung zwischen Unschuldsvermutung und Informationsinteresse, S. 23; *Treffer*, ZUM 1989, 433 (437).

Damit einhergehend unterscheide der durchschnittliche Konsument der Medien nicht zwischen dem geäußerten Verdacht und einer rechtskräftigen Verurteilung.[339] Darüber hinaus bestünde das größte Interesse an der Berichterstattung während des Ermittlungsverfahrens, sodass die Aufmerksamkeit für das weitere Verfahren oder gar eines möglichen Freispruches deutlich absinkt.[340] Dies führe im Ergebnis dazu, dass selbst ein Freispruch nach § 170 Abs. 2 StPO eine Herabsetzung des Rufs nicht verhindern könne.[341] Somit beginne mit dem Freispruch keineswegs der Prozess der Rehabilitation, sondern das Ansehen könne nachhaltig geschädigt und die Existenz bedroht sein.[342] Sicherlich darf dabei nicht unbeachtet bleiben, dass sich diese Erkenntnisse auf den Verdacht einer Straftat natürlicher Personen bezieht. Es zeigt jedoch eindrücklich, welch ein Imageschaden bereits durch die Berichterstattung über einen Verdachtsmoment entstehen kann. Dies kann nicht weniger für die Berichterstattung über den Verdacht einer Kartellbeteiligung und etwaige Ermittlungen seitens der Kartellbehörden gelten. Wenn an diesem Umstand selbst eine Einstellung des Verfahrens oder der Beweis des Gegenteils nur teilweise etwas ändern kann, kann dies umso weniger ein nachgelagerter Regress. Sollte es eine mediale Berichterstattung über einen erfolgreichen Regress geben, wird diese nicht dazu geeignet sein, das Image des Unternehmens bei dem durchschnittlichen Medienkonsumenten nachhaltig zu verbessern. Vielmehr wird das Unternehmen möglicherweise mehrere Jahre nach der Beteiligung am Kartell und den damit einhergehenden medialen Effekten auch im Rahmen der Berichte über den Regress erneut mit dem Kartell in Verbindung gebracht, was einer Rehabilitation des Images sicherlich nicht zuträglich ist. Ein nachdrückliches Beispiel dafür bietet der Fall Tönnies aus dem Jahre 2016. Durch konzerninterne Umstrukturierungen stellte das Bundeskartellamt das Verfahren über Geldbußen in Höhe von insgesamt 128 Millionen Euro ein, es kam folglich zu keiner Festsetzung der Bußgelder.[343]

---

339 *Rau*, Rechtlich und ethisch verantwortungsvolle Kriminalberichterstattung, S. 161.

340 *Preschany*, Freilaw 1/2016, 13 (14); *Burkardt*, in: *Wenze*, Das Recht der Wort- und Bildberichterstattung, Kap. 10 Rn. 155.

341 *Lehr*, NStZ 2009, 409 (414).

342 *Haarmann*, Die Individualisierende Verdachtsberichtserstattung über den Beschuldigten eines Strafverfahrens, S. 75 f.; vgl. auch OLG Hamburg, ZUM-RD 2005, 508 (510 f.).

343 Vgl. Pressemitteilung des Bundeskartellamtes vom 19.10.2016, „Verfahren gegen Gesellschaften der ClemensTönnies-Gruppe eingestellt – Bußgelder in Höhe von 128 Mio. Euro entfallen in Folge von Umstrukturierungen", abrufbar unter: *www.bundeskartellamt.de/SharedDocs/Meldung/DE/Pressemitteilungen/2016/19_10_2016_ClemensToennies_Gruppe_Wurst.html* (Stand: 19.10.2016, zuletzt abgerufen am 24.08.2020).

Diese Möglichkeit der Umgehung, die sogenannte „Wurstlücke“, wurde durch eine Gesetzesnovelle für die Zukunft verhindert.[344] Doch auch im Jahre 2020 kommt es teilweise zu Berichterstattungen zum Fall Tönnies aus dem Jahre 2016. So wurde dies im Zusammenhang mit den Berichten zum Corona-Ausbruch in einem Betrieb von Tönnies erneut thematisiert.[345] So wurde die negative Berichterstattung zum Corona Ausbruch mit weiteren negativen Berichten aus der Vergangenheit ergänzt, was dazu geeignet ist, das Image des Unternehmens nachhaltig zu belasten. Dies zeigt die langwierigen Auswirkungen solcher Berichterstattungen und macht deutlich, welch abschreckende Wirkung ein Bußgeld – unabhängig der monetären Endbelastung – auf die Marktteilnehmer haben kann.

Einen Einfluss auf das Unternehmen hat ein etwaiger Regress wohl nur dann, wenn es ipso iure zu einem Durchlauf der Buße vom Unternehmen zu den Organmitgliedern kommt. Dies ist allerdings nicht der Fall. Vielmehr bedarf es eines weiteren Zwischenschritts des Unternehmens, namentlich die Inanspruchnahme des jeweiligen Organmitglieds samt den damit verbundenen Hürden, insbesondere einem Prozess- und Insolvenzrisiko.[346] Insofern kann die Argumentation *Thomas´*, der eine solche Regresspflicht ipso iure annimmt, nicht überzeugen. Hinzu komme der Umstand, dass durch eine D&O-Versicherung eine Eigendeckung des Unternehmens erreicht werden könne.[347] Sollte sich diese Annahme verwirklichen, ist man faktisch von einer automatischen Weiterleitung der Buße nicht weit entfernt. Insbesondere würde ein Insolvenzrisiko in Gänze entfallen. Zumindest müsste der generalpräventive Charakter der Geldbuße verneint werden, da die Abschreckung bei den restlichen Teilnehmern bedeutend gemindert würde, sofern sie sich mit einer D&O-Versicherung absichern könnten.

Vielmehr ist aber der Einwand von *Koch* durchschlagend. Wollte man die Standardklausel[348] der D&O-Versicherungen, welche einen Haftungsausschluss

---

344 Vgl. dazu ausführlich *Mäger/von Schreitter*, NZKart, 2017, 264 (265 ff.).

345 Vgl. bspw. *ntv*, „Millionenstrafe verhindert? Gabriel bestreitet neue Tönnies-Vorwürfe“, abrufbar unter: *www.n-tv.de/politik/Gabriel-bestreitet-neue-Toennies-Vorwuerfe-article21890402.html* (Stand: 04.07.2020, zuletzt abgerufen am 24.08.2020).

346 So auch *Suchy*, NZG 2015, 591 (592); zum Insolvenzrisiko: *Scholz*, Die Existenzvernichtende Haftung von Vorstandsmitgliedern, S. 48.

347 Vgl. nochmals die ausführliche Argumentation *Thomas*, NZG 2015, 1409 (1419).

348 So auch *Fleischer*, in: Fleischer, Hdb. Vorstandsrecht, § 12 Rn. 54.

für Geldbußen regeln,[349] nicht auf den Fall des Regresses transferieren,[350] so muss dennoch die Zulässigkeit einer potenziellen Deckung anhand der Gesamtumstände beurteilt werden. So laufe eine Regelung, die eine Deckung von Geldstrafe und Bußgeldern beabsichtigt, den Sanktionszwecken des Straf- und Ordnungswidrigkeitenrechts zuwider und verstoße gegen § 134 BGB.[351] Diese Argumentation kann überzeugen und bietet außerdem eine Stütze für die zuvor aufgestellte These, dass nur dann die generalpräventive Wirkung der Geldbuße entfalle, wenn es automatisch zu einer Weitereichung kommt. Was auf den ersten Blick nach einem Zirkelschluss klingt, ist mehr eine gegenseitige Bestätigung der gefassten Ergebnisse. So muss ein *vorheriges* Übernahmeversprechen für Geldbußen – auch wenn es sich um den Regress und somit ursprünglich um eine Geldbuße, inter partes aber um einen zivilrechtlichen Anspruch handelt, ausgeschlossen werden, da ein solches dem Zweck der Geldbuße zuwiderliefe. Einem *nachträglichen* Regress samt seinen Hürden steht dies aber nicht im Wege. So tritt der hier in Rede stehenden generalpräventive Zweck der Geldbuße bereits mit der Verhängung des Bußgeldes gegen das Unternehmen samt den oben bereits genannten Begleiterscheinungen ein. Daran ändert ein nachträglicher Regress, der also nicht ipso iure eintritt, keineswegs etwas. So bilden, neben den drohenden finanziellen Belastungen durch eine Kartellgeldbuße, insbesondere die faktischen Begleiterscheinungen wie etwa der nachhaltige Imageschaden samt seiner Synergieeffekte unabhängig der Möglichkeit des Regresses den generalpräventiven Effekt.

---

349 Vgl. Klausel A-7.10. der Musterbedingungen des GDV (AVB D&O) von Mai 2019 „Vom Versicherungsschutz ausgeschlossen sind Haftpflichtansprüche wegen Schäden aufgrund von Vertragsstrafen, Kautionen, Bußgelder und Entschädigungen mit Strafcharakter (punitive und exemplary damages), die gegen den Versicherungsnehmern oder eine Tochtergesellschaft verhängt oder von ihnen übernommen wurden.“, abrufbar unter: *www.gdv.de/resource/blob/6044/9d0c760f8106f1a81a8a20d4cc6ee12a/05-allgemeine-versicherungsbedingungen-fuer-die-vermoegensschaden-haftpflichtversicherung-von-aufsichtsraeten--vorstaenden-und-geschaeftsfuehrern--avb-d-o--data.pdf* (Stand: Mai 2020, zuletzt abgerufen am 30.09.2020).

350 So aber *Koch*, in: Liber Amicorum M. Winter, S. 327 (S. 331).

351 Vgl. dazu *Fleischer*, in: Hdb. Vorstandsrechts, § 12 Rn. 54; *Ihlas*, Organhaftung und Haftpflichtversicherung, S. 73; *Olbrich*, Die D&O-Versicherung in Deutschland, S. 128.

bb. Spezialprävention

Im Ausgangspunkt kann hinsichtlich der Verfehlung der Spezialprävention auf die Ausführungen zur Verfehlung des generalpräventiven Zweckes verwiesen werden. So ist das Risiko des Imageschadens auch dazu geeignet, den Bußgeldadressaten selbst von künftigem wettbewerbswidrigem Verhalten abzuhalten. Auch in dieser Hinsicht muss Geltung beanspruchen, dass eine Weiterleitung der Geldbuße ipso iure weitreichenden Einfluss auf die Zweckerreichung der Buße haben könnte. Wie zuvor jedoch festgestellt wurde, wäre eine derartige Regelung, insbesondere verbunden mit einer möglichen Deckung durch eine Versicherung, unzulässig. Allerdings muss im Rahmen der Spezialprävention der Faktor der monetären Entlastung durch einen möglichen Regress genauer betrachtet werden. So kann es durch den Regress dazu kommen, dass die durch das Kartell erreichten wirtschaftlichen Vorteile beim Unternehmen verbleiben, obwohl es zu einer Geldbuße gekommen ist. Selbst wenn es dem Unternehmen gelingt, trotz vorhandener Prozess- und Insolvenzrisiken bei den Organmitgliedern Regress zu nehmen, schafft dies keinerlei Gewissheit für etwaige Erfolgsaussichten bei erneuten Geldbußen. So kann auch nicht ernsthaft davon ausgegangen werden, die Geldbuße sei im Falle des Regresses nicht geeignet, das Unternehmen zukünftig zu normgerechten Verhalten zu veranlassen. Hinzu kommt der Umstand, dass ein Unternehmen als solches gar nicht handeln kann. Eine Aktiengesellschaft beispielsweise als künstliches Gebilde nehme nicht unmittelbar am Rechtsverkehr teil, sondern wird erst durch ihre Organe, wie etwa dem Vorstand, handlungsfähig.[352] Zwar geht beispielsweise das europäische Kartellrecht, welches keine Bußgelder gegen die natürlichen Personen kennt, von einer eigenen Handlungsfähigkeit der Unternehmen aus, sodass es eigens die tatbestandlichen Handlungen vornehmen könne. Dafür müssten jedoch die Handlungen der natürlichen Personen, welche für das Unternehmen tätig werden, diesem zugerechnet werden.[353] So müsse ein Organ mit dem Unternehmen nahezu gleichgestellt werden. Wollte man also das Unternehmen zu einem pflichtgemäßen Handeln bewegen, kann dies gerade durch eine Belastung der Organe gefördert werden.[354] Somit kann aus diesem Grund dem Regress keineswegs der Effekt der Zweckverfehlung zugesprochen werden, vielmehr kann dieser den Zweck der Spezialprävention

352 BVerfGE 20, 323 (336); *Bachmann*, in: Großkomm AktG, § 1 AktG Rn. 55; *Dauner-Lieb*, in: KK-AktG, § 1 AktG Rn. 10; *Heider*, in: MüKo AktG, § 1 AktG Rn. 42; *Koch*, in: Hüffer/Koch, AktG, § 1 AktG Rn. 4.

353 *Biermann*, in: Immenga/Mestmäcker, Wettbewerbsrecht, Vor. § 81 GWB Rn. 122 f.

354 So auch *Bayreuther*, NZA 2015, 1239 (1241).

nachhaltig fördern. Dies ist selbst dann der Fall, wenn es nach einem erfolgreichen Regress und der damit nachgewiesenen Pflichtverletzung im Innenverhältnis zu einer Abberufung des Organmitglieds kommt und entsprechend eine neue Person diese Position übernimmt. So wird der Regress auch bei dem Nachfolger den Anreiz schaffen, das Unternehmen in einer solchen Weise zu führen, dass es nicht zu einer Geldbuße gegen dieses kommt. Was auf den ersten Blick wie ein generalpräventiver Effekt scheint, da es auf alle künftigen Organmitglieder wirkt, ist jedoch aus der Perspektive des Unternehmens als ein solcher der Spezialprävention anzusehen. Aus der Sicht des Unternehmens ist es irrelevant, ob das künftige Schicksal des Unternehmens hinsichtlich einer erneuten Kartellbuße von dem Verhalten des Organmitglieds A oder B abhängt. Es ist allein entscheidend, dass das für die Handlungen des Unternehmens verantwortliche Organmitglied unter dem Eindruck der drohenden Geldbuße steht. Somit kann ein Regress des Bußgeldes – unabhängig von dem Verbleib des endbelasteten Organmitglieds – die spezialpräventive Wirkung der Kartellbuße gar fördern und keineswegs abmildern. Sicherlich wird es Stimmen geben, die einen solchen Effekt bereits durch das persönliche Bußgeld, welches das deutsche Kartellrecht ermöglicht, erfüllt sehen. Diese Argumentation liegt jedoch neben der Sache. Bei der Zulässigkeit des Regresses und der Frage der Zweckverfehlung ist allein relevant, ob durch die Weiterreichung der Zweck der Geldbuße verfehlt wird. Es ist irrelevant, ob der Zweck bereits auf eine andere Weise erreicht werden kann oder durch weitere Möglichkeiten intensiviert wird.

Das Landesarbeitsgericht führt in diesem Zusammenhang außerdem an, dass durch die Geldbuße gerade die Unternehmensträger getroffen werden sollen, damit deren zukünftiges Verhalten unter dem Einfluss der Buße stehe. Bei den Unternehmensträgern handle es sich nicht etwa um die Organe, sondern um diejenigen, die diese Organvertreter gewählt, bestellt und angestellt haben. Die Träger des Unternehmens sollen demnach auch die finanzielle Verantwortung für die Konsequenzen des Organhandelns zu tragen haben.[355] Nach Ansicht des Landesarbeitsgerichtes seien somit eben nicht die Organmitglieder für das Verhalten des Unternehmens verantwortlich, sondern die Träger des Unternehmens, namentlich die Anteilsinhaber mit den entsprechenden Stimmrechten. Dies geht insofern fehl, dass die Gesellschafter nur sehr beschränkt zur Kontrolle oder gar Steuerung der Organe fähig sind.[356] In der Aktiengesellschaft beispielsweise üben die Aktionäre ihre Rechte grundsätzlich in der Hauptversammlung aus

355 LAG Düsseldorf, NZKart 2015, 277 (279).
356 vgl. so auch *Bayreuther*, NZA 2015, 1239 (1241).

(§ 118 Abs. 1 S. 1 AktG). Die Kompetenzen der Hauptversammlung sind dabei begrenzt. So sieht der Katalog des § 119 Abs. 1 AktG im Wesentlichen Kompetenzen für gewisse wiederkehrende Maßnahmen, wie etwa die Wahl der Aufsichtsratsmitglieder (§ 119 Abs. 1 Nr. 1 AktG) und die Entlastung des Vorstandes sowie Aufsichtsrates (§ 119 Abs. 1 Nr. 4 AktG) vor. Hinzu kommen Kompetenzen für einige Strukturmaßnahmen, insbesondere Satzungsänderungen (§ 119 Abs. 1 Nr. 6 AktG). Der Katalog des § 119 Abs. 1 AktG ist darüber hinaus keineswegs abschließend. So finden sich weitere gesetzliche Kompetenzen[357] über das Aktiengesetz verteilt, es können Zuständigkeiten kraft Satzung begründet werden[358] und es wurden ungeschriebene Kompetenzen der Hauptversammlung entwickelt.[359] Besonderes Augenmerk in diesem Zusammenhang muss jedoch auf der fehlenden Geschäftsführungskompetenz liegen. So liegt die Befugnis zur Geschäftsführung nach § 76 Abs. 1 AktG allein beim Vorstand. Die Hauptversammlung kann nach § 119 Abs. 2 AktG nur dann über Fragen der Geschäftsführung entscheiden, wenn dies von dem Vorstand verlangt wird.[360] Vielmehr aber übt der Vorstand seine Leitungsaufgaben unter eigener Verantwortung aus (§ 76 Abs. 1 AktG). Dabei unterliegt er keinerlei Weisungen sowohl anderer Organe als auch von (Groß-)Aktionären.[361] Die Überwachung des Vorstandes findet ebenso wenig durch die Aktionäre selbst, sondern allein durch den Aufsichtsrat (§ 111 Abs. 1 AktG) statt. Allein dies zeigt die sehr beschränkten Möglichkeiten der Aktionäre, unmittelbar auf das Verhalten der Organmitglieder und somit mittelbar auf das des Unternehmens Einfluss zu nehmen. Etwas anders gestaltet sich die Situation bei der GmbH. Hier folgt aus § 37 Abs. 1 GmbHG ein umfassendes Weisungsrecht der Gesellschafterversammlung gegenüber dem Geschäftsführer,[362] zu dessen Befolgung der Geschäftsführer auch verpflichtet sei.[363] Handelt der Geschäftsführer hingegen nicht den Weisungen entsprechend, könnten die Gesellschafter nicht selbst im Außenverhältnis auftreten, sondern

357 vgl. dazu *Koch*, in: Hüffer/Koch, AktG, § 119 AktG Rn. 7 ff.

358 *Liebscher*, in: Henssler/Strohn, Gesellschaftsrecht, § 119 AktG, Rn. 7.

359 Siehe dazu *Hoffmann*, in: Spindler/Stilz, AktG, § 119 AktG Rn. 21 ff.

360 Vgl. dazu ausführlich *Kubis*, in: MüKo AktG, § 119 AktG Rn. 18 f.

361 BGH, AG 2008, 541 (542).

362 *Altmeppen*, in: Roth/Altmeppen, GmbHG, § 37 GmbHG Rn. 3; *Kleindiek*, in: Lutter/Hommelhoff, GmbHG, § 37 GmbHG Rn. 17; *Oetker*, in: Henssler/Strohn, Gesellschaftsrecht, § 37 GmbHG, § 37 Rn. 11.

363 BGHZ 31, 258 (278); *Baukelmann*, in: Rowedder/Schmidt-Leithoff, GmbHG, § 37 GmbHG Rn. 21; *Kleindiek*, in: Lutter/Hommelhoff, GmbHG, § 37 GmbHG Rn. 17; *Paefgen*, in: Habersack/Casper/Löbbe, GmbHG, § 37 GmbHG Rn. 58 f.

seien auf die Durchsetzung der Weisung im Rechtswege verwiesen.[364] Praktischer sei indes aber die Einsetzung eines neuen Geschäftsführers verbunden mit der vorherigen Abberufung des nicht weisungsgerecht handelnden Geschäftsleiter.[365] Aber auch aus der Weisungsgebundenheit des Geschäftsführer lässt sich nicht entnehmen, dass nur die Gesellschafter als Unternehmensträger zur Verhaltenssteuerung des Unternehmens fähig sind. Zwar können die Gesellschafter einer GmbH deutlich schneller auf das Verhalten des Geschäftsleiters unmittelbar und des Unternehmens mittelbar Einfluss nehmen, doch kann dies konkret kein wettbewerbswidriges Verhalten verhindern. Den Gesellschaftern ist es folglich möglich bei Kenntnis des wettbewerbswidrigen Verhaltens schnelle Unterlassung herbeizuführen. Dies unterscheidet die Stellung der Gesellschafter einer GmbH insoweit von den Aktionären einer AG. Doch bietet die Möglichkeit des Regresses einer drohenden Geldbuße keinerlei Anreiz dafür, das wettbewerbswidrige Verhalten zu dulden, da aus den eingehend genannten Gründen bereits das Auferlegen der Geldbuße mit derart negativen Folgen behaftet ist, dass die spezialpräventive Wirkung eintritt. Zwar kann insofern die Wirkung einer Geldbuße bei dem Gesellschafter als Unternehmensträger größer angesehen werden, das Verhalten des Unternehmens hinsichtlich eines mit den Wettbewerbsregeln konformen Verhaltens obliegt dennoch dem Geschäftsführer. Somit lassen sich ebenfalls keine triftigen Gründe dafür finden, bei einem Regress der Geldbuße den spezialpräventiven Zweck beim Unternehmen abzusprechen.[366] Es wäre gar kontraproduktiv, wenn man einen Regress ausschließe und das handelnde Organmitglied schadlos hielte, da so die Verhaltenssteuerung gänzlich wegzufallen droht.[367]

Wie zuvor festgestellt, stellt auch die Möglichkeit der Gewinnabschöpfung, welche den Kartellbehörden zur Verfügung steht, eine präventive Maßnahme dar. Dies soll insbesondere dazu führen, dass dem adressierten Unternehmen der Anreiz für weiteres gegen die Wettbewerbsregeln verstoßendes Verhalten genommen wird.[368] Auch hier greift in einem gewissen Maße das Prozess- und

---

364 *Kleindiek*, in: Lutter/Hommelhoff, GmbHG, § 37 GmbHG Rn. 40; *Oetker*, in: Henssler/Strohn, Gesellschaftsrecht, GmbHG, § 37 GmbHG Rn. 15; *Paefgen*, in: Habersack/Casper/Löbbe, GmbHG, § 37 GmbHG Rn. 65 f.

365 So *Oetker*, in: Henssler/Strohn, Gesellschaftsrecht, § 37 GmbHG Rn. 15.

366 Siehe insgesamt zum Fehlen adäquater Einflussmöglichkeiten der Unternehmensträger auch *Bayreuther*, NZA 2015, 1239 (1241).

367 So auch *Fleischer*, BB 2008, 1070 (1073); *ders.*, DB 2014, 345 (348); *Koch*, in: Liber Amicorum M. Winter, S. 327 (S. 334 f.); *Thole*, ZHR 173 (2009), 504 (532).

368 Vgl. dazu nochmals *Sackreuther*, in: BeckOK OWiG, § 17 GmbHG Rn. 114, GWB § 81, Rn. 5 f.

Insolvenzrisiko, sodass der Regress vor mindestens zwei Hürden steht. Allein dies spricht in erster Linie dagegen, dass sich das adressierte Unternehmen bei einer Weiterreichung auch der in der Geldbuße möglicherweise enthaltenen Gewinnabschöpfung künftig weniger zu einem pflichtgemäßen Verhalten veranlasst sehen müsse. Was für die übrigen spezialpräventiven Aspekte gilt, muss auch für den gewinnabschöpfenden Anteil Geltung beanspruchen. So kann das verhaltenssteuernde Moment auf die handelnden Organe nicht ernsthaft in Frage gestellt werden, sollte auch dieser Anteil weitergereicht und nicht beim Unternehmen selbst verbleiben. Ein Regress kann mit dieser Begründung ebenso wenig ausgeschlossen werden. Die Frage, ob der gewinnabschöpfende Anteil nach der Differenzhypothese überhaupt einen Schaden darstellt, entbehrt sich für die hier aufgeworfene Frage der Relevanz.[369]

b. Repressiver Charakter der Geldbuße

Der Regress darf ebenso wenig dazu führen, dass der repressive Teil der Geldbuße wegfällt. Das Unternehmen soll dadurch für das in der Vergangenheit liegende, wettbewerbswidrige Verhalten sanktioniert werden.[370] *Kochs* Ansatz, der einen Vergleich zur Strafrechtsdogmatik hinsichtlich § 258 Abs. 2 StGB zieht, ist zuzustimmen.[371] So sei der insbesondere von der Rechtsprechung gefasste Rechtsgedanke zu § 258 Abs. 2 StGB, die Begleichung einer Strafe durch einen Dritten nach deren Verhängung sei weder strafbar noch stets sittenwidrig,[372] auf den Regress der Kartellbuße zu übertragen.[373] Demnach sei das durch die Geldstrafe bezweckte Übel bereits in dem Zeitpunkt der Verhängung und der anschließenden Zahlung der Geldbuße verwirklicht.[374] Dies wird durch die zuvor getätigten Aussagen zum enormen Imageschaden des Unternehmens, allein durch die Verhängung der Geldbuße, unterstützt.[375] Dies macht den fließenden Übergang zwischen dem präventiven und repressiven Charakter der

---

369 Die wohl überwiegende Ansicht stuft den Gewinnabschöpfungsanteil nach der Differenzhypothese nicht als Schaden ein: *Fleischer*, BB 2008, 1070; *Kersting*, ZIP 2016, 1266 (1267); *Krause*, BB Beilage 2007 Nr. 7, 2 (13); *Mertens/Cahn*, in: KK-AktG, § 93 AktG Rn. 56; *Wilsing*, in: Krieger/Schneider/Altmeppen, Hdb. Managerhaftung, § 27 Rn. 34.

370 -> 1. Teil, B. IV. 2. b.

371 *Koch*, in: Liber Amicorum M. Winter, S. 327 (S. 333) m.w.N.

372 Siehe dazu BGHSt. 37, 226 (229).

373 *Koch*, in: Liber Amicorum M. Winter, S. 327 (S. 333).

374 *Stree/Hecker*, in: Schönke/Schröder, StGB, § 258 StGB Rn. 29.

375 -> 1. Teil, B. IV. 3. a. bb.

Geldbuße deutlich. Dadurch wird das Argument jedoch nicht weniger aussagekräftig. Es zeigt vielmehr die weitreichende Bedeutung des in der Diskussion zu großen Teilen vernachlässigten Aspekts der faktischen Gesichtspunkte, namentlich des Reputationsschadens.

Eine ähnliche Diskussion hat sich im Nachgang der angesprochenen Rechtsprechung zu § 258 Abs. 2 StGB hinsichtlich der umgekehrten Fallkonstellation, der Erstattung von Strafen bzw. Geldbußen gegen Mitarbeiter durch das Unternehmen, entwickelt.[376] Demnach seien nachträgliche Erstattungen auch zivil- und gesellschaftsrechtlich nicht zu beanstanden.[377] Eine vorherige Erstattungsanzeige sei bei einer Aktiengesellschaft hingegen nicht zulässig, da das zwingende Haftungsregime (§ 93 AktG) eine Haftung der Organmitglieder für Pflichtverletzungen im Innenverhältnis vorsehe. So könne sich eine Gesellschaft nicht durch die Übernahme von Strafzahlungen von im Innenverhältnis pflichtwidrigen Organmitgliedern Nachteile zufügen.[378] Dieser Gedanke kann jedoch nicht ungesehen auf den hiesigen Fall übertragen werden. So ist nach der ARAG/Garmenbeck-Entscheidung der Aufsichtsrat nur dann zur Geltendmachung von Schadensersatzansprüchen verpflichtet, wenn ein solcher besteht, durchsetzbar ist und eine Analyse des Prozessrisikos sowie der Betreibbarkeit positiv ausfällt.[379] Die Frage nach einem Regressausschluss ist jedoch im Rahmen des Bestehens eines Schadensersatzanspruches zu berücksichtigen, sodass denknotwendig auch nur Nachteile im Sinne der Ansicht *Kapps* vorliegen, wenn ein bestehender Schadensersatzanspruch nicht geltend gemacht wird. Somit kann in der grundsätzlichen Geltendmachungspflicht kein Argument für oder gegen den Regress gesehen werden. So bleibt es dabei, dass der in Rede stehenden Rechtsprechung lediglich entnommen werden kann, dass das Strafrecht der Geldbuße die Höchstpersönlichkeit abspricht und folglich das Strafrecht einem Regress nicht im Wege steht.[380]

Da somit insbesondere mit Blick auf den Imageschaden von einer Pönalisierung bereits im Zeitpunkt der Verhängung der Geldstrafe beziehungsweise bei der nachfolgenden Zahlung ausgegangen werden kann und durch die mit der Rechtsprechung zu § 258 Abs. 2 StGB einhergehenden Rechtsgedanken auch die

---

376 *Kapp*, NJW 1992, 2796.

377 *Kapp*, NJW 1992, 2796 (2800).

378 *Kapp*, NJW 1990, 2796 (2799) der Ansicht *Rehbinder* folgend, ZHR 148 (1984) 555 (568 ff.).

379 BGHZ 135, 244.

380 Vgl. *Fleischer*, in: Spindler/Stilz, AktG, § 93 AktG Rn. 213b.

Intention des Strafrechts einem Regress nicht im Wege steht, kann eine Zweckverfehlung nicht festgestellt werden.

V. Zwischenergebnis

Weder der präventive noch der repressive Zweck der Kartellgeldbuße geht durch einen erfolgreichen Regress verloren. Hinsichtlich der Prävention konnte ein in der bisherigen Diskussion kaum beachteter Umstand, namentlich der Imageschaden durch Berichterstattungen, herausgearbeitet werden. Ein solcher entsteht völlig unabhängig eines nachgelagerten Regresses. Unterstützt wird dieser Ansatz durch den vergleichbaren Effekt im Rahmen einer Verdachtsberichterstattung über potenzielle Straftäter. Hinzu kommt ein erhebliches Prozess- und Insolvenzrisiko für die Weitergabe der Geldbuße. Diese Risiken dürfen für eine Zweckerreichung trotz Regresses nicht durch eine Weitergabe ipso iure und einer eventuellen Deckung durch Versicherungen beseitigt werden. Sofern das Verhalten des Unternehmens bzw. der handelnden Organe unter dem Eindruck eines sicheren Regresses steht, läuft die Prävention vollständig ins Leere. Vereinzelt angeführte Argumente, die einen Regress ablehnen, da das deutsche Kartellrecht eine Geldbuße gegen die Verantwortlichen selbst ermöglicht, sind nicht durchschlagend. Dieser Umstand kann zwar auf die Festlegung des Bußgeldzweckes Einfluss nehmen, die Frage nach der Zweckverfehlung tangiert dieser jedoch nicht.

Hinsichtlich des Wegfalls des repressiven Charakters bleibt festzuhalten, dass das durch die Geldbuße bezweckte Übel schon im Zeitpunkt der Verhängung und Zahlung der Buße verwirklicht wird. Die bereits im Rahmen der Prävention genannten, faktischen Umstände der Geldbuße dürfen an dieser Stelle ebenso Berücksichtigung finden.

C. Datenschutzrecht

Durch das Inkrafttreten der Datenschutzgrundverordnung am 25.05.2018[381] sind auch die Bußgelder wegen Verstößen gegen die Datenschutzbestimmungen sowohl in ihrer Anzahl als auch in ihrer Höhe gestiegen. So sei es im Jahr 2019 zu 187 Bußgeldern auf Grundlage der DSGVO gekommen, während sich diese Zahl in der Zeit vor 2019 auf lediglich 40 Fälle beschränkte. Unter den Bußgeldern fiel auch ein Bußgeld gegen den Festnetzkonzern 1&1 in Höhe von 9,6 Millionen

381 Vgl. Art. 99 Abs. 2 DSGVO.

Euro.[382] Auch wenn hiesige Summen mit denen der Kartellbußen nicht vergleichbar sind, liegt es insbesondere mit Blick auf die steigenden Fallzahlen auf der Hand, dass zwangsläufig die Frage nach dem Regress gestellt wird. Dennoch bleibt die Suche nach einschlägiger Literatur zu dieser Fragestellung weitgehend erfolglos. Dementsprechend mangelt es etwa zwei Jahre nach Inkrafttreten der DSGVO ebenso an einschlägiger Rechtsprechung. Mit Blick auf die wohl erst künftig präsent werdenden Regressfälle, ist auch ein entsprechender Anstieg des Diskussionsbedarfes denkbar.

I. Rechtsgrundlage

Die Regresskonstellationen können vielseitig sein. So kennt die DSGVO einerseits unterschiedliche Bußgeldadressaten,[383] andererseits kommen auf Seiten des Regressadressaten verschiedene Personen in Frage. Aus diesem Grund soll ein Regress exemplarisch am Beispiel des Bußgeldes gegen den Verantwortlichen und Auftragsverarbeiter nach Art. 83 Abs. 4 lit. a) DSGVO wegen Verstoß gegen die Pflichten aus Art. 39 DSGVO untersucht werden. Dabei versteht die Verordnung unter dem » „Verantwortlichen“ die natürliche oder juristische Person, Behörde, Einrichtung oder andere Stelle, die allein oder gemeinsam mit anderen über die Zwecke und Mittel der Verarbeitung von personenbezogenen Daten entscheidet;[. . .] «[384]. Der » „Auftragsverarbeiter“ [ist] eine natürliche oder juristische Person, Behörde, Einrichtung oder andere Stelle, die personenbezogene Daten im Auftrag des Verantwortlichen verarbeitet «[385]. Art. 39 DSGVO regelt die Aufgaben des Datenschutzbeauftragten, Art. 83 Abs. 4 und 5 DSGVO benennen den Datenschutzbeauftragten selbst hingegen nicht als Adressat möglicher Bußgelder, sodass gegen den Datenschutzbeauftragten selbst keine Bußgelder verhängt werden können.[386] So drängt sich die Frage nach einer vertraglichen Haftung des Datenschutzbeauftragten im Innenverhältnis doch geradezu

---

382 Vgl. zu der Statistik insgesamt: *www.handelsblatt.com/politik/deutschland/dsgvo-datenschutz-verstoesse-zahl-der-bussgelder-ist-drastisch-gestiegen/25364576.html?ticket=ST-625155-JMe7lGhNV3A7lGLVFRET-ap1* (Stand: 01.01.2020, zuletzt abgerufen am 11.05.2020).

383 Vgl. dazu *Eckhardt*, in: Spindler/Schuster, Recht der elektronischen Medien, Art. 83 DSGVO Rn. 62 ff.

384 Art. 4 Nr. 7 DSGVO.

385 Art. 4 Nr. 8 DSGVO.

386 Vgl. *Drewes*, in: Simitis/Hornung/Spiecker gen. Döhmann, Datenschutzrecht, Art. 39 DSGVO Rn. 42; *Eckhardt*, in: Spindler/Schuster, Recht der elektronischen Medien, Art. 83 DSGVO Rn. 64; *Moos*, in: BeckOK Datenschutzrecht, Art. 37 DSGVO Rn. 10.

auf, sollte dieser seine ihm obliegenden Pflichten verletzt haben und infolgedessen ein Bußgeld gegen den Verantwortlichen bzw. Auftragsverarbeiter verhängt worden sein. Das zwischen den Parteien relevante Vertragsverhältnis ist primär davon abhängig, ob ein interner oder externer Datenschutzbeauftragter benannt wird. Sofern ein interner Datenschutzbeauftragter gewählt wird, wird dieser regelmäßig Arbeitnehmer sein und dementsprechend ein Arbeitsvertrag nach § 611a BGB zugrunde liegen.[387] So richtet sich ein etwaiger Regress gegen den internen Datenschutzbeauftragten nach §§ 611, 280 ff. BGB.[388] Sollte sich der Verantwortliche bzw. Auftragsverarbeiter eines externen Datenschutzbeauftragten bedienen, liegt diesem Verhältnis ein Dienstleistung- oder Geschäftsbesorgungsvertrag zugrunde.[389] Je nach Ausgestaltung der konkreten Vertragsverhältnisse, richtet sich die Haftung des externen Datenschutzbeauftragten mit entsprechenden Modifikationen grundsätzlich nach den allgemeinen Vorschriften der §§ 280 ff. BGB.[390] Im Gegensatz zum internen könne sich der externe Datenschutzbeauftragte nicht auf eine Anspruchsminderung nach den Grundsätzen des innerbetrieblichen Schadensausgleichs berufen.[391]

II. Zurechnungszusammenhang

Zu der expliziten Frage der Regressfähigkeit von Geldbußen gegen den Verantwortlichen oder Auftragsverarbeiter nach der DSGVO an Datenschutzbeauftragte hat sich bisher keine ausgiebige Diskussion in der Literatur entwickelt. Unabhängig der Rechtsgrundlage einer etwaigen Haftung, spielt die Frage der Regressfähigkeit unter Berücksichtigung des Bußgeldzweckes im Bereich der §§ 249 ff. BGB und somit im allgemeinen Schadensrecht.[392]

---

387 Vgl. *Heckmann*, in: Heckmann, jurisPK-Internetrecht, Kap. 9 Rn. 496; *Mayer*, in: Gierschmann/Schlender/Stentzel/Veil, DSGVO, Art. 37 DSGVO Rn. 68; *Moos*, in: BeckOK Datenschutzrecht, Art. 37 DSGVO Rn. 71 ff.

388 *Moos*, in: Wolff/Brink, Datenschutzrecht, Art. 39 DSGVO Rn. 28; *Paal*, in: Paal/Pauly, DSGVO. BDSG, Art. 39 DSGVO Rn. 12.

389 *Drewes*, in: Simitis/Hornung/Spiecker gen. Döhmann, Datenschutzrecht, Art. 39 DSGVO Rn. 44.

390 Vgl. *Drewes*, in: Simitis/Hornung/Spiecker gen. Döhmann, Datenschutzrecht, Art. 39 DSGVO Rn. 44; *Haag*, in: Forgó/Helfrich/Schneider, Betr. Datenschutz, Kap. 3 Rn. 76.

391 *Bergt*, in: Kühling/Buchner, DSGVO. BDSG, Art. 39 DSGVO Rn. 53; *Drewes*, in: Simitis/Hornung/Spiecker gen. Döhmann, Datenschutzrecht, Art. 39 DSGVO Rn. 44; *Eßer/Steffen*, CR 2018, 289 (293); *Haag*, in: Forgó/Helfrich/Schneider, Betr. Datenschutzrecht, Kap. 3 Rn. 78; *Moos*, in: BeckOK Datenschutzrecht, Art. 37 DSGVO Rn. 30, 32; *Schröder*, in: Schröder, Datenschutzrecht für die Praxis, 3. Kap. S. 132.

392 -> 1. Teil, A. IV.

Führt man sich neuerlich den vom BGH entschiedenen Steuerberater-Fall[393] vor Augen, wird auch die entscheidende Frage deutlich. Demnach habe ein Berater nur für solche Vermögensnachteile einzustehen, zu deren Abwendung er nach der vertraglichen Vereinbarung beispielsweise im Rahmen einer entgeltlichen Geschäftsbesorgung verpflichtet war.[394] Dementsprechend muss die Frage gestellt werden, ob die vertragliche Pflicht des Datenschutzbeauftragten auch die Abwendung der Bußgelder gegen den Verantwortlichen oder Auftragsverarbeiter nach Art. 83 Abs. 4 lit. a) DSGVO wegen Verstoß gegen die Pflichten aus Art. 39 DSGVO umfasst. In einem zweiten Schritt muss erneut eine Vereinbarkeit mit dem der Geldbuße innewohnenden Zweck überprüft werden. Im Rahmen der Pflichtverletzung wird bereits diskutiert, dass eine solche durch Unterlassen weitgehend ausgeschlossen sei.[395] Relevanter und in der Praxis deutlich wahrscheinlicher sei eine Pflichtverletzung durch fehlerhafte Beratung, beispielweise hinsichtlich der Zulässigkeit von Datenverwendungen.[396]

Da Art. 83 Abs. 4 lit a) DSGVO eigens einen Verstoß gegen die Pflichten des Art. 39 DSGVO fordert, welcher wiederum die Aufgaben des Datenschutzbeauftragten normiert, erscheint eine Konnexität zwischen Pflichtverletzung und Vorliegen der Tatbestandsvoraussetzungen für die Verhängung von Bußgeldern vorzuliegen. Dabei ist jedoch zu beachten, dass nicht Art. 39 DSGVO die Pflichten des Datenschutzbeauftragten im Innenverhältnis gegenüber dem Verantwortlichen bzw. Auftragsverarbeiter regelt, sondern das zugrundeliegende Vertragsverhältnis mit seiner inter partes Wirkung für die Beurteilung einer Pflichtverletzung maßgebend ist.[397] Kommt man zum Vorliegen einer Pflichtverletzung, heißt dies aber nicht zwangsläufig, dass durch ein pflichtgemäßes Verhalten gerade das Bußgeld verhindert werden sollte.

---

393 BGH, NJW 1997, 518.

394 BGH, NJW 2003, 1035 (1036); BGH, NJW-RR 2007, 857 (Rn. 23); vgl. auch *Teichmann*, in: G/K/L/R, BeckOGK BGB, 1.3.2020, § 675 BGB Rn. 11147.

395 *Haag*, in: Forgó/Helfrich/Schneider, Betr. Datenschutz, Kap. 3 Rn. 77; *Steffen*, DuD 2018, 145 (146 f.).

396 *Bergt*, in: Kühling/Buchner, DSGVO.BDSG, DSGVO Art. 37 Rn. 54; *Haag*, in: Forgó/Helfrich/Schneider, Betr. Datenschutz, Kap. 3 Rn. 78.

397 Ebenfalls auf das Vertragsverhältnis abstellend *Moos*, in: Moos in: BeckOK Datenschutzrecht, Art. 37 DSGVO Rn. 28; *Bergt*, in: Kühling/Buchner, DSGVO. BDSG, Art. 37 DSGVO Rn. 53; *Drewes*, in: Simitis/Hornung/Spiecker gen. Döhmann, Datenschutzrecht, Art. 39 DSGVO Rn. 44 ff.; *Paal*, in: Paal/Pauly, DSGVO. BDSG, Art. 39 DSGVO Rn. 12.

1. *Zweck der Geldbuße gegen den Verantwortlichen bzw. Auftragsverarbeiter*

a. Stand der Literatur

Der Zweck und die Rechtsnatur der Geldbuße nach der DSGVO werden nicht im Zusammenhang mit dem Regress dieser diskutiert, sondern primär im Rahmen der von den Mitgliedsstaaten nicht an die EU übertragenen Strafgewalt. Während die EU keine Strafgewalt innehabe, könne ihr jedoch als Annex zu Art. 16 Abs. 2 AEUV eine Kompetenz zur Regelung von Vorgaben zum Erlass von Verwaltungssanktionen zukommen.[398] Das Absprechen des strafrechtlichen Charakters der Geldbuße ist allerdings nicht offenkundig, vielmehr sei aufgrund des hohen Bußgeldniveaus eine mit dem Kartellrecht vergleichbare Diskussion über die konkrete Einordnung zu erwarten. So bestehe im Kartellrecht Uneinigkeit darüber, ob die Buße dem Kriminalstrafrecht bzw. Strafrecht im weiteren Sinne zuzuordnen sei oder es sich um eine reine Verwaltungssanktion mit punitivem Charakter handle.[399]

Der Geldbuße nach Art. 83 DSGVO komme eine ausgeprägte Disziplinierungsfunktion zu, die einerseits das in der Vergangenheit liegende Verhalten sanktionieren und andererseits von weiterem rechtswidrigen Verhalten abschrecken solle.[400] Durch die explizite Pointierung der Abschreckungswirkung in Art. 83 Abs. 1 DSGVO rücke der präventive Charakter der Bußgeldverhängung in den Vordergrund.[401] Der präventive Charakter stelle sich sowohl in spezial- als auch generalpräventiver Hinsicht ein.[402] Darüber hinaus soll die Geldbuße auch der Abschöpfung der aus dem Verstoß erbrachten wirtschaftlichen Vorteile genügen, auch wenn dies nur nachrangig sein könne, da eine echte

---

398 EuGH, Urt. v. 23.10.1997 – C-440/05 Rn. 71; *Aksungur*, Europäische Strafrechtsetzungskompetenzen, S. 114 mwN; *Beukelmann*, NJW-Spezial 2018, 248; *Holländer*, in: BeckOK Datenschutzrecht, Art. 83 DSGVO Rn. 4 f.

399 *Holländer*, in: BeckOK Datenschutzrecht, Art. 83 DSGVO Rn. 4.1 f.; zum **Kartellrecht**: EuGH, Urt. v. 11.7.2002 – C-210/00, (Rn. 33 f.); *Dannecker*, ZStW 1999, 256 (257); *Eisele*, JA 2000, 899; *Moos/Schefzig*, in: Taeger/Gabel, DSGVO. BDSG, Art. 83 DSGVO Rn. 26; *Schwarze*, WuW, 2009, 8; *Tiedemann*, ZStW 2004, 947.

400 *Nemitz*, in: Ehmann/Selmayr, DSGVO, Art. 83 Rn. 1.

401 *Sommer*, in: Däubler/Wedde/Weichert/Sommer, EU-DSGVO. BDSG, Art. 83 DSGVO Rn. 2.

402 *Frenzel*, in: Paal/Pauly, DSGVO. BDSG, Art. 83 DSGVO Rn. 7; *Moos/Schefzig*, in: Taeger/Gabel, DSGVO. BDSG, Art. 83 DSGVO Rn. 7 ff.; *Nemitz*, in: Ehmann/Selmayr, DSGVO, Art. 83 Rn. 1; *Sommer*, in: Däubler/Wedde/Weichert/Sommer, EU-DSGVO. BDSG, Art. 83 DSGVO Rn. 2.

Gewinnabschöpfung nur per Art. 84 DSGVO durch die Mitgliedsstaaten geregelt werden könne.[403] Teilweise wird die negative Spezialprävention und somit die Sanktionierung des datenschutzrechtlichen Verstoßes in den Vordergrund gestellt.[404] Andere hingegen sehen gerade die Generalprävention und die damit gewollte Abschreckung und Anregung zur konsequenten Beachtung des Datenschutzes, insbesondere der bekannteren Unternehmen am Markt als tragendes Element.[405]

b. Einbettung in die weiteren Maßnahmen nach der DSGVO

Die DSGVO kennt – katalogisiert in Art. 58 DSGVO – neben der Geldbuße allerdings auch weitere Maßnahmen, die der Schaffung eines einheitlichen Datenschutzniveaus in der EU dienen sollen.[406] Wie die Geldbuße im Verhältnis zu diesen anderen Maßnahmen einzuordnen ist, kann Aufschluss über den vordergründigen Zweck der Buße bringen. Die DSGVO statuiert in Art. 58 DSGVO verschiedene Befugnisse für die jeweiligen Aufsichtsbehörden. Diese lassen sich grob in Untersuchungsbefugnisse (Art. 58 Abs. 1), Abhilfebefugnisse (Art. 58 Abs. 2), Aufsichts- und Beratungsbefugnisse (Art. 58 Abs. 3 lit. a und b) sowie Genehmigungsbefugnisse (Art. 58 Abs. 3 lit. c-j) einteilen. In dieser Aufzählung ist auch die Befugnis zur Verhängung von Geldbußen nach Art. 83 DSGVO durch die Aufsichtsbehörden zu finden. Sie wird in Art. 58 Abs. 2 lit. i DSGVO als Abhilfebefugnis aufgeführt. Teilweise werden der Aufzählung in Absatz 2 sogenannte Eskalationsstufen entnommen, welche aufsteigend nach ihrer Intensität aufgeführt werden.[407] Dem sei aber nicht die Schlussfolgerung zu entnehmen, dass die Aufsichtsbehörde den gesamten Katalog abarbeiten müsse, vielmehr könne sie infolge eines Datenschutzverstoßes auch unmittelbar eine Geldbuße verhängen, sofern dies im Einzelfall verhältnismäßig sei.[408] Insbesondere könne

403 *Moos/Schefzig*, in: Taeger/Gabel, DSGVO. BDSG, Art. 83 DSGVO Rn. 7; *Nemitz*, in: Ehmann/Selmayr, DSGVO, Art. 83 DSGVO Rn. 1.

404 *Moos/Schefzig*, in: Taeger/Gabel, DSGVO. BDSG, Art. 83 DSGVO Rn. 7.

405 Art. 83 Abs. 1 DSGVO und ErwG 148; *Albrecht/Jotzo*, Das neue Datenschutzrecht der EU, Teil 8 Rn. 8; *Nemitz*, in: Ehmann/Selmayr, DSGVO, Art. 83 Rn. 1; *Schönefeld/Thomé*, PinG 2017, 126 (127).

406 Gesetzesbegr. der Kommission KOM (2012) 11, S. 2.

407 *Ambrock*, in: Jandt/Steidle, Datenschutz im Internet, B. VII. Rn. 20; *Dietrich*, ZD 2016, 260 (263); *Flendrovsky*, in: Knyrim, DSGVO, S. 281 ff. (286); *Moos/Schefzig*, in: Taeger/Gabel, DSGVO. BDSG, Art. 83 DSGVO Rn. 14; *Nguyen*, in: Gola, DSGVO, Art. 58 DSGVO Rn. 17; *Selmayr*, in: Ehmann/Selmayr, DSGVO, Art. 58 DSGVO Rn. 18.

408 *Moos/Schefzig*, in: Taeger/Gabel, DSGVO. BDSG, Art. 83 DSGVO Rn. 14; *Nguyen*, in: Gola, DSGVO, Art. 58 DSGVO Rn. 17; *Selmayr*, in: Ehmann/Selmayr, DSGVO,

die Geldbuße zusätzlich oder an Stelle der anderen Abhilfemaßnahmen verhängt werden.[409] Die Geldbuße unterscheide sich jedoch insofern, dass sie im Gegensatz zu den anderen Abhilfebefugnissen als Sanktion einzustufen sei.[410] Dies sei jedoch nicht mit dem Schluss gleich bedeutend, dass den Geldbußen auch ein strafrechtlicher Charakter zukomme, vielmehr handle es sich um verwaltungsrechtliche Sanktionen.[411] Davon erheblich zu unterscheiden ist die Warnung nach Absatz 2 lit. a. Die Warnung erfolgt zu einem Zeitpunkt, zu dem die Datenverarbeitung noch nicht stattgefunden hat und die Behörde lediglich im Rahmen einer summarischen Prüfung zu der Prognose kommt, dass die beabsichtigte Verarbeitung rechtswidrig sein könnte.[412] Die Warnung sei dementsprechend als rein präventives Abhilfeinstrumentarium einzustufen.[413] Dieser Schlussfolgerung ist mangels Anknüpfung an einen noch nicht eingetretenen Verstoß gegen die DSGVO, auf den sich eine etwaige repressive Komponente beziehen würde, zuzustimmen. Die Verwarnung nach Absatz 2 lit. b komme der Geldbuße in ihren Eigenschaften schon näher und wird teilweise als „kleine Schwester der Geldbuße“[414] bezeichnet, sodass es sich bei ihr ebenfalls um eine Sanktion handle.[415] Erwägungsgrund 148 S. 2 sieht eine Verwarnung für den Fall vor, dass die Verhängung der Geldbuße eine unverhältnismäßige Belastung darstellt oder lediglich ein geringfügiger Verstoß vorliegt. Die Verwarnung habe zwar nicht solch einen verhaltenssteuernden Effekt wie die Geldbuße, welche den Adressaten derart treffe, dass es ihm die fehlende Toleranz der Rechtsordnung für sein Verhalten eröffne und ihn zu datenschutzkonformen Verhalten anhalte, könne nach den konkreten Umständen des Einzelfalls insbesondere mit Blick auf die

---

Art. 58 DSGVO Rn. 18; *Ziebarth*, in: Sydow, DSGVO, Art. 58 DSGVO Rn. 68 sieht den Verhältnismäßigkeitsgrundsatz im Falle der Verhängung einer Geldbuße ohne vorherige Nutzung milderer Mittel regemäßig nicht gewahrt.

409 *Körffer*, in: Paal/Pauly, DSGVO. BDSG, Art. 58 DSGVO Rn. 26.

410 *Selmayr*, in: Ehmann/Selmayr, DSGVO, Art. 58 DSGVO Rn. 18 beziehend auf Erwägungsgrund 129 S. 1, 148 S. 1.

411 Erwägungsgrund 150 S. 1.

412 *Ambrock*, in: Jandt/Steidle, Datenschutz im Internet, B. VII. Rn. 23; *Nguyen*, in: Gola, DSGVO, Art. 58 DSGVO Rn. 17.

413 *Ambrock*, in: Jandt/Steidle, Datenschutz im Internet, B. VII. Rn. 19; *Boehm*, in: Kühling/Buchner, DSGVO. BDSG, Art. 58 DSGVO Rn. 21; *Grittmann*, in: Taeger/Gabel, DSGVO. BDSG, Art. 58 DSGVO Rn. 22; *v. Lewinski*, in: Auernhammer, DSGVO. BDSG, Art. 58 DSGVO Rn. 23; *Selmayr*, in: Ehmann/Selmayr, DSGVO, Art. 58 DSGVO Rn. 19.

414 *Martini/Wenzel*, PinG 2017, 92.

415 *Martini/Wenzel*, PinG 2017, 92.

Situation des Adressaten das Sanktionsziel aber in ähnlicher Weise erreichen.[416] Teilweise wird der Verwarnung im Vergleich zur Geldbuße jedoch der generalpräventive Charakter gegenüber den anderen Marktteilnehmern abgesprochen, sodass bei gravierenden Verstoßen eine Verwarnung an Stelle einer Geldbuße nicht mehr geboten erscheine.[417] So ließen sich die Warnung nach lit. a und der Verwarnung nach lit. b „[...] als Zwischenformen zwischen informellen Hinweisen und Bußgeldbescheiden [...]"[418] verstehen. Außerdem werden den Aufsichtsbehörden Abhilfebefugnisse in Form von Anweisungen zur Durchsetzung der Betroffenenrechte (lit. c), zur Anpassung von Verarbeitungsvorgängen (lit. d) und einer Benachrichtigung Betroffener (lit. e) zugesprochen. Komplementiert wird der Katalog des Absatzes 2 mit der Befugnis zur Verhängung einer Beschränkung bzw. eines Verbotes (lit f.), der Anordnung einer Berichtigung, Löschung oder Einschränkung der Verarbeitung (lit. g), des Widerrufs oder der Nichterteilung der Zertifizierung (lit. h) und der Anordnung der Aussetzung einer Drittstaatenübermittlung (lit. j). Diese weiteren Befugnisse zeigen zwar auf, welch quantitative Möglichkeiten den Behörden neben der Geldbuße zur Verfügung stehen, bringen im Detail jedoch keine weitergehenden Erkenntnisse zur Zweckbestimmung der Geldbuße. Lediglich die Befugnisse zur Warnung und Verwarnung können, wie zuvor dargestellt, zur Einordnung beitragen.

Weiteren Aufschluss über diese Thematik kann die Befassung mit Art. 84 DSGVO bringen. Demnach erlaubt Art. 84 Abs. 1 DSGVO den Mitgliedsstaaten die Festlegung weiterer, neben den eigens durch die DSGVO geregelten Sanktionen. Nach Erwägungsgrund 149 soll es den Mitgliedsstaaten insbesondere möglich sein, strafrechtliche Sanktionen für Verstöße gegen die DSGVO oder ergänzende nationale Vorschriften zu schaffen.[419] Dies müsse aufgrund der fehlenden Rechtsetzungskompetenz der EU für Sanktionen mit strafrechtlichem Charakter den Mitgliedstaaten selbst vorbehalten bleiben.[420] Aus diesem Umkehrschluss folgt neuerlich, dass es sich nach der EU bei der Geldbuße nicht um eine strafrechtliche Sanktion handelt. So könnten die weitergehenden Sanktionen dort ansetzen, wo ein Bußgeld für den Rechtsverstoß nicht mehr ausreichend sei.[421] Aber auch diese Sanktionen müssen nach Art. 84 Abs. 1 S. 2 DSGVO wirksam, verhältnismäßig und abschreckend sein. Durch diese Klarstellung

416 *Martini/Wenzel*, PinG 2017, 92 (94).
417 *Ambrock*, in: Jandt/Steidle, Datenschutz im Internet, B. VII. Rn. 25.
418 *Ambrock*, in: Jandt/Steidle, Datenschutz im Internet, B. VII. Rn. 27.
419 Vgl. dazu auch *Moos/Schefzig*, in: Taeger/Gabel, DSGVO. BDSG, Art. 84 DSGVO Rn. 2.
420 *Gola*, in: Gola, DSGVO, Art. 84 DSGVO Rn. 1.
421 *Nemitz*, in: Ehmann/Selmayr, DSGVO, Art. 84 DSGVO Rn. 6.

müsse der Maßnahme immer auch eine ausreichende Präventionswirkung zukommen.[422] Sofern die Mitgliedsstaaten von ihrer Befugnis Gebrauch machen und sowohl straf- als auch verwaltungsrechtliche Sanktionen einführen, muss dabei nach Erwägungsgrund 149 S. 3 der Grundsatz „ne bis in idem" Beachtung finden. Dementsprechend dürften an ein Verhalten nicht zwei strafrechtliche Sanktionen knüpfen. Gegen das Verbot der Doppelbestrafung widerspreche hingegen nicht, wenn für ein Verhalten sowohl eine strafrechtliche als auch eine verwaltungsrechtliche Sanktion verhängt werde, sofern diese nicht eine Strafe im Sinne der EuGH-Rechtsprechung darstelle.[423] Eine Strafe in diesem Sinne könne jedoch bei sämtlichen Rechtsfolgen mit sanktionierenden Eigenschaften vorliegen, sodass auch eine verwaltungsrechtliche Sanktion als Strafe in diesem Sinne eingeordnet werden könne.[424] Die entsprechende Beurteilung richte sich wiederum nach innerstaatlichem Recht, der Art der Zuwiderhandlung und dem Schweregrad der Sanktion.[425]

Somit kann die Geldbuße in dem Regelungswerk der Maßnahmen nach der DSGVO zwischen der Verwarnung und den strafrechtlichen Sanktionen eingeordnet werden. Auf noch niedrigerer Intensitätsstufe stehen die Warnungen und die informellen Hinweise. Während der Warnung noch ein rein präventiver Charakter zukommt, wird die Verwarnung bereits als „kleine Schwester"[426] der Geldbuße bezeichnet. Der Verwarnung soll dabei allerdings kaum ein generalpräventiver Zweck zugeschrieben werden.[427] Der strafrechtlichen Sanktion als die einschneidendste Maßnahme komme gerade noch ein präventiver Zweck zu. So drängt es sich nahezu auf, dass die Geldbuße sowohl den general- und spezialpräventiven als auch den repressiven Zwecken dient. Da die Verwarnung einzig die Spezialprävention umfasst, muss der Generalprävention bei der Geldbuße mehr Gewicht zukommen. Bei den strafrechtlichen Sanktionen wird außerdem eine Sanktionierung des in der Vergangenheit liegenden Verhaltens gewichtiger.[428] Folglich spricht der Platz der Geldbuße inmitten der weiteren Maßnahmen

---

422 *Gola*, in: Gola, DSGVO, Art. 84 DSGVO Rn. 2.

423 EuGH, Urt. v. 26.2.2013 – C-617/10, ECLI: EU: C:2013:280 = EuZW 2013, 302 – Akerberg Fransson, Rn. 34 ff.

424 *Moos/Schefzig*, in: Taeger/Gabel, DSGVO. BDSG, Art. 84 DSGVO Rn. 6.

425 EuGH, Urt. v. 5.6.2012 – C-489/10, ECLI: EU: C:2012:319 = EuZW 2012, 543 – Bonda, Rn. 37 mwN.

426 Begriff verwendet von *Martini/Wenzel*, PinG 2017, 92.

427 Vgl. *Ambrock*, in: Jandt/Steidle, Datenschutzrecht im Internet, B. VII. Rn. 25.

428 -> 1. Teil, A. IV. 3. a. aa.

dafür, dass sie vordergründig der Generalprävention dienen soll, aber auch die Elemente der Spezialprävention und Repression nachrangig umfasst sind.

2. Stellungnahme zum Zweck der Geldbuße

Während in der Literatur weitgehende Einigkeit darüber besteht, dass der Geldbuße eine ausgeprägte Disziplinierungsfunktion zukomme, bleibt offen, welche Zwecke diese in welcher Ausprägung verfolgt. Uneinigkeit besteht insbesondere hinsichtlich der Frage, ob der spezial- oder der generalpräventive Charakter überwiegt.[429] Die Einbettung in den Maßnahmenkatalog der DSGVO lässt hingegen den Schluss zu, dass primär die General-, gefolgt von der Spezialprävention erreicht werden soll. Der sanktionierende Teil der Geldbuße trete demnach in weitem Maße zurück.[430] Auch wenn diese kleinschrittige Analyse der Gewichtung der einzelnen Intentionen der Geldbuße auf den ersten Blick mühselig erscheint, bildet dies gerade die essentielle Grundlage für die Frage nach einer Zweckverfehlung durch den nachgelagerten Regress. Die Einbettung der Geldbuße in den Maßnahmenkatalog der DSGVO bringt die Antwort auf die in der Literatur streitige Frage der Pointierung des präventiven Zwecks. So dienen die informellen Hinweise, die Warnung und die Verwarnung insbesondere dazu, einen (drohenden) Verstoß gegen die DSGVO eines konkreten Adressaten zu verhindern. Dabei steht dieser Adressat im Vordergrund und hauptsächlich sein Verhalten soll beeinflusst werden. Im deutlichen Gegensatz dazu sind die strafrechtlichen Sanktionen einzuordnen, welche die Sanktionierung des in der Vergangenheit liegenden Verhaltens ebenso erfassen. Die Geldbuße ist als die Maßnahme anzusehen, welche all diese Merkmale vereint. Pointiert wird dabei allerdings vor allem die generalpräventive Komponente. Dies unterschiedet die Geldbuße insofern von der Warnung und Verwarnung. Durch die teils hohen Bußgelder kommt es zu einem Ausstrahlungseffekt auf alle weiteren Marktteilnehmer. Diese werden folglich ebenfalls hin zu einem datenschutzkonformen Verhalten beeinflusst. Aber auch der repressive Teil der Geldbuße ist nicht gänzlich ausgeschlossen. Kommt es zur Verhängung der Geldbuße war der Datenschutzverstoß bereits von solch einer Intensität, dass auch eine Sanktionierung des in der Vergangenheit liegenden Verhaltens, wenn auch deutlich nachrangig, erfolgen soll. Im Ergebnis lässt sich die Gewichtung der einzelnen Zwecke dahingehend festhalten, dass sowohl die Spezial- als auch die Generalprävention erreicht

---

429 -> 1. Teil, C. II. 1. a.

430 -> 1. Teil, C. II. 1. b.

werden soll, der generalpräventive Charakter aber deutlich vordergründig ist. Nachrangig soll auch ein repressiver Effekt eintreten.

3. Zweckverfehlung durch Regress an den Datenschutzbeauftragten

Im Datenschutzrecht findet sich (noch) nicht eine solch prominente Diskussion wie im Kartellrecht über die Verfehlung des Bußgeldzweckes bei erfolgreicher Weitergabe der Geldbuße an den Datenschutzbeauftragten. Dennoch ist auch hier diese Frage nicht ohne Weiteres von der Hand zu weisen.

a. Präventiver Charakter der Geldbuße

Der präventive Charakter der Geldbuße ist sowohl in Form der Spezial- als auch der Generalprävention gegeben. Deutlich ausgeprägter ist zwar der generalpräventive Zweck, der Regress darf jedoch weder den einen noch den anderen ad absurdum führen.

aa. Spezialprävention

Die Spezialprävention soll dahingehend wirken, dass der Bußgeldadressat künftig zu einem mit dem Datenschutz vereinbaren Verhalten angehalten wird. Sofern sich der Adressat eines internen Datenschutzbeauftragten bedient, gelten für diesen die Grundsätze des innerbetrieblichen Schadensaugleiches.[431] Nach den Grundsätzen des innerbetrieblichen Schadensausgleiches ist eine Haftung des Arbeitnehmers in vollem Maße nur dann denkbar, wenn diesem ein vorsätzliches oder grob fahrlässiges Handeln vorgeworfen werden kann.[432] In Fällen leichter, mittlerer, normaler bzw. gewöhnlicher Fahrlässigkeit sei eine Quotelung des Schadens vorzunehmen,[433] im Falle leichtester Fahrlässigkeit habe der Arbeitgeber gar die gesamte Schadenslast zu tragen.[434] Somit kommt es selbst bei der Durchsetzung des Regresses sehr wahrscheinlich zu einer fortbestehenden monetären Belastung des Bußgeldadressaten, da im Wege des innerbetrieblichen Schadensausgleiches ein Teil oder gar die gesamte Belastung

---

431 *Bergt*, in: Kühling/Buchner, DSGVO. BDSG, Art. 39 DSGVO Rn. 53; *Drewes*, in: Simitis/Hornung/Spiecker gen. Döhmann, Datenschutzrecht, Art. 39 DSGVO Rn. 44; *Eßer/Steffen*, CR 2018, 289 (293); *Haag*, in: Forgó/Helfrich/Schneider, Betr. Datenschutzrecht, Kap. 3 Rn. 78; *Moos*, in: BeckOK Datenschutzrecht, Art. 37 DSGVO Rn. 30, 32; *Schröder*, in: Schröder, Datenschutzrecht für die Praxis, 3. Kap. S. 132.

432 BAG, AP BGB § 611 Nr. 101; *Maties*, in: BeckOGK, § 611a BGB Rn. 1701 f.

433 BAG, AP BGB § 611 Nr. 101, 106.

434 BAG, AP BGB § 611 Nr. 8, 33, 101, 106.

beim Adressaten verbleibt. Allein aus diesem Grund bleibt auch der Anreiz zum zukünftig normgerechten Verhalten bestehen. Sollte hingegen ein externer Datenschutzbeauftragter involviert sein, finden die Grundsätze des innerbetrieblichen Schadensausgleiches keine Anwendung und eine komplette Weitergabe der Geldbuße ist selbst bei leichtester Fahrlässigkeit denkbar. Nicht zu vernachlässigen ist aber auch an dieser Stelle, dass der Regress der Geldbuße keineswegs ipso iure entsteht, sondern mit einem erheblichen Prozess-, und anlässlich des gestiegenen Bußgeldrahmens, auch mit einem enormen Insolvenzrisiko verbunden ist. Selbst bei einem gelungenen Nachweis und einer vollständigen Zahlung des Datenschutzbeauftragten im Rahmen des Regresses, stellt dies nur einen Erfolg hinsichtlich des vergangenen Verstoßes dar, aber gebietet keineswegs erhöhte Erfolgsaussichten für künftige Wiederholungsfälle. Außerdem darf auch das steigende Bewusstsein der zu schützenden Kunden bzw. Nutzern nicht vernachlässigt werden. So führt bereits die Berichterstattung über mögliche Datenschutzverstöße zu Reaktionen bei den Nutzern. Als 2018 Medien darüber berichteten, dass im letzten US-Wahlkampf persönliche Daten von 50 Millionen Facebook-Nutzern von der Firma „Cambridge Analytica" verwendet wurden, nutzten 12 % der Befragten Facebook weniger und 2 % gar nicht mehr.[435] Datenschutzverstöße können in der Öffentlichkeit schnell zu einem Reputations- und Vertrauensverlust führen.[436] Allein der Imageschaden infolge von Berichterstattungen über mögliche oder belegbare Datenschutzverstöße wird somit zu einem Überdenken der künftigen Praxis führen und kann somit den Bußgeldadressaten in seiner weiteren Vorgehensweise beeinflussen. Des Weiteren wird im Falle einer durch eine Pflichtverletzung des Datenschutzbeauftragten auferlegten Geldbuße auch dessen Abberufung im Raum stehen. Zu beachten ist dabei jedoch das Abberufungsverbot nach Art. 38 Abs. 3 S. 2 DSGVO. Demnach müsse der Verantwortliche und der Auftragsverarbeiter dafür Sorge tragen, dass eine Abberufung des Datenschutzbeauftragen aufgrund der Erfüllung seiner Aufgaben nicht stattfindet.[437] Zwar darf die Abberufung nicht mit der Wahrnehmungen seiner Aufgaben als Datenschutzbeauftragter in Verbindung stehen, doch dies schließt nicht die Verantwortung für andere vertrags- oder arbeitsrechtliche

---

435 *ARD-DeutschlandTREND*, abrufbar unter: de.statista.com/statistik/daten/studie/824474/umfrage/auswirkung-des-datenskandals-von-facebook-auf-die-nutzung-in-deutschland/ (Stand: April 2018, zuletzt abgerufen am 23.06.2020).

436 *Wenzel/Wybitul*, ZD 2019, 290 (294).

437 *Franzen*, in: Franzen/Gallner/Oetker, Europ. Arbeitsrecht, Art. 38 DSGVO Rn. 4; *Scheja*, in: Taeger/Gabel, DSGVO. BDSG, Art. 84 DSGVO Rn. 2.

Verfehlungen aus.[438] Der nationale Gesetzgeber hat die Regelung in § 38 Abs. 2 i.V.m. § 6 Abs. 4 BDSG dahingehend konkretisiert, dass eine Abberufung nur aus wichtigem Grund in entsprechender Anwendung des § 626 BGB möglich sei.[439] Somit steht das Abberufungsverbot dem Auftragsverarbeiter oder Verantwortlichen bei erheblichen Verfehlungen des Datenschutzbeauftragten zur Umsetzung arbeitsrechtlicher Schritte nicht im Wege. Durch die abstrakte Möglichkeit der Abberufung unter Berücksichtigung des Abberufungsverbots wirkt das Bußgeld folglich auch dahingehend auf das künftige Handeln fort, indem der Adressat mögliche vertragliche wie arbeitsrechtliche Schritte gegen den Datenschutzbeauftragten erwägt und dies unabhängig einer Weitergabe der monetären Belastung. Sofern eine Abberufung aufgrund des Abberufungsverbots scheitert, wird sich der Auftragsverarbeiter bzw. Verantwortliche gefordert sehen, die internen Strukturen derart zu optimieren, dass es zukünftig nicht zu einem Datenschutzverstoß kommt.

Somit sprechen bei dem Bußgeld nach der DSGVO wegen datenschutzwidrigen Verhaltens sowohl der Imageschaden als auch der innerbetriebliche Schadensausgleich beim internen Datenschutzbeauftragten und mögliche Schritte wie eine Abberufung dafür, dass die spezialpräventive Wirkung durch einen Regress nicht verloren geht.

bb. Generalprävention

Insbesondere der vordergründig gewünschte Zweck der Generalprävention, also die positive Beeinflussung des künftigen Verhaltens der übrigen Marktteilnehmer, darf ebenfalls nicht durch den Regress unterlaufen werden. Im Wesentlichen kann an dieser Stelle an die Argumentation hinsichtlich der Generalprävention der Kartellbuße verwiesen werden.[440] So ist bereits die Berichterstattung über einen möglichen Datenschutzverstoß und die Möglichkeit einer daraus folgenden Geldbuße derart negativ für das Unternehmen (als Auftragsverarbeiter oder Verantwortlicher), dass die Weitergabe der Geldbuße zwar die monetäre Belastung abmildert, nicht aber das Image in der Öffentlichkeit rehabilitieren kann.[441] Diese These bestätigt auch die bereits im Rahmen der Spezialprävention

438 Art.-29-Datenschutzgruppe, WP 243 rev.01, S. abrufbar unter: *ec.europa.eu/newsroom/article29/item-detail.cfm?item_id= 612048* (Stand: 30.10.2017, zuletzt abgerufen am 23.06.2020).

439 So auch *Moss*, in: BeckOK Datenschutzrecht, Art. 38 DSGVO Rn. 23.

440 -> 1. Teil, B. IV. 3. a. aa.

441 Vgl. dazu nochmals *Schlüter*, Verdachtsberichtserstattung zwischen Unschuldsvermutung und Informationsinteresse, S. 12; zum Reputationsschaden erneut: *Grau/Dust*,

erwähnte Umfrage zu dem möglichen Datenmissbrauch durch „Cambridge Analytica", wonach 12 % der Befragten die Nutzung von Facebook aufgrund dieser Berichtserstattung reduzierten.[442] Eine weitere Umfrage macht außerdem die abstrakte Abschreckungswirkung der Geldbußen nach der DSGVO und die Präsenz dieser Gefahren bei den Unternehmen deutlich. So wurden im *August 2017* 308 und im *Dezember 2017* 203 Online-Händler befragt, welche Konsequenzen sie bei Verstößen gegen die neue DSGVO erwarten. Während im *August* noch 31 % eine hohe Geldstrafe erwarteten, waren es im *Dezember* bereits 53 %.[443] Allein dies lässt bereits eine gewisse Abschreckungswirkung erkennen und das zu einem Zeitpunkt, zu dem die DSGVO nicht einmal in Kraft getreten war. Durch die nun auch durchgesetzten Bußgelder und die steigende Anzahl und Höhe dieser, wird sich dieser Effekt erwartungsgemäß nicht mindern. Durch die ohnehin bestehenden Prozess- und Insolvenzrisiken im Einzelfall, wird ein in der Einzelfallbetrachtung erfolgreicher Regress bei den weiteren Marktteilnehmern nicht den Schluss zulassen, dass ein solcher auch im Falle einer Geldbuße gegen sich Erfolg verspricht.

Somit kommt es bereits durch die Schaffung der strengeren Bußgeldtatbestände verbunden mit der einhergehenden Berichterstattung über die konsequente Verhängung dieser Geldbußen zu einem Abschreckungseffekt bei den übrigen Marktteilnehmern. Nachgelagerte Haftungsfragen werden sich wohl zu großen Teilen der Aufmerksamkeit der übrigen Markteilnehmer entziehen. Selbst bei Kenntnis erfolgreicher Regressprozesse bietet dies nur eine Antwort auf den konkreten Einzelfall und lässt meist keine allgemeingültigen Schlüsse hinsichtlich erhöhter Erfolgschancen für einen künftigen Prozess mit anders gelagerten Einzelfallerwägungen zu. Somit bleibt das Prozessrisiko jederzeit bestehen, sodass dies den Anreiz für ein künftig normtreues Verhalten nicht schmälert. Hinzu kommt das anlässlich der steigenden Geldbußen nicht unerhebliche Insolvenzrisiko.

ZRP 2020, 134 (136); vgl. auch explizit zum Datenschutz: *Engelken*, „Hohe Strafen für Datensammler", abrufbar unter: *www.handelsblatt.com/unternehmen/management/bussgelder-und-imageschaeden-hohe-strafen-fuer-datensammler/2683372.html* (Stand: 21.07.2006, zuletzt abgerufen am 26.06.2020).

442 *ARD-DeutschlandTREND*, abrufbar unter: de.statista.com/statistik/daten/studie/824474/umfrage/auswirkung-des-datenskandals-von-facebook-auf-die-nutzung-in-deutschland/ (Stand: April 2018, zuletzt abgerufen am 23.06.2020).

443 *Händlerbund*, abrufbar unter: de.statista.com/statistik/daten/studie/801843/umfrage/erwartete-konsequenz-bei-verstoss-gegen-die-dsgvo-unter-online-haendlern-in-deutschland/ (Stand: Januar 2018, zuletzt abgerufen am 18.09.2020).

Insgesamt lässt dies den Schluss zu, dass auch die primär gewollte Einflussnahme auf die kompletten Marktteilnehmer nicht dadurch verhindert wird, dass im Einzelfall eine Weitergabe der Geldbuße vom Adressaten an den Datenschutzbeauftragen erfolgt.

b. Repressiver Charakter der Geldstrafe

Die Rechtsprechung zu § 258 Abs. 2 StGB steht im Grundsatz einer Weitergabe der Geldbuße an einen Dritten im Wege des Regresses nicht entgegen.[444] Auch im Hinblick auf die gewünschte Repression der Geldbuße spielen die faktischen Erwägungen eine bedeutende Rolle. Die mit der Repression gewollte Sanktionierung des in der Vergangenheit liegenden Verhaltens, namentlich dem Verstoß gegen die DSGVO, ist nicht primär von der monetären Endbelastung abhängig.[445] Der bereits vielfach angesprochene Imageschaden als tragendes Argument für die bedeutende faktische Wirkung der Geldbuße führt – ebenso wie im Kartellrecht – zu einer Pönalisierung des Bußgeldadressaten bereits im Zeitpunkt der Verhängung dieser.[446] Somit kommt es beim Regress ebenso wenig zu einer Verfehlung des repressiven Charakters der Geldbuße.

III. Zwischenergebnis

Die Untersuchung der Konstellationen im Datenschutzrecht bestätigt die Erkenntnisse aus dem Kartellrecht, dass insbesondere der Reputationsschaden und hinzukommend der Vertrauensschaden einen erheblichen Teil des präventiven Charakters der Geldbußen ausmachen. Dies geschieht losgelöst von der endgültigen monetären Belastung, sodass der Regress nicht zu einer Zweckverfehlung hinsichtlich der Prävention führt. Sofern ein interner Datenschutzbeauftragter eingesetzt wird, kommen außerdem die Grundsätze des innerbetrieblichen Schadensausgleichs zur Anwendung, die eine komplette Weitergabe der Geldbuße zusätzlich erschweren. Des Weiteren kommt ebenfalls ein erhebliches Prozess- und Insolvenzrisiko hinzu, was insbesondere den Schluss von einem erfolgreichen Regress auf die Erfolgschancen künftiger Regressverfahren verbietet. Die Parallelität in der Argumentation, gerade bei Unternehmen als Bußgeldadressat, zeigt sich auch bezüglich der Repression einer Geldbuße.

---

444 -> 1. Teil, B. IV. 2.

445 -> 1. Teil, C. II. 2.

446 Zum Kartellrecht vgl. -> 1. Teil, B. IV. 3. b.

2. Teil: Gemeinsamkeiten und Unterschiede der Regresskonstellationen

Nachdem anhand der Beispiele des Verbands-, Kartell- und Datenschutzrechts zu erkennen ist, welcher Stellenwert der Frage einer Zweckverfehlung der verhängten Geldbuße bzw. Verbandsstrafe zukommt, ist zu untersuchen, welche Gemeinsamkeiten aber auch welche Unterschiede diese Konstellationen mit sich bringen.

A. Konstellationen – zugrundeliegende Rechtsverhältnisse

Die ersten, zumindest auf den ersten Blick bestehenden Unterschiede lassen sich in den zugrundeliegenden Rechtsverhältnissen erkennen und dies gleich auf zweierlei Ebenen. Zum einen hinsichtlich des Rechtsverhältnisses zwischen dem Aussprechenden und dem Adressaten, zum anderen zwischen dem Adressaten und dem potenziell Regresspflichtigen.

I. Vergleichbarkeit der Rechtsnatur und des Verhältnisses des Aussprechenden zum Adressaten

Während die Kartellbuße in Deutschland durch das Bundeskartellamt[447] und die Geldbuße nach der DSGVO durch eine Datenschutzaufsichtsbehörde,[448] somit jeweils durch eine Behörde, verhängt wird, wird eine Verbandsstrafe durch einen privatrechtlichen Verband verhängt. Die durch eine Verfolgungsbehörde verhängte Geldbuße findet ihre Grundlage dabei in einer durch den demokratisch legitimierten Gesetzgeber geschaffenen Norm.[449] Bei der Verbandsstrafe hingegen wird weder die der Verbandsstrafe zugrundeliegende Norm vom Gesetzgeber geschaffen noch die Strafe selbst von einer staatlichen Behörde verhängt. Um dennoch eine Vergleichbarkeit der Konstellationen erreichen zu können,

447 „Das Bundeskartellamt ist eine selbstständige Bundesbehörde im Geschäftsbereich des Bundesministeriums für Wirtschaft und Energie", *www.bundeskartellamt.de/DE/UeberUns/Bundeskartellamt/bundeskartellamt_node.html#doc4532724bodyText3* (zuletzt abgerufen am 30.06.2020).

448 Liste der jeweiligen Behörden: *www.bfdi.bund.de/DE/Infothek/Anschriften_Links/anschriften_links-node.html* (zuletzt abgerufen am 30.06.2020).

449 Vgl. dazu *Rogall*, in: KK-OWiG, § 1 Rn. 9.

stellt sich die Frage nach der konkreten Einordnung der Verbandsstrafe. Ob die Vergleichbarkeit der Verbandsstrafe und einer Geldbuße gegeben ist, hängt im Wesentlichen davon ab, inwiefern sich das Verhältnis zwischen dem Verband als aussprechende Person und dem adressierten Verein und das Verhältnis zwischen Behörde und Bußgeldadressaten ähnelt. Außerdem ist es von Bedeutung unter welchen Voraussetzungen eine Verbandsstrafe wirksam auferlegt werden kann.

1. Verbandsautonomie

Die Grundlage für das Vorgehen des Verbandes lässt sich in der Verbandsautonomie finden. Die Verbandsautonomie rührt aus der verfassungsrechtlichen Vereinigungsfreiheit aus Art. 9 Abs. 1 GG und wird in den §§ 21 ff. BGB einfachgesetzlich untermauert.[450] Auch aus der allgemeinen Vertragsfreiheit (Art. 2 Abs. 1 GG) und dem Prinzip sozialer Gruppenbildung wird die Verbandsautonomie hergeleitet.[451] Mit der Verbandsautonomie geht insbesondere die Normsetzungs- und Selbstregelungsbefugnis einher.[452] Die für alle Mitglieder des Verbandes relevanten Regelungen werden in der Vereinssatzung aufgenommen.[453] Im Einzelnen umfasst die Verbandsautonomie den freien Entschluss des Verbandes über seinen Namen, den Verbandszweck, die Organisation und die Mittel und Wege zur Erreichung der vorgenannten Punkte.[454] Dabei kann der Verband seine eigenen Angelegenheiten nach seiner Vorstellung der Eigenart des Sportes und dessen legitimen Belangen gestalten.[455] Zu der Rechtsetzungskompetenz des Verbandes gehört ein selbstständig ausgeformtes Rechts- und Regelwerk und die entsprechende Durchsetzung durch die eigens geschaffenen (Rechts-)Organe.[456] Aus dem Prinzip der sozialen Gruppenbildung folgt außerdem die Freiheit über die eigene Organisation, den Prozess der Willensbildung und die Geschäftsführung.[457] Von der Verbandsautonomie umfasst ist ebenso

---

450 *Korff*, Sportrecht, Rn. 74.

451 *Schwennicke*, in: Staudinger, BGB, § 25 BGB Rn. 5; zum Prinzip sozialer Gruppenbildung: BVerfGE 38, 281 (302 f.).

452 *Schminke/Eilers*, in: Nolte, Hdb. Sportrecht, S. 88.

453 *Bohn*, Regel und Recht, S. 33.

454 *Summerer*, in: Praxishdb. Sportrecht, Kap. 3 Rn. 76 ff.

455 Vgl. BVerfG 50, 290 (353 f.); 124, 25 (34).

456 Ständiges Schiedsgericht f. Vereine u. KapGes d. Lizenzligen, Urteil v. 14.05.2013 = SpuRt 2013, 200 (202); *Kauffmann*, in: Verbandsrechtsprechung und staatliche Gerichtsbarkeit, S. 6 (8).

457 BVerfGE 50, 290 (354); BVerfGE 80, 244 (252 f); BGHZ 140, 174 (176); OLG Celle NJW-RR 1995, 1273.

die Schaffung rechtlich tolerierter wirtschaftlicher und sozialer Monopole.[458] Der BGH hat dieses Ein-Platz-Prinzip ausdrücklich anerkannt.[459] Dabei bleibt jedoch festzuhalten, dass die Verbände nicht völlig frei Regelungen jedweden Inhalts erlassen dürfen, denn die Autonomie des Verbandes stellt keine rechtsstaatliche Rechtsetzungskompetenz, sondern vielmehr eine Ausgestaltung der Privatautonomie dar.[460] Der Verbandsautonomie ist durch die Gesamtrechtsordnung Grenzen gesetzt.[461] Das nationale Recht hat die Wirkung eines die Verbandsautonomie umfassenden Rahmens, in dessen Bereich Verbände Regelungen erlassen können.[462]

2. Rechtsnatur der Verbandsstrafe

In diesem Spannungsfeld bewegt sich auch die Frage, ob dem Verband im Rahmen seiner Verbandsautonomie eine eigenständige Strafgewalt zur Verhängung von Vereinsstrafen zusteht. Die *Rechtsprechung*[463] spricht sich für eine Strafgewalt des Verbandes gegenüber seinen Mitgliedern aus. So umfasse die Verbandsautonomie auch die Befugnis zur „[...] Regelung der Vereinsgewalt und der Maßnahmen, die die Organe des Vereins zur Aufrechterhaltung der Vereinsordnung und der Vereinsdisziplin treffen können. Der Verein darf kraft des ihm gesetzlich zugestandenen Rechts der Selbstverwaltung auch Vereinsgerichte zur Verhängung von Vereinsstrafen für die Verletzung von Mitgliedspflichten einsetzen."[464] Diese eigenständige Strafgewalt des Verbandes wird auch von einem großen Teil der Literatur mit dem Hinweis auf die Verbandsautonomie befürwortet.[465] Wie diese Verbandsstrafe jedoch rechtlich

458 *Englisch/Bagger von Grafenstein*, in: Stopper/Lentze, Hdb. Fußball-Recht, Kap. 13 Rn. 4.

459 BGHZ 63, 282 (285 f.); NJW-RR 1986, 583 f.; BGHZ 140, 174.

460 *Habscheid*, in: Schroeder Sport und Recht, S. 159; so auch *Englisch/Bagger von Grafenstein*, in Stopper/Lentze, Hdb. Fußball-Recht, Kap. 13 Rn. 4.

461 *Baecker*, Grenzen der Vereinsautonomie im deutschen Sportverbandswesen, S. 32; *Nicklisch*, in: Verbandsautonomie und Verfassungsrecht, S. 4 (5).

462 *Fechner/Arnold/Brodführer*, Sportrecht, Kap. 1 Rn. 39.

463 BGHZ 21, 370 (373); BGHZ 29, 352; BGHZ 87, 337 (344); LG Frankfurt a.M., NJOZ 2019, 607.

464 BGHZ 29, 352.

465 *Ellenberger*, in: Palandt, BGB, § 25 BGB Rn. 13; *Leuschner*, in: MüKo BGB, § 25 BGB Rn. 66; *Schöpflin*, in: BeckOK BGB, § 25 BGB Rn. 43; *Stöber/Otto*, Hdb. zum Vereinsrecht, Rn. 968; *Wagner*, in: Reichert/Dauernheim/Schimke, Hdb. Vereins- und Verbandsrecht, Kap. 2 Rn. 2829; *Waldner/Wörle-Himmel*, in Sauter/Schweyer/Waldner, Der eingetragene Verein, Rn. 368.

einzuordnen ist, kann damit weiterhin nicht beantwortet werden. Die weitgehend einhellige Meinung ist, dass selbst solche „Strafen", bei denen das Unrechtsurteil und der Sühnezweck im Vordergrund stehen, nicht als Strafen im Sinne des staatlichen Strafrechts zu sehen sind, da dem Art. 92 GG – auch bei einer etwaigen Beleihung des Gesetzgebers – entgegenstünde.[466] Während darüber hinaus ein Großteil der *Literatur* und die *Rechtsprechung* in der Verbandsstrafe ein eigenständiges verbandsrechtliches Institut, beruhend auf der Verbandsautonomie, sehen[467], sprechen sich andere für die Einordnung als Vertragsstrafe i.S.d. §§ 339 ff. BGB aus.[468]

a. Verbandsstrafe als Vertragsstrafe i.S.d. §§ 399 ff. BGB

Leuschner[469] und *Hadding*[470] beispielsweise sprechen sich für die Einordnung der Vereinsstrafe als Vertragsstrafe aus. Durch die Gründung oder den Beitritt würden die Mitglieder ihr Einverständnis für den Geltungsgrund der Vertragsstrafe rechtsgeschäftlich erklären.[471] Dieses Einverständnis führe zu dem Zustandekommen einer wirksamen vertraglichen Vereinbarung, durch die das Mitglied die Vertragsstrafe entsprechend § 339 BGB verspreche.[472]

---

466 Ständiges Schiedsgericht f. Vereine u. KapGes d. Lizenzligen, Urteil v. 14.05.2013 = SpuRt 2013, 200 (202); *Heini*, in: FS Meier-Hayoz, S. 223 (226); *Lindemann*, SpuRt 1994, 17 (19); **a.A.** *Nolte*, in: Adolphsen/Nolte/Lehner/Gerlinger, Sportrecht in der Praxis, Rn. 196.

467 BGH, WM 2017, 2068 Rn. 14 zur eG; BGH, MDR 2003, 402; BGHZ 21, 370 (373); BGHZ 87, 337 (345); *Reuter*, in: MüKo BGB, § 25 Rn. 40 f.; *Ellenberger*, in: Palandt, § 25 Rn. 13; *Summerer*, in: Praxishdb. Sportrecht, Kap. 3 Rn. 331; *Schöpflin*, in: BeckOK BGB, § 25 BGB, Rn. 42; *Stöber/Otto*, Hdb. zum Vereinsrecht, Rn. 669, 677; *Waldner/Wörle-Himmel*, in: Sauter/Schweyer/Waldner, Der eingetragene Verein, Rn. 369.

468 *Bötticher*, ZfA 1970, 3 (45); *Grunewald*, Der Ausschluß aus Gesellschaft und Verein, S. 39; *Hadding/van Look*, ZGR 1988, 270 (275); *Janßen*, Rechtsschutz gegen vereins- und verbandsrechtliche Sanktionen, S. 12–36; *Leuschner*, in: MüKo BGB, § 25 BGB Rn. 43; *van Look*, Vereinsstrafen als Vertragsstrafen, S. 134 ff.; *Hadding*, in: Soergel, BGB, § 25 BGB, Rn. 38.

469 *Leuschner*, in: MüKo BGB, § 25 BGB Rn. 66.

470 *Hadding*, in: Soergel, BGB, § 25 BGB Rn. 39.

471 *Hadding*, in: Soergel, BGB, § 25 BGB Rn. 38; *Hadding*, in: FS Fischer, S. 165 (194 f.); *Hadding/van Look*, ZGR 1988, 270 (275); *Leuschner*, in: MüKo BGB, § 25 BGB, Rn. 66; *van Look*, Vereinsstrafen als Vertragsstrafen, S. 115 ff.

472 *Hadding*, in Soergel, BGB, § 25 BGB Rn. 39; *Leuschner*, in: MüKo, BGB, § 25 BGB Rn. 66.

b. Verbandsstrafe als eigenständiges Institut

Die *Rechtsprechung*[473] und *Literatur*[474] sehen in der Vertragsstrafe hingegen ein auf der Verbandsautonomie beruhendes, eigenständiges Institut. Das Mitglied unterwerfe sich mit dem Eintritt in den Verein auch der Vereinsgewalt.[475] Die Verbandsstrafe soll der Durchsetzung und Aufrechterhaltung der Vereinsordnung dienen und die Ahndung gravierender Verstöße gegen diese und gegen das Selbstverständnis des Vereins ermöglichen.[476] Sie dient als Durchsetzungsmittel einer privatautonom gesetzten Ordnung. Eine Subsumtion unter die §§ 339 ff. BGB wirke hingegen konstruiert.[477] In Abgrenzung zur Vertragsstrafe bestehe zwischen dem Verein und dem Mitglied ein rein mitgliedschaftliches und eben kein vertragliches Verhältnis, welches ein bestimmtes Strafversprechen beinhalte.[478] Die Vertragsstrafe ziele auf eine bestimmte, bereits im Vorhinein festgelegte Strafe ab. Die Verbandsstrafe hingegen ist eine nachträgliche Reaktion auf ein bereits begonnenes bzw. beendetes Verhalten.[479]

c. Stellungnahme zur Rechtsnatur der Verbandsstrafe

Die Verbandsstrafe soll auf solche Verhaltensweisen der Mitglieder eine Sanktionsmöglichkeit geben, die dem Vereins- bzw. Verbandszweck und seiner Ordnung zuwiderzulaufen. Mit dem Beitritt des jeweiligen Mitglieds in den Verband erkennt er sowohl seinen Zweck als auch die – im Rahmen der dem Verband zustehenden Verbandsautonomie – selbstgeschaffenen Regelungen und die Unterwerfung unter die eigens festgelegten Rechtsorgane an. Die Konstruktion einer Vertragsstrafe i.S.d. §§ 339 ff. BGB hingegen kann nicht überzeugen. Vielmehr wohnt der Vertragsstrafe das Element inne, dass bereits im Vorhinein eine Vereinbarung über eine Strafe für den Eintritt eines, entgegen

473 BGH, WM 2017, 2068 Rn. 14 zur eG; BGH, MDR 2003, 402; BGHZ 21, 370 (373); BGHZ 87, 337 (345).

474 *Ellenberger*, in: Palandt, § 25 BGB Rn. 13; *Summerer*, in: Praxishdb. Sportrecht, Kap. 3 Rn. 331; *Reuter*, in: MüKo BGB, § 25 BGB Rn. 40 f.; *Schöpflin*, in: BeckOK BGB, § 25 BGB Rn. 42; *Stöber/Otto*, Hdb. zum Vereinsrecht, Rn. 669, 677; *Waldner/Wörle-Himmel, in:* Sauter/Schweyer/Waldner, Der eingetragene Verein, Rn. 369.

475 BGHZ 87, 337 (345).

476 *Ellenberger*, in: Palandt, BGB, § 25 BGB Rn. 13; *Schöpflin*, in: MüHdbGesR, Bd. V, § 36 Rn. 3.

477 *Schöpflin*, in: MüHdbGesR, Bd. V, § 36 Rn. 3.

478 *Schöpflin*, in: BeckOK BGB, § 25 BGB Rn. 43; *Schöpflin*, in: MüHdbGesR, Bd. V, § 36 Rn. 3.

479 *Schöpflin*, in: MüHdbGesR, Bd. V, § 36 Rn. 3.

den ursprünglichen Pflichten des Vertrages wirkendenden, Umstandes getroffen wird. Um den Verhaltensweisen, die im Detail nicht vorhersehbar sind, entgegenzuwirken, ist eine Einordnung der Verbandsstrafe als verbandsrechtliches Institut sui generis vorzugswürdig.

3. *Voraussetzung einer Verbandsstrafe*

Damit die durch die Verbandsautonomie geschaffene Legitimation zur Verhängung der Verbandsstrafe nicht willkürlich durch die Verbände genutzt oder gar missbraucht wird, müssen gewisse Voraussetzungen zur wirksamen Verhängung der Verbandsstrafe gegeben sein. Auch die Frage nach einer gerichtlichen Überprüfbarkeit stellt sich in diesem Zusammenhang.

a. Satzungsgrundlage

Der allgemeine rechtstaatliche Grundsatz „nulla poena sine lege“ gilt auch im Vereinsrecht, sodass die Verbandsstrafe eine Grundlage in der Satzung haben muss.[480] Darüber hinaus stellt die Verbandsstrafe einen Eingriff in die Rechte der Mitglieder dar, sodass sie zu den prägenden Grundentscheidungen des Verbandes gehört, materielles Satzungsrecht im eigentlichen Sinne darstellt und folglich dem Satzungsvorbehalt unterfällt.[481] Dabei ist es nicht ausreichend, wenn die Regelung einzig in einer Nebenordnung festgelegt ist, selbst wenn diese zum Satzungsbestandteil erklärt wurde.[482] Sofern ein Verband Regeln des übergeordneten Verbandes zur Anwendung bringen möchte, müssen die Regelungen auch in die Satzung des untergeordneten Verbandes einbezogen werden, was insbesondere mit Hinblick auf den pyramidalen Aufbau von Bedeutung sein kann.[483] Selbiges gilt, wenn der übergeordnete Dachverband eine Regelung gegenüber eines Mitglieds des untergeordneten Vereins bzw. Verbandes anwenden möchte, welches nicht direkt Mitglied des Dachverbandes selbst ist.[484] Die Regelung muss außerdem so formuliert sein, dass das Vereinsmitglied mit Blick in die Satzung nachvollziehen kann, ob sein Verhalten mit Strafe bewehrt ist bzw. mit welchen

---

480 LG Freiburg, SpuRt 2012, 212; AG Karlsruhe SpuRt 2008, 82 (83); *Ellenberger*, in: Palandt, BGB, § 25 BGB, Rn. 14; *Schöpflin*, in: MüHdbGesR, Bd. V, § 36 Rn. 4; *Summerer*, in: Praxishdb. Sportrecht, Kap. 3 Rn. 331.

481 *Leuschner*, in: MüKo, BGB, § 25 BGB Rn. 67; *Schöpflin*, in: MüHdbGesR, Bd. V, § 36 Rn. 4.

482 BGHZ 47, 172 (175, 177 f.); BGHZ 88, 314.

483 BGH, NJW 2017, 402.

484 BGH NJW 2017, 402.

Eingriffen in seine Mitgliedsrechte zu rechnen ist.[485] Dies ist Ausfluss des – auch im diesem Fall anzuwenden – Rechtsgedanken des Bestimmtheitsgrundsatzes aus Art. 103 Abs. 2 GG.[486] Begriffe, die der Auslegung bedürfen, wovon auch Generalklauseln umfasst sind, sind zulässig.[487] Auch der allgemeine Rechtsgrundsatz des Rückwirkungsverbotes aus Art. 103 Abs. 2 GG ist zu beachten, sodass die Regelung bereits im Zeitpunkt der strafbewehrten Handlung bestehen muss.[488] Zu differenzieren ist die unechte und die echte Rückwirkung.[489] Die unechte Rückwirkung, bei der durch eine Satzungsänderung ein Sachverhalt erfasst wird, der einen Dauerzustand darstellt, ist zulässig.[490] Die echte Rückwirkung, bei der an einen bereits vor der Änderung abgeschlossenen Sachverhalt angeknüpft wird, ist hingegen unzulässig.[491]

b. Tatbestandsmäßigkeit

Der durch die Regelung in der Satzung festgelegte Tatbestand muss durch das jeweilige Mitglied vollumfänglich erfüllt werden.[492] Das Verhalten muss grundsätzlich in einer Verletzung von Mitgliedschaftspflichten liegen und einen Vereinsbezug aufweisen.[493] Nicht ausgeschlossen ist damit jedoch ein Verhalten

---

485 BGHZ 14, 172 (176); *Leuschner*, in: MüKo BGB, § 25 BGB Rn. 67; *Schöpflin*, in: MüHdbGesR, Bd. V, § 36 Rn. 4.

486 *van Look*, Vereinsstrafen als Vertragsstrafen, S. 122; *Schöpflin*, in: BeckOK BGB, § 25 BGB, Rn. 46; *Schöpflin*, in: MüHdbGesR, Bd. V, § 36 Rn. 4.

487 *Schöpflin*, MüHdbGesR, Bd. V, § 36 Rn. 6.

488 BGHZ 55, 381 (385); RGZ 125, 340; *Leuschner*, in: MüKo BGB, § 25 BGB Rn. 67; *Mansel*, in: Jauering, BGB, § 25 Rn. 2; *Stöber/Otto*, Hdb. zum Vereinsrecht, Rn. 988; *Wagner*, in: Reichert/Dauernheim/Schimke, Hdb. Vereins- und Verbandsrecht, Kap. 2 Rn. 2839 ff.; *Waldner/ Wörle-Himmel*, in: Sauter/Schweyer/Schimke, Der eingetragene Verein, Rn. 369.

489 *Schöpflin*, in: BeckOK BGB, § 25 BGB, Rn. 46.

490 Vgl. RG 125, 338 (341 f.); *Wagner*, in: Reichert/Dauernheim/Schimke, Hdb. Vereins- und Verbandsrecht, Kap. 2 Rn. 2841; allgemein zur unechten Rückwirkung: *Grzeszick*, in: Maunz/Dürig, GG, Art. 20 GG, Rn. 88 ff.

491 BGHZ 55, 381 (383); OLG Düsseldorf, WuW 1981, 366; OLG Celle, NJW-RR 1989, 313 (315); *Schöpflin*, in: BeckOK BGB, § 25 BGB Rn. 47; *Schöpflin*, in: MüHdbGesR, Bd. V, § 36 Rn. 5; *Wagner*, in: Reichert/Dauernheim/Schimke, Hdb. Vereins- und Verbandsrecht, Kap. 2 Rn. 2840; allgemein zur echten Rückwirkung: *Grzeszick*, in: Maunz/Dürig, GG, Art. 20 GG Rn. 80 ff.

492 *Leuschner*, in: MüKo BGB, § 25 BGB Rn. 68.

493 *Hadding*, in: Soergel, BGB, § 25 BGB Rn. 44; *Schöpflin*, in: MüHdbGesR, Bd. V, § 36 Rn. 7.

außerhalb des Vereinslebens, das dennoch ein schädigendes Verhalten für den Verein darstellt.[494] Adressat der Verbandsstrafe kann nur das Mitglied sein, da die aus der Privatautonomie folgende Strafgewalt nicht die Sanktionierung Dritter, mit dem Verband nicht mitgliedschaftlich verbundenen umfasst.[495] Zur Sanktionierung von Nichtmitgliedern bleibt die Möglichkeit zur Unterstellung der Strafgewalt des Verbandes mittels vertraglicher Unterwerfungserklärung.[496]

c. Verschulden

Grundsätzlich setzt eine Verbandsstrafe ein Verschulden voraus.[497] In wenigen Fällen kann jedoch von einem solchen abgesehen werden. Nach Ansicht des *BGH* sei bei einer kleineren Verbandsstrafe die Erfüllung der objektiven Tatbestandsvoraussetzungen durch das Mitglied ausreichend.[498] Auch für weitere Tatbestände wird der Verzicht eines Verschuldens diskutiert.[499] Sofern die jeweiligen Regelungen ein Verschulden erfordern, lassen sich jedoch verschiedene Beweislastregelungen finden.[500] So wird teilweise von einer Beweislastumkehr[501] oder einem Anscheinsbeweis[502] Gebrauch gemacht. Vor allem in Dopingverfahren ist die Beweiserleichterungsregel des Anscheinsbeweises anerkannt.[503]

d. Verbandsgerichtliches Verfahren

Auch das verbandsgerichtliche Verfahren kann nicht ohne jegliche Berücksichtigung der allgemein geltenden Verfahrensgrundsätze durchgeführt werden.

---

494 *Mansel*, in: Jauernig, BGB, § 25 BGB Rn. 3; *Schöpflin*, in: MüHdbGesR, Bd. V, § 36 Rn. 7.

495 BGH, WM 1980, 869 f.; BGHZ 28, 131 (133 f.); *Schöpflin*, in: MüHdbGesR, Bd. V, § 36 Rn. 9; *Weick*, in: Staudinger, BGB, § 35 BGB Rn. 43.

496 BGHZ 129, 93.

497 *Schöpflin*, in: MüHdbGesR, Bd. V, § 36 Rn. 15.

498 BGHZ 29, 352 (361).

499 So insbesondere für die der Arbeit zugrundeliegenden Fälle der Zuschauerausschreitungen; vgl. nur: Ständiges SchiedsG für Vereine und Kapitalgesellschaften der Lizenzligen, SpuRt 2013, 200.

500 Vgl. dazu *Thumm*, in: Verantwortlichkeiten und Haftung im Sport, S. 9, (15 ff.).

501 Beispielsweise § 28 Nr. 3 RuVO WFV, abrufbar unter: *assets.ctfassets.net/1mgney1of7oi/684evJQRjyQgKOCiiSCeoQ/84bb1a364ab3bbf9284b5e2982ec4f98/03wfv-Rechts-_und_Verfahrensordnung_Juli_2018neu.pdf* (zuletzt abgerufen am 29.08.2019).

502 Vgl. *Schöpflin*, in: MüHdbGesR, Bd. V, § 36 Rn. 15 f.; *Thumm*, in: Verantwortlichkeiten und Haftung im Sport, S. 9 (21).

503 BGHZ 100, 214.

Der Verband kann – erneut auf Grundlage seiner Verbandsautonomie – in seiner Satzung und den Ordnungen alle mit dem Verfahren verbundenen Fragen regeln.[504] Der DFB beispielweise hat sich dazu eigens eine Rechts- und Verfahrensordnung mit umfangreichen Regelungen zu den Organen und dem Verfahren selbst gegeben.[505] Diese Regelungen müssen den zwingenden, allgemeinen Verfahrensgrundsätzen genügen.[506] Die Anforderungen dürfen jedoch nicht so überstrapaziert werden, dass der Eingriff in die Selbstverwaltung des Verbandes oder auch in die Verbandsautonomie zu erheblich ist.[507] Dies könnte insbesondere der Fall sein, wenn man ein sportgerichtliches Verfahren fordert, welches gänzlich den Anforderungen eines Strafverfahrens gleicht.[508] Im Einzelnen hat die Rechtsprechung im Laufe der Zeit einige bestimmte Verfahrensgrundsätze auch als für das sportgerichtliche Verfahren notwendig deklariert. Zwar umfasst das rechtliche Gehör aus Art. 103 Abs. 1 GG nur das Verfahren vor den staatlichen Gerichten, doch auch im sportgerichtlichen Verfahren werde der Grundsatz des rechtlichen Gehörs als „Gebot der natürlichen Gerechtigkeit" angewandt.[509] Aus dem rechtlichen Gehör folgt hingegen kein Anspruch auf eine mündliche Verhandlung und den Grundsatz der Unmittelbarkeit.[510] Die Möglichkeit zur schriftlichen Stellungnahme wird dem aufgezeigten Gebot gerecht und ist ausreichend.[511] Um sich jedoch sachgerecht verteidigen zu können, muss dem Mitglied uneingeschränkt Zugang zu den Belastungsmateria lien gewährt werden.[512] Sofern sich der Verband im Rahmen des Verfahrens eines anwaltlichen Rates bedient, darf das Mitglied um selbige Möglichkeit nicht beschnitten werden.[513]

504 Vgl. *Schöpflin*, in: MüHdbGesR, Bd. V, § 37 Rn. 6.
505 abrufbar unter: *www.dfb.de/fileadmin/_dfbdam/185371-09_Rechts-Verfahrensordnung.pdf* (zuletzt abgerufen am 29.08.2019).
506 *Schöpflin*, in: MüHdbGesR, Bd. V, § 37 Rn. 7.
507 BGHZ 47, 381; BGH, NJW 1981, 744.
508 So beispielsweise: *Schöpflin*, in: MüHdbGesR, Bd. V, § 37 Rn. 7.
509 BGHZ 29, 352 (355); *Ellenberger*, in: Palandt, BGB, § 25 BGB, Rn. 18; *Schöpflin*, in: MüHdbGesR, Bd. V, § 37 Rn. 8.
510 BGHZ 75, 158 (159); *Hadding*, in: Soergel, BGB, § 25 BGB Rn. 47.
511 BGHZ 29, 352 (355).
512 *Schöpflin*, in: MüHdbGesR, Bd. V, § 37 Rn. 9; OLG Schleswig SchlHA 2001, 103 (104) = NZG 2003, 230 (betreffend die eG).
513 BGHZ 47, 172 (177).

e. Urteil

Abgeschlossen wird das sportgerichtliche Verfahren durch ein Urteil.[514] Neben dem Grundsatz „nulla poena sine lege“ findet auch der Grundsatz des Art. 103 Abs. 3 GG „ne bis in idem“ im Vereinsrecht Berücksichtigung.[515] So läge ein Verstoß gegen das Verbot der Doppelbestrafung vor, wenn sowohl der untergeordnete Verband als auch der übergeordnete Dachverband ein und dasselbe Verhalten jeweils sanktionieren.[516] Nicht unter das Verbot der Doppelbestrafung fällt hingegen eine parallele Sanktionierung seitens des Verbandes und der staatlichen Rechtsorgane.[517] Dennoch kann die bereits verhängte Verbandsstrafe auch Berücksichtigung im Rahmen des Strafverfahrens finden. Möglich ist eine Berücksichtigung im Ermittlungsverfahren in dem Sinne, dass die Schuld als gering angesehen wird und die Verbandsstrafe zur Befriedigung des öffentlichen Interesses führt, sodass von der weiteren Strafverfolgung nach § 153 StPO abgesehen werden kann. Auch im Rahmen der Strafzumessung kann die Verbandsstrafe berücksichtigt werden.[518] Das Urteil muss dem betroffenen Mitglied bekannt gemacht werden und eine hinreichende schriftliche Begründung aufweisen.[519] Sofern eine Begründung in Gänze fehlt, führe dies zur Unwirksamkeit der Verbandsstrafe.[520] Dies sei jedoch nach der Rechtsprechung bei sportgerichtlichen Verfahren kleinerer Vereine nicht notwendig, sofern bereits in dem Verfahren die Gründe einer Verurteilung verdeutlicht wurden.[521] Wirksam wird die Verbandsstrafe aber erst mit Zugang bei dem betroffenen Mitglied.[522] Die Einlegung eines Rechtsmittels hat Suspensiveffekt und die Verbandsstrafe wird erst wirksam, wenn das eingelegte Rechtsmittel keinen Erfolg hat.[523]

514 Von einem Strafurteil sprechend: *Leuschner*, in: MüKo BGB, § 25 BGB Rn. 71.

515 *Ellenberger*, in: Palandt, BGB, § 25 BGB Rn. 18; *Summerer*, in: Praxishdb. Sportrecht, Kap. 3 Rn. 465.

516 *Schöpflin*, in: MüHdbGesR, Bd. V, § 36 Rn. 8; *Summerer*, in: Praxishdb. Sportrecht, Kap. 3 Rn. 472.

517 BGHZ 29, 352 (356).

518 *Schöpflin*, in: MüHdbGesR, Bd. V, § 36 Rn. 8; *Summerer*, in: Praxishdb. Sportrecht, Kap. 3 Rn. 472.

519 BGH, NJW 1990, 40 (41 f.); RGZ 147, 11 (13); OLG Köln NJW-RR 1993 (891); *Leuschner*, in: MüKo BGB, § 25 BGB, Rn. 71; *Schöpflin*, in: MüHdbGesR, Bd. V, § 37 Rn. 17 f.

520 *Schöpflin*, in: MüHdbGesR, Bd. V, § 37 Rn. 17.

521 BGH, NJW 1990, 40 (41).

522 Vom Wirksamwerden nach Zugang einer entsprechenden Willenserklärung sprechend: *Schöpflin*, in: BeckOK BGB, § 25 BGB Rn. 59.

523 Vgl. RGZ 85, 355 (356); BayObLGZ 1988, 170 (176); *Wagner*, in: Reichert/Dauernheim/Schimke, Hdb. Vereins- und Verbandsrecht, Kap. 2 Rn. 3048.

In der Satzung soll hingegen geregelt werden können, dass ein Rechtsmittel im sportgerichtlichen Verfahren keinen Suspensiveffekt hat.[524] Das Oberlandesgericht Köln vertritt jedoch den Standpunkt, dass eine Satzungsregelung, die dem verbandsinternen Rechtsmittel grundsätzlich den Suspensiveffekt abspricht und dies nicht auf Fälle beschränkt, in denen der sofortige Vollzug durch besondere Umstände geboten ist, gegen die allgemeinen Verfahrensgrundsätze verstößt.[525]

f. Gerichtliche Überprüfbarkeit

Nachdem das sportgerichtliche Verfahren betreffend die Verbandsstrafe durch ein (letztinstanzliches) Urteil beendet wurde, stellt sich die Frage, ob dieses durch die ordentliche Gerichtsbarkeit überprüft werden kann.

aa. Zulässigkeit der gerichtlichen Überprüfbarkeit

Grundsätzlich sollen die Verbandsstrafen auch durch die ordentlichen Gerichte überprüfbar sein.[526] Eine dahingehende Satzungsregelung, die eine Überprüfung von Verbandsstrafen in Gänze ausschließt, ist nicht möglich.[527] Einer Überprüfung der Entscheidung kann jedoch die Einrede des Schiedsvertrages nach § 1032 ZPO entgegenstehen, sofern eine Schiedsklausel vereinbart wurde.[528] Grundsätzlich kann ein ordentliches Gericht immer erst dann angerufen werden, wenn das verbandsinterne Verfahren vollumfänglich durchlaufen wurde.[529] Eine Ausnahme soll dann gelten, wenn die Durchführung des sportgerichtlichen Verfahrens komplett verweigert oder über Gebühr verzögert wird.[530] Sollte ein Organ des Verbandes untätig bleiben, so können die ordentlichen Gerichte ebenfalls vorzeitig angerufen werden.[531] Möchte das betroffene Vereinsmitglied

---

524 BayOLG, RPfleg 1988, 416; *Schöpflin*, in: BeckOK BGB, § 25 BGB Rn. 59.

525 OLG Köln, NJW-RR 1993, 891.

526 BGHZ 197, 162 (Rn. 20).

527 BGHZ 29, 352 (354); BGHZ 128, 93 (109); BGHZ 197, 162 (Rn. 20); OLG Düsseldorf NJW-RR 1988, 1271; OLG Frankfurt NJW-RR 2000, 1117 (1118).

528 *Leuschner*, in: MüKo BGB, § 25 BGB Rn. 71; siehe beispielweise für die DFL: § 8 IV Schiedsgerichtsvertrag, exemplarisch abrufbar unter: *media.dfl.de/sites/2/2018/11/Anhang-II-Schiedsgerichtsvertrag.pdf* (zuletzt abgerufen am 28.09.2020).

529 BGHZ 13, 5 (16); BGHZ 47, 174 (174); Leuschner in: MüKo BGB, § 25 BGB Rn. 71; *Wagner*, in: Reichert/Dauernheim/Schimke, Hdb. Vereins- und Verbandsrecht, Kap. 2 Rn. 3132 ff.

530 BGH, NJW 1960, 2143 (2144).

531 OLG Düsseldorf, NJW-RR 1988, 1271 (1272).

die ordentlichen Gerichte anrufen, so ist regelmäßig eine Klage auf Feststellung der Nichtigkeit der Verbandsstrafe statthaft.[532]

bb. Kontrolldichte

Ist der Weg zu den ordentlichen Gerichten erst einmal geebnet, stellt sich die Frage, in welchem Umfang die Verbandsstrafe durch die Judikation überprüft wird. Die *Rechtsprechung* überprüft dabei die Verbandsstrafe nicht vollumfänglich, sondern hält bestimmte Grenzen ein. So soll die Verbandsstrafe insbesondere dahingehend überprüfbar sein, ob sie eine Grundlage im Gesetz bzw. in der Satzung findet und gegen keine anderweitigen Gesetze oder Satzungsregelungen verstoßen wurde. Darüber hinaus soll verifizierbar sein, ob das vorgegebene verbandsinterne Verfahren eingehalten wurde und die Maßnahme nicht grob unbillig oder willkürlich ist.[533] Auch die Ermittlung der entscheidungsrelevanten Tatsachen muss objektiv und rechtsstaatlichen Grundsätzen genügend durchgeführt worden sein.[534] Ob auch die Subsumtion des festgestellten Sachverhalts unter die in Rede stehende Satzungsregelung durch die ordentlichen Gerichte überprüft werden kann, soll maßgeblich davon abhängen, ob der Verband bzw. Verein eine Monopolstellung oder sozial mächtige, einem Monopol ähnliche, Position hat.[535] Während die Entscheidung bei kleineren Vereinen gerade Ausdruck der Vereinsautonomie ist, in eigener Verantwortung getroffen werden muss und somit nur in den aufgezeigten Grenzen überprüft werden soll,[536] soll bei mächtigen Vereinen bzw. Verbänden eine vollumfängliche Prüfung der Subsumtion möglich sein.[537] Dies rechtfertigt sich bei mächtigen Vereinen bzw. Verbänden, welche einer Aufnahmepflicht unterliegen, dadurch, dass das Mitglied auf die Mitgliedschaft in dem Zusammenschluss angewiesen, an einem Austritt mangels Alternativen faktisch gehindert ist und dementsprechend durch die Strafe besonders hart getroffen wird.[538] Es stellt einen Wertungswiderspruch dar, wenn die Rechtsordnung dem Verein einerseits einen Aufnahmezwang

---

532 BGHZ 197, 162 (Rn. 20).

533 Zu den Grundsätzen der Rechtsprechung: BGHZ 128, 93 (110); 87, 337 (434); BGH, NJW 1997, 3368; als Beispiel für eine Überprüfung von Verbandsstrafen: LG Frankfurt a.M., NJOZ 2019, 607.

534 BGHZ 128, 93 (110); 87, 337 (345); BGH NJW 1997, 3368.

535 Vgl. *Schöpflin*, in: MüHdbGesR, Bd. V, § 37 Rn. 21.

536 BGHZ 87, 337 (345); 128, 93 (110); BGH NJW 1997, 3368.

537 BGHZ 102, 265 (276); BGH NJW 1997, 3368 (3370).

538 Vgl. *Schöpflin*, in: MüHdbGesR, Bd. V, § 37 Rn. 27.

auferlegt, dieser andererseits nach erfolgter Aufnahme seine Mitglieder beliebig sanktionieren oder gar wieder ausschließen kann.[539]

Die aktuelle Praxis der Rechtsprechung trifft in der Literatur allerdings teilweise auf Kritik. Solche Vertreter, die die Verbandsstrafe als Vertragsstrafe i.S.d. §§ 339 ff. BGB einordnen, sprechen sich dafür aus, die Entscheidung der verbandsinternen Rechtsorgane vollumfänglich und insbesondere auch auf Billigkeit nach §§ 315 Abs. 3, 343 Abs. 1 BGB zu überprüfen.[540] Eine Einordnung der Verbandsstrafe als Vertragsstrafe i.S.d. §§ 339 ff. BGB ist jedoch nicht vorzugswürdig,[541] sodass auch der von Teilen der Literatur geforderten, vollumfänglichen Überprüfbarkeit der Verbandsstrafe durch die ordentlichen Gerichte nicht beizuwohnen ist, sondern vielmehr die durch die Rechtsprechung erarbeiteten Grundsätze anzuwenden sind. Einigkeit besteht allerdings darüber, dass uneingeschränkt überprüft werden kann, ob die Verbandsstrafe mit staatlichem Recht vereinbar ist.[542] Grundsätzlich kommen jedwede staatliche Rechtsnormen in Betracht, besonderes Augenmerk liegt auf den §§ 134, 138 BGB und der Frage nach einem Verstoß gegen ein gesetzliches Verbot oder die guten Sitten.[543]

II. Stellungnahme zur Vergleichbarkeit der Rechtsnatur und des Verhältnisses zwischen Aussprechendem und Adressaten

Auf dem ersten Blick erscheinen die Verbandsstrafe und die Geldbuße als zwei völlig unabhängig voneinander stehende, jeglicher Vergleichbarkeit entbehrender Rechtsinstitute. Beim zweiten Blick fällt jedoch auf, dass sich diese weder hinsichtlich der Rechtstellung der aussprechenden Stelle noch der Rechtsnatur als solcher im Wesen unterscheiden. So entsteht durch die Verbandsautonomie und die Unterwerfung des Mitglieds ebenfalls ein Über-/Unterordnungsverhältnis, wie es von öffentlich-rechtlichen Streitigkeiten bekannt ist.[544] So wird sowohl die Verbandsstrafe als auch die Geldbuße von einem dafür zuständigen

539 Vgl. BGHZ 102, 265 (276 f.).

540 *Gehrlein*, ZIP 1997, 1912 (1916); *Hadding*, in: Soergel, BGB, § 25 Rn. 61.f.; *Janßen*, Rechtsschutz gegen vereins- und verbandsrechtliche Sanktionen, S. 114 ff.; *Leuschner*, in: MüKo BGB, § 25 BGB Rn. 81; *Meyer-Cording*, Die Vereinsstrafe, 1957, 103 f.; *Westermann*, in: Erman, BGB, § 25 BGB Rn. 5.

541 -> 2. Teil, A. I. 2. c.

542 Vgl. *Schöpflin*, in: MüHdbGesR, Bd. V, § 37 Rn. 26.

543 Vgl. *Schöpflin*, in: MüHdbGesR, Bd. V, § 37 Rn. 26.

544 Die von der Rechtsprechung vertretene Subordinationstheorie zur Abgrenzung von öffentlichem Recht und Privatrecht knüpft zum Vorliegen einer öffentlich-rechtlichen Regelung an ein faktisches Über-Unterordnungsverhältnis an, vgl. BVerfGE 7, 342

Gremium bzw. einer zuständigen Stelle einseitig verhängt. Beide Positionen stellen somit nicht das Ergebnis einer beidseitigen Parteivereinbarung dar. Wie dieses Über-/Unterordnungsverhältnis im Detail entstanden ist, namentlich durch eine Unterwerfung eines privatrechtlich organisierten Vereins unter einen privatrechtlich organisierten Verband oder qua Normierung des Gesetzgebers, ist für die fortlaufende Betrachtung der Verhängung unerheblich. Auch hinsichtlich der Rechtsnatur ist eine Vergleichbarkeit zu erkennen. Auf der einen Seite die Verbandsstrafe als Mittel zur Durchsetzung verbandsinterner Regeln und auf der anderen Seite die Geldbuße als ein Mittel zur Durchsetzung der Rechtsordnung. Beide Mittel dienen somit der Einhaltung und Durchsetzung einer für einen bestimmten Personenkreis geltenden Rechtsordnung. Beide Mittel können jedoch keineswegs willkürlich verhängt werden, sondern müssen engen Voraussetzungen sowie der verfassungsrechtlichen Ordnung genügen.[545] Weder über das ob noch das wie der Verhängung einer Verbandsstrafe oder Geldbuße kann die aussprechende Stelle willkürlich verfügen, sondern muss sich in den Grenzen der ermächtigenden Normen beziehungsweise der verfassungsmäßigen Ordnung bewegen. Während eine staatliche Stelle an die Grundrechte gebunden ist,[546] muss ein privatrechtlicher Verein gewisse Verfahrensgrundsätze wahren,[547] sich im Rahmen der von der Rechtsprechung aufgestellten Grenzen bewegen und einer eventuellen Überprüfung durch die ordentliche Gerichtsbarkeit standhalten.[548] Auch wenn etwaige Streitigkeiten unterschiedlichen Rechtswegen zuzuordnen und gegen die Entscheidungen divergierende Rechtsmittel statthaft sind, wird jeweils die Überprüfbarkeit einer Entscheidung durch eine weitere Instanz gewährleistet. Das Verhältnis ist somit abschließend geprägt von einer Über- und Unterordnung des Aussprechenden und dem Adressaten. Dem Aussprechenden ist dabei durch die jeweils legitimierten Normen für die Verhängung der Mittel Grenzen gesetzt und die danebenstehende Überprüfbarkeit der Entscheidung durch eine weitere, wiederum legitimierte Instanz, ist gewährleistet. Die Vergleichbarkeit der Rechtsverhältnisse steht in einem Wechselverhältnis zu der Vergleichbarkeit der Rechtsnatur der jeweiligen Mittel. So ist das

(355); BVerfGE 37, 243 (245); BGHZ 97, 312 (314); BGHZ 108, 284 (286); vgl. zum kompletten Meinungsstand auch *Reimer* in: BeckOK VwGO, § 40 VwGO Rn. 45 ff.

545 Vgl. insbesondere zu den Voraussetzungen einer -> 2. Teil, A. II. 3.

546 Vgl. Art. 1 Abs. 3 GG.

547 BGHZ 128, 93 (110); 87, 337 (345); BGH, NJW 1997, 3368.

548 Zu den Grundsätzen der Rechtsprechung: BGHZ 128, 93 (110); 87, 337 (434); BGH NJW 1997, 3368; als Beispiel für eine Überprüfung von Verbandsstrafen: LG Frankfurt a.M., NJOZ 2019, 607.

Verhältnis einerseits ein Indiz für die Verwandtschaft der Verbandsstrafe und der Geldbuße, andererseits bestärkt die entsprechende Rechtsnatur wiederum das Über-/Unterordnungsverhältnis der Beteiligten. Somit ist die Vergleichbarkeit dieser beiden Rechtsinstitute sowohl hinsichtlich des Verhältnisses zwischen der aussprechenden Stelle und dem Adressaten, der Rechtsnatur als auch deren Grenzen gegeben.

III. Vergleichbarkeit der Verhältnisse zwischen Adressaten und dem potenziell Regresspflichtigen

Während das jeweilige Verhältnis auf erster Ebene - zwischen aussprechender Stelle und Adressaten - von einer großen Ähnlichkeit geprägt ist, finden sich auf der zweiten Ebene zwischen Adressaten und potenziell Regresspflichtigen vermeintlich größere Unterschiede. Die unterschiedlichen Rechtsbeziehungen zwischen den Adressaten der Verbandsstrafe beziehungsweise der Geldbußen und den potenziell Regresspflichtigen wirken sich auch auf die Rechtsgrundlage der im Raum stehenden Regresshaftung aus. Die Rechtsbeziehungen reichen von beinahe zufälligen Kontrahierungen bis hin zu besonders engen Rechtsbeziehungen mit entsprechenden Vertrauensverhältnissen. Das hinsichtlich eines Regresses einer Verbandsstrafe zugrundeliegende Schuldverhältnis ist regelmäßig in dem zwischen dem Verein und dem Zuschauer geschlossenen Vertrag zu sehen.[549] Vertreten wird außerdem - um auch atypische Konstellationen abzudecken - dass ein Schuldverhältnis bereits durch den reinen Spielbesuch und dem damit einhergehenden Kontakt zwischen Verein und Zuschauer entstehe.[550] Unabhängig der individuellen Rechtsbeziehung, richtet sich die Haftung des Zuschauers aus Vertrag nach §§ 280 Abs. 1, 241 Abs. 2 BGB.[551] Im Kartellrecht ist die Haftungsnorm insbesondere von der Rechtsform des Bußgeldadressaten und der Stellung des handelnden Mitarbeiters abhängig. Sofern ein Regress gegen ein Vorstandsmitglied einer Aktiengesellschaft zu betrachten ist, richtet sich dieser nach § 93 Abs. 2 AktG. Ist die Haftung eines Geschäftsführers einer Gesellschaft mit beschränkter Haftung fraglich, bildet § 43 Abs. 2 GmbHG die einschlägige Regelung. Neben den weiteren rechtsformspezifischen Haftungstatbeständen, steht immer auch eine Haftung nach § 280 Abs. 1 BGB in Verbindung mit dem Arbeits- oder

549 -> 1. Teil, A. II.

550 So *Nees*, Der Verbandsstrafenregress im Nachgang an störendes Zuschauerverhalten, S. 65 f.

551 -> 1. Teil, A. II.

Dienstvertrag im Raum.[552] Selbiges gilt für das Datenschutzrecht, bei dem sich die Regresshaftung abhängig von dem Rechtsverhältnis zwischen dem Verantwortlichen bzw. Auftragsverarbeiter nach § 280 Abs. 1 BGB i.V.m. mit dem Arbeits- oder Dienstvertrag richtet.[553] Auch an dieser Stelle scheint auf den ersten Blick eine größere Divergenz zwischen den verschiedenen Rechtsgebieten zu bestehen. Einzuordnen ist die Frage der Zweckverfehlung im Rahmen einer Regresshaftung jedoch in allen genannten Konstellationen bei der Frage, ob überhaupt ein Schaden vorliegt oder dieser aufgrund eines fehlenden Zurechnungszusammenhangs nicht gegeben ist. Dies richtet sich jedoch auch bei der Haftung nach § 93 Abs. 2 AktG[554] und nach § 43 Abs. 2 GmbHG[555] nach den allgemeinen Regeln der §§ 249 ff. BGB. Auf den zweiten Blick ist mithin festzustellen, dass die unterschiedlichen Haftungstatbestände allesamt hinsichtlich der Frage des Vorliegens eines Schadens bei den allgemeinen Regeln der §§ 249 ff. BGB zusammenlaufen und somit auch die der Arbeit zugrundeliegende Fragestellung im Rahmen der §§ 249 ff. BGB spielt.

IV. Stellungnahme zur Vergleichbarkeit der zugrundeliegenden Konstellationen

Auch wenn die unterschiedlichen Rechtsgebiete und Konstellationen vielseitig wirken und die Vergleichbarkeit dieser in mehrfacher Hinsicht fernliegend erscheint, kommt man bei genauerer Betrachtung zu einem gegenteiligen Schluss. Das Verhältnis zwischen der aussprechenden Stelle und dem Adressaten der Verbandsstrafe beziehungsweise Geldbuße weist in den unterschiedlichen Konstellationen eine hohe Parallelität auf. Auch das nachgelagerte Verhältnis zwischen dem Adressaten und dem potenziell Regresspflichtigen ist trotz der vielfach unterschiedlichen und auf der Tatbestandsebene zum Teil deutlich auseinanderfallenden Haftungsnormen dahingehend vergleichbar, dass sich die Frage des Vorliegens eines Schadens jeweilig nach dem allgemeinen Schadensrecht der §§ 249 ff. BGB richtet. Somit wird an dieser Stelle auch die Frage nach einer möglichen Zweckverfehlung durch den Regress relevant.

---

552 -> 1. Teil, B. II.

553 -> 1. Teil, C. I.

554 Für die Haftung nach § 93 Abs. 2 AktG vgl. OLG Düsseldorf AG 1997, 231 (237); *Koch*, in: Hüffer/Koch, AktG, § 93 AktG Rn. 47.

555 Für die Haftung nach § 43 Abs. 2 GmbHG vgl. *Fleischer*, in: MüKoGmbHG, § 43 GmbHG Rn. 261.

B. Zugriffsmöglichkeit auf die handelnde Person

Während die Rechtsbeziehungen zwischen dem mit der Buße oder Verbandsstrafe Adressierten und dem potenziell Regresspflichtigen durch die Anwendung der Regelungen des allgemeinen Schadensrechts vergleichbar sind, bleibt noch die Frage, inwiefern sich die Verhältnisse zwischen dem Aussprechenden und dem Regresspflichtigen ausgestalten. Fraglich ist vor allem, ob der Aussprechende die Möglichkeit hat, unmittelbar auf den potenziell Regresspflichtigen zuzugreifen und folglich seine Maßnahme direkt gegen ihn richten kann. Während im Verbandsrecht das Über-/Unterordnungsverhältnis zwischen Verband und teilnehmenden Verein nur durch eine mitgliedschaftliche[556] Unterwerfung gekennzeichnet ist und ein Zugriff auf Nichtmitgliedern ausgeschlossen ist,[557] kann durch eine entsprechende Legitimation auch ein Zugriff seitens des Staates auf die handelnde Person ermöglicht werden. Während also ein direkter Zugriff in der verbandsrechtlichen Konstellation ausgeschlossen ist, bedarf es im Kartell- und Datenschutzrecht einer genaueren Betrachtung, ob von der abstrakten Möglichkeit auch Gebrauch gemacht wird.

Eine Bußgeldregelung gegen den Datenschutzbeauftragten wegen Verletzung seiner Pflichten aus Art. 39 DSGVO sehen Art. 83 Abs. 4 und 5 DSGVO nicht vor.[558] Diskutiert und abschließend nicht geklärt, ist eine strafrechtliche Haftung des Datenschutzbeauftragten nach dem nationalen Recht wegen Unterlassungsstrafbarkeit.[559] Durch die neuerlich geschaffenen Überwachungspflichten nach Art. 39 Abs. 1 DSGVO wird vielfach eine Überwachergarantenstellung des Datenschutzbeauftragten und somit eine mögliche Strafbarkeit wegen Unterlassens angenommen.[560] Eine entsprechende Strafbarkeit muss jedoch separat

---

556 Die rechtliche Ausgestaltung dieser Unterwerfung ist im Detail umstritten, die **Rspr.** sieht die Unterwerfung unter die Strafgewalt des Vereins durch das mitgliedschaftliche Verhältnis gegeben, vgl. BGHZ 87, 337 (345).

557 BGH, WM 1980, 869 f.; BGHZ 28, 131 (133 f.); *Schöpflin*, in: MüHdbGesR, Bd. V, § 36 Rn. 9; *Weick*, in: Staudinger, BGB, § 35 BGB Rn. 43.

558 *Drewes*, in: Simitis/Hornung/Spiecker gen. Döhmann, Datenschutzrecht, Art. 39 DSGVO Rn. 42; *Eckhardt*, in: Spindler/Schuster, Recht der elektronischen Medien, Art. 83 DSGVO Rn. 63 f.; *Paal*, in: Paal/Pauly, DSGVO. BDSG, Art. 39 DSGVO Rn. 11.

559 Zur Diskussion: *Bergt*, in: Kühling/Buchner, DSGVO. BDSG, Art. 37 Rn. 51 ff.; *Laue/Kremer*, Das neue Datenschutzrecht in der Praxis, § 6 Rn. 54 ff.; *Niklas/Faas*, NZA 2017, 1091 (1096 f.).

560 *Bergt*, in: Kühling/Buchner, DSGVO. BDSG, Art. 37 DSGVO Rn. 55; *Laue/Kremer*, Das neue Datenschutzrecht in der Praxis, § 6 Rn. 57; *Niklas/Faas*, NZA 2017, 1091 (1096 f.); *Wybitul*, ZD 2016, 203 (205), *Wybitul/v. Gierke*, BB 2017, 181 (182); **a.A.**, *Wolff*, in Schantz/Wolff, Datenschutzrecht, Rn. 911.

betrachtet werden, da sie nicht die Möglichkeit eines Zugriffs seitens der für das Bußgeld nach der DSGVO zuständigen Stelle begründet, sondern vielmehr eine Frage der Verhängung einer Strafe im engeren Sinne durch die Strafgerichte darstellt.

Im Kartellrecht hingegen kann das Bundeskartellamt eine Geldbuße wegen Aufsichtspflichtverletzung auch gegen die handelnde Person unmittelbar verhängen, was im europäischen Kartellrecht hingegen nicht möglich ist.[561] Die Kartellbuße unterscheidet sich somit dahingehend von den anderen Konstellationen, dass dieselbe Behörde, die auch die Geldbuße gegen das Unternehmen verhängt, auch gegen die handelnde Person unmittelbar selbst vorgehen kann. Damit ist abermals die Frage eröffnet, ob dies einer Vergleichbarkeit der Konstellationen hinsichtlich der Regressproblematik entgegensteht. Bei der Frage der Versagung des Regresses wegen Wegfall des hinter der Geldbuße stehenden Zweckes, ist jedoch allein entscheidend, ob der Zweck der Geldbuße im Verhältnis der verhängenden Stelle zum regresssuchenden Bußgeldadressaten entfällt. Der Umstand, dass die handelnde Person und somit der potenziell Regresspflichtige daneben ebenfalls unmittelbarer Adressat eines Bußgeldes sein kann, findet lediglich Berücksichtigung bei der Festlegung des der Geldbuße innewohnenden Zweckes gegen den Regresssuchenden. Zwar kann dies mittelbare Auswirkungen auf den Regress haben, sofern ein entsprechend dem Regress im Widerspruch stehender Zweck ermittelt wird, doch steht dies einer Vergleichbarkeit der Konstellationen primär nicht im Wege.

C. Zweck des Disziplinarmittels

Wie die bisherige Untersuchung gezeigt hat, weisen die Zwecke der Geldbußen erhebliche Gemeinsamkeiten auf. So steht insbesondere der präventive Charakter, genauer die Generalprävention, im Mittelpunkt und die Repression ist weitgehend nachrangig. Dies lässt jedoch keinesfalls den Schluss zu, dass diese Erkenntnisse im Querschnitt auf allerlei Geldbußen übertragen werden können. Die Unterschiede der einzelnen Konstellationen finden sich vielmehr im Detail und führen zu einer divergierenden Gewichtung der einzelnen Elemente. So ist eine Ermittlung anhand aller relevanten Umstände des Einzelfalls maßgebend. Ziel muss es sein, festzustellen, welche Zwecke der Urheber der Norm zu folgen

561 *Dreher*, in: FS Konzen, S. 85 (S. 105); *Dannecker/Müller*, in: Wabnitz/Janovsky/Schmitt, Hdb. Wirtschafts- und Steuerstrafrecht, 19. Kap. Rn. 149.

bestrebt ist. Neben dem gesetzten Zweck ist aber auch die ständige Rechtsprechung, sowie alle weiteren Umstände in der konkreten Umsetzung heranzuziehen.

D. Argumentation hinsichtlich einer nicht eintretenden Zweckverfehlung beim Regress

Auch die Argumente hinsichtlich einer nicht eintretenden Zweckverfehlung der Geldbuße durch den Regress ähneln sich in den unterschiedlichen Rechtsgebieten. Insbesondere bei der Betroffenheit von großen Unternehmen, die sich der Aufmerksamkeit der Öffentlichkeit nicht entziehen können, spielt der mit der Geldbuße einhergehende Imageschaden eine erhebliche Rolle.[562] Ein Umstand der bei den jeweiligen Diskussionen überwiegend keinen Anklang gefunden hat, jedoch, wie bereits gezeigt wurde, von erheblicher Relevanz sein kann. Ein außerdem regelmäßig aufkeimendes und zutreffendes Argument stellt das doch zum Teil erhebliche Prozess- und Insolvenzrisiko dar. So kann keineswegs von einem im Einzelfall erfolgreichen Regress auf die gesteigerten Erfolgsaussichten für zukünftige Verfahren geschlossen werden. Wäre dieser Schluss möglich, wäre eine Abschwächung insbesondere hinsichtlich des präventiven Charakters einer Geldbuße ernsthaft in Betracht zu ziehen. Die Zweckerfüllung ernsthaft anzuzweifeln, ist gerade dann notwendig, wenn der Regress ipso iure eintritt. Dies würde dazu führen, dass insbesondere etwaige präventive Gesichtspunkte deutlich an Wirkung verlören, da in dem Bewusstsein eines höchstwahrscheinlich erfolgreichen Regressverfahrens gehandelt würde.[563] Die Parallelität der Argumentationen zeigt auf der einen Seite, dass sich die im Detail teils unterschiedlichsten Konstellationen in diesem Punkt erheblich gleichen. Auf der anderen Seite darf dies genauso wenig den Trugschluss zulassen, die Argumente können in solch einer abstrakten Weise global verwendet werden. Vielmehr ist, wie die vorherigen Ausführungen deutlich machen, an dieser Stelle eine einzelfallabhängige Prüfung der Zweckverfehlung anhand der für den Einzelfall festgestellten Zwecksetzungen anzustellen. Dies führt im Ergebnis zwar zu einer grundsätzlich vergleichbaren, im Detail allerdings erheblich einzelfallabhängigen Argumentationsstruktur.

---

562 -> 1. Teil, B. IV. 3. a. aa.; C. II. 3. a. bb.

563 Vgl. zu dem Aspekt des ipso iure Regresses im Einzelnen detailliert -> 1. Teil, B. IV. 1.

E. Ergebnis zu Gemeinsamkeiten und Unterschiede der einzelnen Regresskonstellationen

Eine besondere Vergleichbarkeit der drei auf den ersten Blick sehr unterschiedlichen Rechtsgebiete lässt sich trotz der im Detail vorzufindenden Unterschiede herstellen.[564] Insbesondere das Rechtsverhältnis zwischen der aussprechenden Stelle und des Adressaten der Geldbuße bzw. Verbandsstrafe lässt sich beruhend auf einigen Merkmalen gleichsetzen. So sind jegliche Konstellationen von einem Über-/Unterordnungsverhältnis geprägt, was dazu führt, dass die aussprechende Stelle die in Rede stehenden Geldbußen bzw. Verbandsstrafen einseitig zu Lasten des Adressaten aussprechen kann. Die einzelnen Mittel dienen allesamt der Durchsetzung und Einhaltung der im jeweiligen Pflichtenkreis geltenden Rechtsordnung. Einzig in der Schaffung des Über-/Unterordnungsverhältnisses lassen sich deutliche Unterschiede erkennen, sobald nicht der Staat als übergeordnete Stelle agiert, sondern beispielsweise ein privatrechtlich organisierter Verein. Wie dieses Über-/Unterordnungsverhältnis zustande kommt ist jedoch nur zweitrangig, primär entscheidend für die Vergleichbarkeit ist das Vorliegen eines solchen. Weiterhin ist die Ausgestaltung des Verhältnisses dahingehend relevant, dass die übergeordnete nicht willkürlich und sich jeglicher Grundlage entbehrend gegen die unterworfene Institution tätig werden kann. Dies wird in den vorliegenden Fällen dadurch gewährleistet, dass der Aussprechende an die Grundrechte bzw. Verfahrensrechte gebunden ist und die Entscheidung durch weitere, unabhängige Instanzen überprüft werden kann. Daneben weist auch das Verhältnis zwischen dem Adressaten und dem potenziell Regresspflichtigen eine große Parallelität auf, da die Frage der Zweckverfehlung unabhängig der Haftungsnorm immer eine solche des allgemeinen Schadensrechts nach §§ 249 ff. BGB darstellt.

Größere Unterschiede lassen sich im Rahmen der Zugriffsmöglichkeit des Aussprechenden auf die handelnde Person finden. Diese sind jedoch für die Frage der Vergleichbarkeit keiner Bedeutung. Relevanz erfährt dieser Umstand lediglich bei der Festlegung des genauen Zweckes der Geldbuße bzw. Verbandsstrafe. Die detaillierte Festlegung des genauen Zwecks und die daran anschließende Argumentation einer nicht gegebenen Zweckverfehlung durch den Regress sind ebenso Fragen des Einzelfalls. Parallelitäten sind jedoch auch hier im Groben

564 Eine Vergleichbarkeit des Verbands- und Kartellrechts ließen bereits Zimmer/Walther andeuten: *Zimmer/Walther*, BB 2017, 629.

erkennbar, im Detail können sich allerdings einzelfallabhängige Unterschiede und divergierende Gewichtungen ergeben.

3. Teil: Übertragung auf weitere Regresshaftungen – ein allgemeingültiger Ansatz sowie Ausblick auf ein Verbandssanktionengesetz

Die festgestellten und in Vielzahl auftretenden Gemeinsamkeiten der Konstellationen legen den Schluss nah, einen Ansatzpunkt zu entwickeln, welcher nicht nur für die hiesigen, sondern für alle ähnlich gelagerten Konstellationen Geltung beanspruchen kann. Dieser Ansatzpunkt bedarf als vorgelagerte Frage einiger Merkmale, die erfüllt sein müssen, damit dieser überhaupt zur Anwendung kommen kann. Darüber hinaus muss dieser Ansatzpunkt einen für die Rechtsanwendung nachvollziehbaren und stringenten Weg verfolgen.

A. Status quo der Vorgehensweise für die Frage nach einer Zweckverfehlung durch den Regress eines Disziplinarmittels

Wie die dargestellten Beispiele zeigen, richtet sich die Frage nach einer Zweckverfehlung durch die Weitergabe der Geldbuße bzw. Verbandsstrafe nach den Regelungen des allgemeinen Schadensrechts der §§ 249 ff. BGB. Noch näher eingegrenzt handelt es sich um eine Frage des Zurechnungszusammenhangs. In diesem Rahmen haben sich ausgehend von der Äquivalenztheorie weitere Korrektive, wie der adäquate Kausalzusammenhang und der Schutzzweck der Norm, entwickelt.[565] Das Korrektiv des Schutzzwecks der Norm fragt danach, ob die durch den Schädiger verletzte Pflicht gerade vor den daraus entstehenden Schäden schützen soll bzw. ob dieser Schaden genau in den Bereich derer Gefahren fällt, weswegen die entsprechende Rechtsnorm oder (vor-)vertraglichen Pflichten geschaffen wurden.[566] Auch wenn die Anwendung des Korrektivs noch vereinzelter Kritik ausgesetzt ist,[567] wird es gemeinsam mit der Adäquanztheorie

565 Vgl. dazu oben mwN -> 1. Teil, A. IV. 1.

566 BGHZ 27, 137 (140 f.); BGHZ 29, 65 (69 f.); BGHZ 44, 372 (376); BGHZ 116, 209 (212); *Flume*, in: BeckOK BGB, § 249 BGB Rn. 293; *Looschelders*, Schuldrecht AT, § 45 Rn. 18; *Oetker*, in: MüKo BGB, § 249 BGB Rn. 120.

567 Vgl. *Musielak*, JA 2013, 241 (243).

von der Rechtsprechung ohne ernsthafte Zweifel angewandt.[568] Wiederholt wird jedoch gefordert, dass dieses Korrektiv derartig restriktiv angewendet werden müsse, dass nur völlig untragbare Entscheidungen im Einzelfall abgedeckt würden.[569] Somit findet sich bereits im Schadensrecht ein Korrektiv, dass auf die hiesige Fragestellung zumindest im Grundsatz eine Antwort liefern kann. Dennoch zeigt die Vielzahl von Regressverfahren und die auch durch die erheblichen Summen hervorgerufene Bedeutung, dass ein auf diese Konstellationen angepasster Ansatz mit dem einhergehenden Mehr an Rechtssicherheit erstrebenswert erscheint.

B. Allgemeingültiger Ansatz zur Behandlung von Regressfällen

Mit dem Schutzzweck der Norm besteht bereits im Ausgang ein handhabbares Korrektiv, welches allerdings gerade bei den Fragen des Regresses von Geldbuße bzw. Verbandsstrafen an seine Grenzen stößt und möglicherweise einer Anpassung bedarf. Ausgehend von der Frage, ob die durch den Schädiger verletzte Pflicht gerade vor den daraus entstehenden Schäden schützen soll, soll durch eine leichte Modifikation bzw. Ergänzung eine der Rechtssicherheit besser dienende Formel herausgearbeitet werden. So zeigen die vorangestellten Untersuchungen allesamt, dass die Bejahung des Zurechnungszusammenhangs entscheidend davon abhängig ist, ob der Zweck der Geldbuße bzw. Verbandsstrafe durch den nachgelagerten Regress beim Adressaten entfällt. Denn ist dies der Fall, zielt die Geldbuße bzw. Verbandsstrafe derart auf den Adressaten ab, dass im Umkehrschluss die Pflicht des potenziell Regresspflichtigen gegenüber dem Adressaten nicht den Schutz vor den Schäden in Form der Geldbuße bzw. Verbandsstrafe umfassen kann. Zunächst soll man meinen, dass demnach der Schutzzweck der Norm eine hinreichende Antwort auf diese Konstellation bereithält. Doch die hier vorgestellten Beispiele zeigen ebenso, welch Unsicherheiten im Rahmen der Rechtsanwendung vorherrschen.

568 BGH, NJW 1999, 3203 (3204); NJW 2000, 664 (667); NJW 2000, 947, (948); NJW-RR 2006, 965; zum Vertragsrecht siehe: *Oetker*, in: MüKoBGB, § 249 BGB Rn. 123 mwN.

569 *Nees*, Verbandsstrafenregress im Nachgang an störendes Zuschauerverhalten, S. 84 beziehend auf *Bartel*, Beschränkung des Schadensersatzumfangs durch das Übermaßverbot?, S. 42; *Oetker*, in: MüKoBGB, § 249 BGB Rn. 125.

C. Anwendungsbereich

Wenn ein solch allgemeingültiger Ansatz geschaffen werden soll, muss klar umgrenzt sein, auf welche Konstellationen dieser Anwendung finden kann. Für diese Festlegung – und ebenso zur gleichzeitigen Überprüfbarkeit des Ansatzes – dient die ausführliche Betrachtung der im Ausgang doch so unterschiedlichen Beispiele in dieser Arbeit auf den ersten sowie die Erkenntnis der vielseitigen Gemeinsamkeiten auf den zweiten Blick. Erste wesentliche Voraussetzung für die Anwendung des Ansatzes muss sein, dass das Verhältnis zwischen dem Aussprechenden und dem Adressaten der Geldbuße bzw. Verbandsstrafe durch eine Über-/Unterordnung geprägt ist. Die in Rede stehende Geldbuße bzw. Verbandsstrafe im Verhältnis Aussprechender zu Adressaten, welche im Verhältnis Adressat zu potenziell Regresspflichtigen den Schaden darstellen würde, muss einseitig von der übergeordneten an die untergeordnete Person auferlegt worden sein. Darüber hinaus muss das Verhältnis dadurch geprägt sein, dass zwar auf der einen Seite die Geldbuße bzw. Verbandsstrafe einseitig festgesetzt werden kann, andererseits aber auch das Verfahren und die Überprüfbarkeit der Entscheidungen gegeben ist, folglich die untergeordnete Person nicht der Willkür der übergeordneten ausgesetzt ist. Sofern eine Konstellation vorliegt, in der das Verhältnis zwischen der aussprechenden Stelle und dem Adressaten des Disziplinarmittels zwar von einer Über-/Unterordnung geprägt ist, die Verhängung als solche und die entsprechende Ausgestaltung jedoch der Willkür des Aussprechenden ausgesetzt ist, kann der hiesige Ansatz keine Geltung beanspruchen. In diesen Fällen kann eine Zweckfestsetzung nicht nach dem hiesigen Vorbild stattfinden, da auch die Zwecksetzung der Willkür des Aussprechenden ausgesetzt ist und eine Überprüfung des Disziplinarmittels in diesem Verhältnis nicht durch eine unabhängige Institution gewährleistet werden kann. Nur durch die Voraussetzung eines nicht der Willkür ausgesetzten Verhältnisses, kann ein Gleichlauf der rechtsstaatlich und demokratisch legitimierten Geldbuße mit einem privatrechtlichen Disziplinierungsmittel gewährleistet werden.

Neben dem Verhältnis des Aussprechenden zum Adressaten muss auch klar umgrenzt sein, wie die in Rede stehende monetäre Verpflichtung in diesem Verhältnis einzuordnen ist. Während die hiesigen Beispiele entweder eine Geldbuße oder eine sogenannte Verbandsstrafe umfassen, kann anhand der festgestellten Gemeinsamkeiten dieser, eine allgemeinere Formulierung gefasst werden. So muss die von der übergeordneten Stelle aufgestellte Pflicht zur Zahlung einer Geldsumme als ein solches Disziplinarmittel einzuordnen sein, das zur Durchsetzung einer legitimierten Rechtsordnung dient.[570]

570 Vgl. dazu nochmals -> 2. Teil, A. II.

D. Voraussetzungen zur Wahrung des Zurechnungszusammenhangs

Entscheidend für die Bejahung des Zurechnungszusammenhangs ist, dass die monetäre Weitergabe des Disziplinarmittels nicht zu einer Verfehlung des Zwecks bei dem Adressaten führt. Dazu muss in einem ersten Schritt der Zweck des Disziplinarmittels genau herausgearbeitet werden. Anschließend ist zu prüfen, ob durch die Weitergabe ein Wegfall dieser festgestellten Zwecke entsteht. Dabei ist es nicht ausgeschlossen, dass das Disziplinarmittel eine zusammengesetzte Summe aus verschiedenen Komponenten mit unterschiedlichen Zwecksetzungen darstellt. Insofern ist auch nur ein teilweiser Wegfall des Zurechnungszusammenhangs denkbar. Der Zweck des Disziplinarmittels muss anhand des Einzelfalls umfassend ermittelt werden. Dieser erste Schritt ist essenziell, um anschließend eine etwaige Zweckverfehlung durch den Regress festmachen zu können. Zu fragen ist, unter Annahme eines erfolgreichen Regresses, ob der mit dem Disziplinarmittel verbundene Zweck fortwährend bei dem ursprünglichen Adressaten verbleibt oder möglicherweise bereits vollumfänglich eingetreten ist.

E. Korrektivfunktion und Beweisfrage

Das Korrektiv des Schutzzwecks der Norm findet in allen Haftungskonstellationen Anwendung, insbesondere bei vertraglichen, aber auch deliktischen Anspruchsgrundlagen.[571] Gerade für den hier besonders relevanten Bereich der vertraglichen Anspruchsgrundlagen, wurde die Zurechnungsmethode bei der Anwaltshaftung[572] und hinsichtlich der Pflichtverletzung durch Beratungs- und Auskunftspflichten[573] herangezogen. Die normativen Zurechnungskriterien werden dabei als Einschränkung der besonders weitgehenden Kausalitätsprüfung nach der Äquivalenztheorie verstanden.[574] Folglich kommt dem hier gefassten Ansatz als modifiziertes Zurechnungskriterium ebenfalls eine reine Korrektivfunktion zu.

Klärungsbedürftig ist bei einer solchen Korrektivfunktion danebenstehend, wer welche Beweislast zu tragen hat. Für die dem deutschen Schadensrecht

---

571 BGHZ 201, 263 (267 Rn. 10); Lange/Schiemann, Schadensersatz, § 3 IX 5, (S. 101 ff.) mwN.

572 BGHZ 163, 223 (226).

573 BGHZ 116, 209 (212).

574 BGH, NJW 2012, 2964 Rn. 12; 2000, 947 (948); *Flume*, in: BeckOK BGB, § 249 BGB Rn. 283; *Looschelders*, Schuldrecht AT, § 45 Rn. 13 ff.

bekannten Zurechnungskriterien trifft die Beweislast, ebenso wie für die weiteren objektiven und subjektiven Voraussetzungen, den Geschädigten.[575] Dieser Grundsatz kennt jedoch einige gesetzliche oder auch von Rechtsprechung beziehungsweise Literatur entwickelte Ausnahmen.[576] Eine gesetzliche Bestimmung einer Beweislastumkehr für die hiesigen Regressfälle lässt sich nicht finden. Möglicherweise lässt sich dennoch eine Sinnhaftigkeit einer solchen herausarbeiten, sodass folglich der Regresspflichtige darzulegen hätte, im Falle eines Regresses komme es zu einer Verfehlung des Zweckes des Disziplinarmittels. Die Verteilung der Beweislast obliegt dabei im Grundsatz dem Gesetzgeber.[577] Da eine Beweislastumkehr folglich eine Abweichung der gesetzlichen Regelung darstellt, soll sie nur auf solche Fälle begrenzt sein, in denen eine Abweichung von der gesetzlichen Regelung und folglich eine richterliche Rechtsfortbildung erforderlich erscheint.[578] Betrachtet man die von der Rechtsprechung bisher entwickelten Fallgruppen einer Beweislastumkehr,[579] so ist diese nur in den wenigsten Fällen anerkannt. Insbesondere die Rechtsprechung zur allgemeinen Berufshaftung trifft auf Kritik und sei abzulehnen.[580] Auf Anerkennung stößt hingegen die – dank ihrer auf mehreren Sachgründen und einer gesetzlichen Analogie gründende – Rechtsprechung betreffend die Produkthaftung.[581] Dort wird die Umkehr der Beweislast gerade damit begründet, dass bei gelungenem Beweis des Geschädigten über den Ursprung des Schadens, aufgrund eines objektiven Mangels der Verkehrswidrigkeit aus dem Organisations- und Gefahrenbereichs des Herstellers, sich die Vorgänge innerhalb des Betriebes durch den Geschädigten nur schwer nachvollziehen ließen. Demnach würde sich der Hersteller regelmäßig darauf berufen, dass der Schaden auch ohne ein in seiner Sphäre

575 *Grüneberg*, in: Palandt, Vor § 249 Rn. 128; Lange/Schiemann, Schadensersatz, § 3 XIII 1 (S. 161 f.); *Magnus*, in: NK-BGB, Bd. II/1, Vor §§ 249–255 BGB Rn. 181.

576 Vgl. mwN und Beispielen *Oetker*, in: MüKoBGB, § 249 Rn. 480.

577 *Prütting* in: MüKoZPO, § 286 ZPO Rn. 106.

578 *Prütting*, in: MüKoZPO, § 286 ZPO Rn. 134; *Schneider*, in: Macht im Zivilrecht, S. 91 (91 ff.).

579 Zur Arzthaftung BGHZ 159, 48; BGH, NJW 1983, 333; 1984, 1403; BGHZ 72, 132; zur Produkthaftung BGHZ 51, 91; zur allg. Berufshaftung BGH, NJW 1962, 959; BGH, NJW 1971, 241; BGHZ 210, 197; BGHZ 215, 44; BGHZ 217, 50; OLG Köln, MedR 2014, 105 (111); KG, MedR 2017, 388; zur Verletzung von Aufklärungs- und Beratungspflichten BGHZ 61, 118; 89, 95; BGHZ 111, 75; 111, 314; 115, 213.

580 *Prütting*, in: MüKoZPO, § 286 ZPO Rn. 132; zustimmend *Katzenmeier*, in: FS Prütting, S: 361 (366); *Laumen*, MDR 2017, 798; *Baumgärtel/Laumen/Prütting*, Hdb. der Beweislast, Bd. 1, Kap. 25 Rn. 35 ff.

581 *Prütting*, in: MüKoZPO, § 286 ZPO Rn. 131.

liegenden Verschuldens zustande gekommen wäre, was sich durch den außenstehenden Geschädigten nur schwer widerlegen ließe.[582]

Im Falle der Regresshaftung von Disziplinarmitteln liegen solche Sachgründe hingegen nicht auf der Hand. Sowohl die Frage nach dem Anwendungsbereich, die Frage nach der genauen Zweckverfolgung des Disziplinarmittels als auch die Frage einer etwaigen Zweckverfehlung liegen nicht derart verdeckt in der Sphäre des Schädigers, dass dies eine Umkehr der Beweislast rechtfertigt. Vielmehr ist es dem Geschädigten zuzumuten, neben den weiteren Voraussetzungen auch darzulegen, dass es durch den Regress nicht zu einer Zweckverfehlung kommt. Vielmehr kann gerade der vermeintlich Geschädigte darlegen, ob und wie er bereits durch das Disziplinarmittel getroffen wurde und wie diese Betroffenheit im Falle eines Regresses fortwährt. Da es sowohl an einer gesetzlichen Bestimmung als auch an hinreichenden Sachgründen für eine richterliche Rechtsfortbildung mangelt, ist eine Beibehaltung der allgemeinen Beweislast geboten.

F. Ergebnis

Ein allgemeingültiger Ansatz für die Frage des Zurechnungszusammenhangs bei einem Regress von Disziplinarmitteln bedarf eines Dreischritts.

Zunächst muss der Anwendungsbereich eröffnet sein (1.). Dies ist im Detail dann der Fall, wenn das Verhältnis zwischen der aussprechenden Stelle des Disziplinarmittels und dem Adressaten durch eine, nicht der Willkür ausgesetzten, Über-/Unterordnung geprägt ist und das Mittel einseitig verhängt wurde. Außerdem muss das Disziplinarmittel der Durchsetzung einer für den betreffenden Personenkreis legitimierten Rechtsordnung dienen.

Sofern der Anwendungsbereich eröffnet ist, bedarf es einer Festlegung des mit dem Disziplinarmittel gegenüber dem Adressaten verfolgten Zwecks (2.).

Sodann ist zu überprüfen, ob dieser Zweck durch einen Regress seine Wirkung verliert (3.).

Soweit man zu dem Ergebnis kommt, dass der Zweck des Disziplinarmittels in Bezug auf den Adressaten durch den Regress verfehlt wird, führt dies zum Wegfall des Zurechnungszusammenhangs. Denn in diesem Fall ist das Disziplinarmittel derart auf den Adressaten zugeschnitten, dass die (vor-)vertraglichen Pflichten des Schädigers nicht auch den Schutz vor einem Schaden beim Geschädigten in Form des expliziten Disziplinarmittels umfassen können.

---

582 BGHZ 51, 91 (104 f.).

G. Ausblick auf ein Verbandssanktionengesetz

Nachdem lange Zeit in Deutschland über die Notwendigkeit der Einführung einer Strafbarkeit von Verbänden diskutiert wurde,[583] liegt seit dem 16. Juni 2020 der Regierungsentwurf eines Gesetzes zur Stärkung der Integrität in der Wirtschaft vor.[584] Erwähnenswert hinsichtlich der hiesigen Fragestellung ist das Absehen einer Regelung zu einem Regressausschluss. Ein solcher war hingegen sowohl im Kölner[585] (§ 10) als auch im Münchner Entwurf[586] (§ 16) angelegt. Auch andere Rechtsordnungen wie etwa das österreichische Verbandsverantwortlichkeitsgesetz (§ 11 öVbVG) sehen einen Regressausschluss vor. Die Befürworter eines Ausschlusses sehen in dem Regress einen Widerspruch zu den Zielen eines Verbandssanktionengesetzes. Insbesondere der präventive Anreiz für den adressierten Verband würde unterlaufen, wenn der Verband durch einen Regress bei der Leitungsperson und möglicherweise mittelbar bei deren Versicherungen monetär schadlos gehalten werden könnte. Des Weiteren würden der Grundgedanke und die Systematik der Vorschriften unterlaufen, da insbesondere die Bemessung der Sanktionshöhe allein anhand solcher Kriterien des Verbandes ermittelt werden, auf die der einzelne Mitarbeiter keinen Einfluss habe. Im Sinne einer Vermeidung von Rechtsunsicherheit bei einer zivilrechtlichen Haftung solle demnach ein genereller Ausschluss des Regresses statuiert werden.[587] Andere Stimmen lehnen einen Regressausschluss nicht nur ab, sondern

583 Siehe etwa *Dannecker*, GA 2001, 101; *Schmitt-Leonardy*, Unternehmenskriminalität ohne Strafrecht?, S. 247 ff.; *Zieschang*, ZStW 115 (2003), 1.

584 RegE abrufbar unter: *www.bmjv.de/SharedDocs/Gesetzgebungsverfahren/Dokumente/RegE_Staerkung_Integritaet_Wirtschaft.pdf;jsessionid=487DC05A8790A7F8701572A-375BA01AC.1_cid324?__blob=publicationFile&v=2* (Stand: 16.06.2020, zuletzt abgerufen am 12.08.2020).

585 *Henssler/Hoven/Kubiciel/Weigend*, NZWiSt 1, (3).

586 *Saliger/Tsambikakis/Mückenberger/Huber*, NStZ-Beil 2020, 24 (28).

587 So etwa argumentierend *Henssler/Hoven/Kubiciel/Weigend*, Stellungnahme zum Referentenentwurf eines Gesetzes zur Stärkung der Integrität in der Wirtschaft, Art. 1: „Gesetz zur Sanktionierung verbandsbezogener Straftaten", S. 16; *VGR*, Stellungnahme der Gesellschaftsrechtlichen Vereinigung – Wissenschaftliche Vereinigung für Unternehmens- und Gesellschaftsrecht (VGR) e.V. („VGR") zum Regierungsentwurf eines Gesetzes zur Stärkung der Integrität der Wirtschaft, S. 3 ff.; *DGB*, Stellungnahme zum Gesetzesentwurf zur Stärkung der Integrität in der Wirtschaft des Deutschen Gewerkschaftsbundes zum Referentenentwurf des BMJV, S. 9 ff.; *BCM/VCI*, VCI/BCM-Stellungnahme zum Referentenentwurf eines Gesetzes zur Stärkung der Integrität in der Wirtschaft, S. 24.

fordern gar die Festlegung eines Regressanspruches gegen die verantwortlichen Personen. Nur durch die Möglichkeit des Regresses und der folgenden monetären Belastung der verantwortlichen Personen, könne die mit dem Gesetz gewünschte Verhaltenssteuerung erreicht werden.[588]

Von einer Regelung eines Regresses – gleich in welche Richtung – abzusehen, ist zuzustimmen. Wie die dieser Arbeit zugrundeliegenden Untersuchungen zeigen, bietet das deutsche Schadensrecht eine hinreichende Antwort auf die etwaigen Regresskonstellationen, sodass auch für ein mögliches Verbandssanktionengesetz eine ausdrückliche Regressregelung obsolet ist. Vielmehr stellte eine solche Bestimmung einen nicht unerheblichen Eingriff in die zivilrechtlichen Haftungsmaßstäbe dar.[589] Sowohl die Argumente der Befürworter als auch diese der Gegner einer Regressregelung würden bei Anwendung des hier gefassten allgemeingültigen Ansatzes hinreichend berücksichtigt und einzelfallabhängig gewertet werden. Das Fordern eines Mehr an Rechtssicherheit durch eine solche Bestimmung muss dann zurücktreten, wenn eine abstrakte Regelung in seiner Anwendung die Umstände des Einzelfalls hinreichend erfassen und individueller gewichten kann.

Somit ist der derzeit vorliegende Regierungsentwurf hinsichtlich seines Schweigens über den Regress zu begrüßen und der Verweis auf das allgemeine Schadensrecht zielführend.

---

588 *Strenger/Redenius-Hövermann/Reuter*, ZIP 2020, 1160 (1162); *DVFA*, Stellungnahme zum Gesetz zur Stärkung der Integrität in der Wirtschaft, Punkt 2.1.3.

589 So auch *Grau/Dust*, ZRP 2020, 134 (137).

Zusammenfassung in Thesen und Fazit

A. Thesen

1. Der Zweck der Verbandsstrafe seitens des DFB an die Vereine ist als eine Strafe im rechtsphilosophischen Sinne anzusehen, stellt jedoch keine Konkurrenz zur staatlichen Strafe dar. Die Verbandsstrafe verfolgt primär den präventiven Zweck, zukünftige Zuschauerausschreitungen zu vermeiden und nachrangig den repressiven Zweck, das vergangene Verhalten zu sanktionieren.
2. Durch die Zulassung eines Regresses der Verbandsstrafe an den handelnden Zuschauer wird der herausgearbeitete Zweck nicht negativ tangiert. Aufgrund des sehr hohen Ermittlungsrisikos auf der ersten und dem zusätzlichen Insolvenzrisiko auf der zweiten Stufe, entsteht seitens des Vereins keinerlei Anlass, weniger Maßnahmen zur Verhinderung weiterer Ausschreitungen zu treffen. Sollte es doch zur Ermittlung des Täters und einer erfolgreichen Regressnahme kommen, führt dies keineswegs zum Wegfall der Prävention, sondern der Zweck wird gar auf die in Anspruch genommenen und potenziellen Störer erweitert. Hinsichtlich der Repression wird der Erfolg des Regressverfahrens sachgerecht über den Anknüpfungspunkt für die Sanktionierung befinden.
3. Die Kartellgeldbuße lässt sich als Maßnahme oberhalb eines Zwangsgeldes und unterhalb einer Geldstrafe einordnen. Es ist ein untergeordneter repressiver Charakter zu erkennen. Vorrangig dient die Kartellgeldbuße jedoch spezial- und generalpräventiven Gesichtspunkten, um sowohl den Adressaten als auch die übrigen Marktteilnehmer zu einem wettbewerbskonformen Verhalten zu motivieren.
4. Der Regress einer Kartellgeldbuße an die Verantwortlichen kann nicht unter dem Gesichtspunkt einer Zweckverfehlung versagt werden. Der präventive Charakter der Kartellbuße kommt bereits durch einen erheblichen Imageschaden des Adressaten bei Verhängung zum Tragen. Vergleichbar ist dies mit der Verdachtsberichtserstattung über potenzielle Straftäter. Dies führt außerdem zu einer Pönalisierung des Adressaten unabhängig eines Weiterreichens der Geldbuße. Hinzu kommt auch hier ein erhebliches Prozess- und Insolvenzrisiko. Festzuhalten ist außerdem, dass diese Zwecke dann

unterlaufen würden, wenn es ipso iure zu einem Regress mit möglicher Deckung durch eine dahinterstehende Versicherung kommen würde. Dann steht das Handeln des Marktteilnehmers unter der sicheren Erkenntnis, die monetäre Belastung der Kartellbuße nicht tragen zu müssen und der Anreiz zu wettbewerbskonformem Verhalten geht erheblich verloren.

5. Die Einbettung der Geldbuße wegen Verstoßes gegen die DSGVO zwischen einer Verwarnung und den strafrechtlichen Sanktionen lässt den Schluss zu, dass insbesondere die Generalprävention als Zweck der Geldbuße anzusehen ist. Dem gefolgt sollen eine Spezialprävention und weit untergeordnet eine Repression des Adressaten erreicht werden.
6. Tragendes Argument für den Erhalt der präventiven Wirkung trotz eines erfolgreichen Regresses an den Datenschutzbeauftragten bildet ebenso wie im Kartellrecht der nachhaltige Reputationsschaden. Hinzu kommt ein erhebliches Insolvenz- und Prozessrisiko, welches den Schluss von einem erfolgreichen Regress im Einzelfall auf die Erfolgschancen zukünftiger Verfahren verbietet.
7. Es ist eine Vergleichbarkeit von Verbandsstrafen und Geldbußen festzustellen. Durch die Verbandsautonomie und die Unterwerfung des Mitglieds unter den Verband entsteht im Verbandsrecht ebenso ein Über-/Unterordnungsverhältnis wie bei öffentlich-rechtlichen Streitigkeiten. Beide Disziplinarmittel dienen der Durchsetzung einer für den jeweiligen Personenkreis legitimierten Rechtsordnung und werden einseitig von einer wiederum legitimierten Stelle verhängt. Außerdem eint die beiden Mittel, dass sie keineswegs willkürlich verhängt und durch Beschreitung des Rechtsweges überprüft werden können.
8. Das Verhältnis des Adressaten zu dem potenziell Regresspflichtigen ist dadurch gekennzeichnet, dass trotz der im Ausgang teils erheblich auseinanderfallenden Haftungstatbestände, die Frage nach der Zweckverfehlung durch einen Regress immer eine solche des Zurechnungszusammenhangs im Rahmen der §§ 249 ff. BGB ist.
9. Die Argumente für den Fortbestand des Zwecks eines Disziplinarmittels trotz eines erfolgreichen Regresses ähneln sich im Ausgang ebenfalls. So wurde durch die Untersuchung insbesondere der Umstand eines Reputationsschadens beim Adressaten im Zeitpunkt der Verhängung relevant. Dies trifft insbesondere für solche Adressaten zu, die am öffentlichen Markt tätig werden und teilweise auf das Vertrauen der Kunden, Nutzer oder Geschäftspartner angewiesen sind.
10. Ein Regress ipso iure mit eventueller Deckung des Disziplinarmittels, welches im Innenverhältnis einen zivilrechtlichen Schaden darstellt, führt

regelmäßig zum Wegfall des mit der Maßnahme verfolgten präventiven Zwecks.

11. Inwiefern die verhängende Stelle neben den Adressaten gegen den Verantwortlichen selbst mit einem Disziplinarmittel vorgehen kann, spielt einzig für die Frage der Zweckfestlegung eine Rolle, nicht aber primär für die Frage der Zweckverfehlung als solche.
12. Anhand der erfolgten Untersuchung lässt sich ein allgemeingültiger Ansatz für die Beurteilung der Frage nach einer Zweckverfehlung im Zuge der Weitergabe eines Disziplinarmittels von dem Adressaten an den Verantwortlichen herausarbeiten. Dies kann durch eine Modifikation der Prüfung des Zurechnungszusammenhangs im Rahmen der §§ 249 ff. BGB in Form eines Dreischrittes erfolgen.

I. Anwendungsbereich

Der Anwendungsbereich dieses Ansatzes ist dann eröffnet, wenn das Verhältnis zwischen der aussprechenden Stelle des Disziplinarmittels und dem Adressaten durch eine, nicht der Willkür ausgesetzten, Über-/Unterordnung gekennzeichnet ist und das Mittel einseitig verhängt wurde.

Außerdem muss das Disziplinarmittel der Durchsetzung einer für den betreffenden Personenkreis legitimierten Rechtsordnung dienen.

II. Zweck des Disziplinarmittels

Der Zweck des Disziplinarmittels ist unter Berücksichtigung aller Umstände des Einzelfalls festzulegen.

III. Zweckverfehlung

In einem letzten Schritt ist festzustellen, ob dieser Zweck durch einen Regress verloren geht.

13. Wird der Zweck des Disziplinarmittels aufgrund des Regresses verfehlt, führt dies zum Wegfall des Zurechnungszusammenhangs. In diesem Fall können die (vor-)vertraglichen Pflichten des Schädigers nicht auch den Schutz vor einem Schaden beim Geschädigten in Form des gegenständlichen Disziplinarmittels umfassen.
14. Ein im Rahmen der Schaffung eines Verbandssanktionengesetzes diskutierter, gesetzlich normierter Regressausschluss ist weder zweckmäßig noch notwendig. Ein solcher würde einen nicht unerheblichen Eingriff in die zivilrechtlichen Haftungsmaßstäbe darstellen. Die zivilrechtlichen

Haftungsmaßstäbe samt ihren Weiterentwicklungen – wie dem hiesigen Ansatz – bieten eine hinreichende und zugleich dem Einzelfall gerecht werdende Antwort auf die Frage der Zweckverfehlung in Folge eines Regresses.

B. Fazit

Viele Gemeinsamkeiten erschließen sich erst auf den zweiten Blick. Dies trifft auch auf die hiesige Fragestellung zu. Trotz unterschiedlichster und heute für die Zukunft nicht absehbarer Regresskonstellationen infolge einer Verhängung monetärer Disziplinarmittel, kann hinsichtlich der Frage einer etwaigen Zweckverfehlung ein allgemeingültiger Ansatz zugrunde gelegt werden.

Anhang

Eigene Auswertung der untenstehenden Urteile hinsichtlich einer Täterermittlung und nachgelagerten Reduzierung der Strafsumme. Sofern in der Spalte „Täterermittlung“ ein (+) versehen ist, wurde in dem entsprechenden Urteil eine erfolgreiche Täterermittlung offenbar. Die daraus resultierende Reduzierung der Strafhöhe wird in der Spalte „Reduzierung“ dargestellt.

Die mit * gekennzeichneten Verfahren stellen aufgrund der Häufigkeit des Entzündens der Pyrotechnik und der mehrmaligen Spielunterbrechungen keinen für eine standardisierte Betrachtung geeigneten Fall im Sinne der Richtlinien für die Arbeit des Kontrollausschusses in sportgerichtlichen Verfahren gegen Vereine und Kapitalgesellschaften dar (Ziffer 9 Abs. 1 der Richtlinie).

Verfahrensnummer[590]	**Strafe gegen**	**Gegner**	**Strafhöhe**	**Täterermittlung**	**Reduzierung**
108	Holstein Kiel	SC Paderborn	3.000 €		
114	TSG Hoffenheim	VfL Wolfsburg	1.000 €		
115	SC Paderborn	BSG Chemie Leipzig	1.440 €		
116	Hamburger SV	FC Erzgebirge Aue	11.400 €		
117	Fortuna Düsseldorf	Hannover 96	13.000 €		
118	SSV Jahn Regensburg	1. FC Köln	3.500 €		
119	Eintracht Frankfurt	Hertha BSC	24.000 €		
120	Hamburger SV	Holstein Kiel	600 €		

(*wird fortgesetzt*)

590 Urteile einzeln abrufbar unter: *www.dfb.de/verbandsservice/verbandsrecht/urteile/* (zuletzt abgerufen am 11.09.2020).

Verfahrensnummer[590]	Strafe gegen	Gegner	Strafhöhe	Täterermittlung	Reduzierung
121	Hamburger SV	MSV Duisburg	11.100 €		
122	FC Ingolstadt	SSV Jahn Regensburg	1.700 €		
123	BSG Chemie Leipzig	SC Paderborn	5.000 €		
124	Greuther Fürth	SV Sandhausen	9.600 €		
127	Hannover 96	1. FSV Mainz	25.500 €		
128	Dynamo Dresden	1. FC Köln	6.000 €		
130	SC Freiburg	Holstein Kiel	1.500 €	(+)	1.500 €
133	Borussia Dortmund	Fortuna Düsseldorf	62.000 €		
134	Arminia Bielefeld	Holstein Kiel	9.000 €		
136	1. FC Köln	SSV Jahn Regensburg	7.500 €		
137	FC Bayern München	1. FC Nürnberg	15.000 €		
140	Fortuna Düsseldorf	Borussia Mönchengladbach	52.125 €	(+)	17.375 €
148	1. FC Magdeburg	FC Union Berlin	66.600 €		
150	1. FC Heidenheim	SC Paderborn	6.480 €	(+)	6.480 €
154	Dynamo Dresden	mehrere Fälle	40.500 €	(+)	7.500 €
155	Borussia Mönchengladbach	Borussia Dortmund	80.000 €		

Verfahrensnummer[590]	**Strafe gegen**	**Gegner**	**Strafhöhe**	**Täterermittlung**	**Reduzierung**
162	MSV Duisburg	SC Paderborn	1.500 €		
163	MSV Duisburg	VfL Bochum	9.600 €		
164	Hertha BSC	FC Bayern München	2.000 €		
165	FC Bayern München	Hertha BSC	1.000 €		
166	FC Ingolstadt	SpVgg Greuther Fürth	1.200 €		
167	FC Union Berlin	1. FC Köln	500 €	(+)	500 €
168	FC Union Berlin	FC Erzgebirge Aue	28.800 €		
169	FC Erzgebirge Aue	1. FC Köln	500 €		
170	SC Freiburg	VfL Wolfsburg	3.000 €		
171	Bayer 04 Leverkusen	Borussia Dortmund	30.000 €		
172	Schalke 04	Borussia Dortmund	27.000 €		
173	SpVgg Greuther Fürth	1. FC Heidenheim	5.400 €		
174	1. FC Magdeburg	Holstein Kiel	500 €		
175	1. FC Magdeburg	FC Erzgebirge Aue	1.500 €		

(*wird fortgesetzt*)

Verfahrensnummer[590]	Strafe gegen	Gegner	Strafhöhe	Täterermittlung	Reduzierung
176	SSV Jahn Regensburg	1. FC Heidenheim	600 €		
177	SV Darmstadt	SC Paderborn	9.000 €		
178	SV Werder Bremen	1. FC Nürnberg	24.000 €		
179	SV Werder Bremen	Borussia Dortmund	35.000 €		
184	Fortuna Düsseldorf	Bayer 04 Leverkusen	1.000 €	(+)	1.000 €
185	Holstein Kiel	FC Augsburg	3.000 €		
186	FC Erzgebirge Aue	FC St. Pauli	7.200 €		
188*	FC St. Pauli	Hamburger SV	100.000 €		
190	SG Dynamo Dresden	FC Erzgebirge Aue	15.000 €		
191	SG Dynamo Dresden	Hamburger SV	33.000 €		
201*	Hamburger SV	FC St. Pauli	150.000 €		
203	FC Erzgebirge Aue	SC Paderborn	500 €		
205	VfL Bochum	Hamburger SV	1.000 €		
206	VfL Bochum	Arminia Bielefeld	17.250 €		
207	VfL Bochum	1. FC Heidenheim	500 €		
209	Hamburger SV	1. FC Köln	39.000 €		

Verfahrensnummer[590]	**Strafe gegen**	**Gegner**	**Strafhöhe**	**Täterermittlung**	**Reduzierung**
210	VfL Bochum	SpVgg Greuther Fürth	1.500 €		
211	SC Paderborn	FC Erzgebirge Aue	6.000 €		
212	SV Werder Bremen	FC Schalke 04	9.000 €		
214	1. FSV Mainz	Borussia Mönchengladbach	3.000 €		
215	Eintracht Frankfurt	Fortuna Düsseldorf	16.000 €		
216	Eintracht Frankfurt	Hannover 96	1.000 €	(+)	1.000 €
217	FC Bayern München	1. FC Nürnberg	107.400 €		
218	FC Augsburg	mehrere Fälle	19.000 €	(+)	8.000 €
219	FC Erzgebirge Aue	VfL Bochum	2.400 €		
220	VfL Bochum	FC St. Pauli	7.200 €		
221	1. FC Nürnberg	Hannover 96	8.000 €		
222	1. FC Nürnberg	VfB Stuttgart	6.000 €		
223	1. FC Nürnberg	Borussia Dortmund	25.000 €		
224	Fortuna Düsseldorf	Borussia Dortmund	16.000 €		

(*wird fortgesetzt*)

Verfahrensnummer[590]	Strafe gegen	Gegner	Strafhöhe	Täterermittlung	Reduzierung
225	Fortuna Düsseldorf	Hertha BSC	3.000 €	(+)	1.000 €
226	Fortuna Düsseldorf	Schalke 04	7.000 €		
227	MSV Duisburg	1. FC Heidenheim	1.500 €		
228	VfL Wolfsburg	VfB Stuttgart	5.000 €		
228	Borussia Dortmund	SV Werder Bremen	45.000 €		
230	SpVgg Greuther Fürth	FC Erzgebirge Aue	3.600 €		
231	SpVgg Greuther Fürth	1. FC Magdeburg	6.600 €		
233	Hamburger SV	FC Union Berlin	4.800 €		
234	Dynamo Dresden	FC Union Berlin	1.100 €		
235	SC Freiburg	1. FSV Mainz	2.000 €		
236	SC Paderborn	Dynamo Dresden	7.200 €		
237	Holstein Kiel	Arminia Bielefeld	3.000 €		
238	FC Union Berlin	Hamburger SV	7.800 €		
239	FC Union Berlin	VfL Bochum	24.600 €		
240	FC Bayern München	Fortuna Düsseldorf	5.000 €		
241	1. FC Köln	FC Ingolstadt	2.100 €	(+)	2.100 €

Verfahrensnummer[590]	**Strafe gegen**	**Gegner**	**Strafhöhe**	**Täterermittlung**	**Reduzierung**
242	1. FC Köln	1. FC Heidenheim	7.200 €		
243	1. FC Köln	MSV Duisburg	600 €		
244	1. FC Köln	SV Darmstadt	2.000 €		
245	1. FSV Mainz	Hannover 96	21.000 €		
246	TSG Hoffenheim	1. FSV Mainz	10.000 €		
247	Eintracht Frankfurt	1. FSV Mainz	68.000 €		
248	Arminia Bielefeld	MSV Duisburg	16.800 €	(+)	16.800 €
249	SV Darmstadt	SpVgg Greuther Fürth	10.200 €		
250	Eintracht Frankfurt	SC Freiburg	10.000 €		
251	Eintracht Frankfurt	VfL Wolfsburg	10.000 €		
252	RB Leipzig	FC Bayern München	7.000 €		
252	FC Ingolstadt	SV Wehen Wiesbaden	8.400 €		
255	1. FC Magdeburg	FC St. Pauli	12.600 €		
256	1. FC Magdeburg	1. FC Köln	16.050 €		
257	1. FC Magdeburg	1. FC Union Berlin	35.000 €		

(wird fortgesetzt)

Verfahrensnummer[590]	**Strafe gegen**	**Gegner**	**Strafhöhe**	**Täterermittlung**	**Reduzierung**
258	MSV Duisburg	FC Ingolstadt	12.000 €	(+)	n.a.
259	Borussia Dortmund	VfL Wolfsburg	8.000 €	(+)	n.a.
260	Borussia Dortmund	Borussia Mönchengladbach	12.000 €		
261	FC Bayern München	RB Leipzig	47.000 €		
262	Borussia Dortmund	FC Schalke 04	46.000 €		
264	Fortuna Düsseldorf	Schalke 04	15.000 €		
265	FC Ingolstadt	MSV Duisburg	1.680 €		
266	Hertha BSC	FC Augsburg	2.000 €		
267	1. FC Köln	1. FC Magdeburg	18.900 €	(+)	6.300 €
268*	FC Schalke 04	Borussia Dortmund	58.000 €		
100 3.Liga	VfL Osnabrück	SC Fortuna Köln	2.800 €		
102 3. Liga	Karlsruher SC	KFC Uerdingen	3.850 €		
104 3. Liga	1. FC Kaiserslautern	Eintracht Braunschweig	1.200 €		
105 3. Liga	Eintracht Braunschweig	FSV Zwickau	13.830 €		
110 3. Liga	Würzburger Kickers	Sonnenhof Großaspach	2.100 €		
116 3. Liga	1. FC Kaiserslautern	SC Preußen Münster	4.500 €		

Verfahrensnummer[590]	**Strafe gegen**	**Gegner**	**Strafhöhe**	**Täterermittlung**	**Reduzierung**
117 3. Liga	SC Preußen Münster	1. FC Kaiserslautern	4.000 €	(+)	2.000 €
119 3. Liga	FSV Zwickau	FC Energie Cottbus	700 €		
120 3. Liga	SV Meppen	SC Preußen Münster	4.950 €		
121 3. Liga	VfL Osnabrück	Karlsruher SC	2.100 €		
122 3. Liga	Hallescher FC	KFC Uerdingen	6.300 €		
125 3. Liga	SC Preußen Münster	Sonnenhof Großaspach	1.000 €		
126 3. Liga	SC Preußen Münster	SV Meppen	4.860 €		
132 3. Liga	VfL Osnabrück	FC Hansa Rostock	4.900 €		
133 3. Liga	TSV 1860 München	FSV Zwickau	6.450 €		
134 3. Liga	TSV 1860 München	FC Hansa Rostock	10.300 €		
135 3. Liga	FC Hansa Rostock	VfL Osnabrück	350 €		
136 3. Liga	KFC Uerdingen	VfL Osnabrück	2.000 €	(+)	n.a.
139 3. Liga	SpVgg Unterhaching	Sportfreunde Lotte	700 €		
140 3. Liga	Eintracht Braunschweig	VfL Osnabrück	4.500 €		
141 3. Liga	SV Wehen Wiesbaden	FC Ingolstadt	2.800 €		

(*wird fortgesetzt*)

Verfahrensnummer[590]	**Strafe gegen**	**Gegner**	**Strafhöhe**	**Täterermittlung**	**Reduzierung**
142 3. Liga	VfL Osnabrück	VfR Aalen	5.500 €		
143 3. Liga	FC Bayern München II	VfL Wolfsburg II	1.000 €		
144 3. Liga	FC Bayern München II	VfL Wolfsburg II	600 €	(+)	n.a.
145 3. Liga	FC Carl Zeiss Jena	FSV Zwickau	1.000 €		
147 3. Liga	FC Carl Zeiss Jena	Würzburger Kickers	5.300 €	(+)	n.a.
4 BG; 15 3. Liga	FC Carl Zeiss Jena	mehrere Fälle	24.900 €		
5 BG; 28 3. Liga	Hansa Rostock	mehrere Fälle	38.500 €	(+)	1.350 €
62 3. Liga	1. FC Kaiserslautern	SpVgg Unterhaching	900 €		
63 3. Liga	Hallescher FC	Eintracht Braunschweig	13.475 €		
64 3. Liga	Eintracht Braunschweig	KFC Uerdingen	5.000 €		
65 3. Liga	FC Würzburger Kickers	1. FC Kaiserslautern	350 €		
66 3. Liga	1. FC Kaiserslautern	TSV 1860 München	350 €		
67 3. Liga	Eintracht Braunschweig	SC Preußen Münster	29.150 €		
68 3. Liga	KFC Uerdingen	MSV Duisburg	1.750 €		

Verfahrensnummer[590]	**Strafe gegen**	**Gegner**	**Strafhöhe**	**Täterermittlung**	**Reduzierung**
69 3. Liga	FSV Zwickau	TSV 1860 München	1.400 €		
71 3. Liga	FC Energie Cottbus	VfL Osnabrück	4.200 €	(+)	4.200 €
72 3. Liga	FC Hansa Rostock	KFC Uerdingen	2.000 €		
73 3. Liga	FC Hansa Rostock	VfL Osnabrück	300 €		
74 3. Liga	FC Hansa Rostock	VfR Aalen	700 €		
75 3. Liga	FC Energie Cottbus	FC Hansa Rostock	2.625 €	(+)	875 €
78 3. Liga	TSV 1860 München	Karlsruher SC	4.200 €		
81 3. Liga	SV Meppen	1. FC Kaisers-lautern	300 €		
82 3. Liga	FC Hansa Rostock	SpVgg Unter-haching	350 €		
85 3. Liga	FC Hansa Rostock	mehrere Fälle	41.950 €		
86 3. Liga	VfR Aalen	SV Wehen Wiesbaden	1.000 €		
87 3. Liga	FC Hansa Rostock	SV Wehen Wiesbaden	2.000 €		
88 3. Liga	Hallescher FC	FC Carl Zeiss Jena	3.350 €		
89 3. Liga	Hallescher FC	Sportfreunde Lotte	300 €		
93 3. Liga	FSV Zwickau	FC Carl Zeiss Jena	1.400 €		

(*wird fortgesetzt*)

Verfahrensnummer[590]	**Strafe gegen**	**Gegner**	**Strafhöhe**	**Täterermittlung**	**Reduzierung**
95 3. Liga	SC Preußen Münster	VfL Osnabrück	7.300 €		
160			2.103.665 €	**21**	77.980 €

Überprüfte Fälle	**160**	**Durchschnittliche Höhe der Strafe**	**13.147,91 €**
Tätermittlungen	**21**		
Prozentual	**13,13 %**		

Literaturverzeichnis

Achenbach, Hans: Haftung und Ahndung. Wider die Vertauschung zweier disparater Rechtsfolgemodelle, ZIS 2012, S. 178–182

Adolphsen, Jens/Nolte, Martin/Lehner, Michael/Gerlinger, Michael: Sportrecht in der Praxis, Stuttgart 2011 (zit.: *Bearb.*, in: Adolphsen/Nolte/Lehner/Gerlinger, Sportrecht in der Praxis, Rn.)

Aksungur, Canan: Europäische Strafrechtsetzungskompetenzen, Baden-Baden 2014, Zugl.: Diss. Bonn 2014

Albrecht, Jan Philipp/Jotzo, Florian: Das neue Datenschutzrecht der EU, Baden-Baden 2017 (zit.: *Albrecht/Jotzo*, Das neue Datenschutzrecht der EU, Teil Rn.)

Auernhammer, Herbert/Eßer, Martin (Hrsg.)/Kramer, Philipp (Hrsg.)/Lewinski, Kai von (Hrsg.): DSGVO. BDSG, 7. Auflage, Hürth 2020 (zit.: *Bearb.*, in: Auernhammer, DSGVO.BDSG, Art. Rn.)

Bachmann, Gregor: LAG Düsseldorf: Keine Haftung des GmbH-Geschäftsführers für eine gegen die Gesellschaft verhängte Kartellbuße, BB 2015, S. 907–911

Baecker, Wolfgang: Grenzen der Vereinsautonomie im deutschen Sportverbandswesen, Berlin 1985, Zugl.: Diss. Münster 1984/1985

Bagger von Grafenstein, Tim/Fischer, Paul: „Auswärtstickets" – vertragliche Konstellationen und Implikationen am Beispiel der Fußball-Bundesliga, SpuRt 2017, S. 5–9

Bagger, Tim/Kober, Sebastian: Feuerwerkskörper im Fußballstadion – zivilrechtliche Haftung „zündelnder" Fans (Teil 2), jM 2015, S. 360–364

Bahners, Frank: Die Rechtmässigkeit von Verbandsstrafen gegenüber Fussballvereinen bei Zuschauerausschreitungen, CaS 2009, S. 25–28

Bartel, Johann Christian: Beschränkung des Schadensersatzumfangs durch das Übermaßverbot?, Berlin 2004, Zugl.: Diss. Freiburg 2003/2004

Baumgärtel, Gottfried (Begr.)/Laumen, Hans-Willi/Prütting, Hanns: Handbuch der Beweislast, Band. 1: Grundlagen, 4. Auflage, Köln 2019 (zit.: *Baumgärtel/Laumen/Prütting*, Hdb. der Beweislast, Bd. 1, Kap. Rn.)

Bayer, Walter/Scholz, Philipp: Zulässigkeit und Grenzen des Kartbußgeldregresses – Zugleich Kommentar zum LAG Düsseldorf vom 20.1.2015–16 Sa 459/14, GmbHR 2015, S. 449–457

Bayer, Walter: Legalitätspflicht der Unternehmensleitung, nützliche Gesetzesverstöße und Regress bei verhängten Sanktionen – dargestellt am Beispiel von Kartellverstößen, in: Georg Bitter/Marcus Lutter/Hans-Joachim Priester/

Wolfgang Schön/Peter Ulmer (Hrsg.), Festschrift für Karsten Schmidt zum 70. Geburtstag, S. 85–104, Köln 2019 (zit.: *Bayer*, in: FS K. Schmidt, S.)

Bayreuther, Frank: Haftung von Organen und Arbeitnehmern für Unternehmensgeldbußen, NZA 2015, 1239–1243

Bedau, Hugo Adam: Feinberg´s Liberal Theory of Punishement, Buffalo Criminal Law Review, Vol. 5 No. 1, 2001, S. 103–144

Bernard, Christine: Nochmals: Haftung eines Störers für das Abbrennen von Bengalos im Fußballstadion, SpuRt 2013, S. 8–11

Berufsverband der Compliance Manager/Verband der chemischen Industrie e.V.: VCI/BCM-Stellungnahme zum Referentenentwurf eines Gesetzes zur Stärkung der Integrität in der Wirtschaft, *www.bvdcm.de/publikationen/vcibcm-stellungnahme-zum-referentenentwurf* (Stand: 10.06.2020, zuletzt abgerufen am 30.09.2020)

Beukelmann, Stephan: Strafbarkeiten wegen Verstoßes gegen Datenschutz geplant, NJW-Spezial 2018, S. 8–11

Beuthien, Volker/Gummert, Hans/Schöpflin, Martin (Hrsg.): Münchener Handbuch des Gesellschaftsrechts, Band 5: Verein – Stiftung bürgerlichen Rechts, 4. Auflage, München 2016 (zit.: *Bearb.*, in: MüHdbGesR, Bd. V, § Rn.)

Binder, Sabrina: Grenzen der Vorstandshaftung, Berlin 2016, Zugl.: Diss. Tübingen 2015

Blaurock, Uwe: Kartellbußgeldhaftung und gesellschaftsrechtlicher Rückgriff, in: Wolfgang Büscher, Willi Erdmann, Maximilian Wilhelm Haedicke, Helmut Köhler, Michael Loschelder, Festschrift für Joachim Bornkamm zum 65. Geburtstag, S. 107–120, München 2014 (zit.: *Blaurock*, in: FS Bornkamm, S.)

Bohn, Clarissa: Regel und Recht: Wechselwirkungen zwischen Verbandsrecht und staatlichem Recht und deren strukturellen Besonderheiten, Baden-Baden 2008, Zugl.: Diss. Kiel 2008 (zit.: *Bohn*, Regel und Recht, S.)

Bötticher, Eduard: Wesen und Arten der Vertragsstrafe sowie deren Kontrolle, ZfA 1970, S. 3–61

Bunte, Herrmann Josef: Regress gegen Mitarbeiter bei kartellrechtlichen Unternehmensgeldbußen, NJW 2018, S. 123–126

Caemmerer, Ernst von: Das Problem des Kausalzusammenhangs im Privatrecht, in: Hans G. Leser/Ernst von Caemmerer (Hrsg.), Gesammelte Schriften, Tübingen 1968, S. 395–410 (zit.: *von Caemmerer*, in: Gesammelte Schriften, S.)

Caspar, Matthias: Hat die grundsätzliche Verfolgungspflicht des Aufsichtsrates im Sinne des ARAG/Garmenbeck-Urteils ausgedient?, ZHR 176 (2012), S. 617–651

Dannecker, Gerhard: Beweiserhebung, Verfahrensgarantie und Verteidigungsrechte im europäischen Kartellordnungswidrigkeitenverfahren als Vorbild für ein europäisches Sanktionsverfahren, ZStW 1999, S. 256–296

Dannecker, Gerhard: Zur Notwendigkeit der Einführung kriminalrechtlicher Sanktionen gegen Verbände, GA 2001, S. 101–130

Däubler, Wolfgang/Wedde, Peter/Weichert, Thilo/Sommer, Imke: EU-DSGVO und BDSG: Kompaktkommentar, 2. Auflage, Frankfurt 2020 (zit.: *Bearb.*, in: Däubler/Wedde/Weichert/Sommer, EU-DSGVO. BDSG, Art./§ Rn.)

Dauner-Lieb, Barbara: NomosKommentar, Bürgerlicher Gesetzbuch, Band 2: Schuldrecht Teilband 1: §§ 241–610, 2. Auflage, Bonn 2012 (zit.: *Bearb.*, in: NK-BGB, Bd. 2/I, § Rn.)

Deutsch, Erwin: Allgemeines Haftungsrecht, 2. Auflage, Köln 1996 (zit.: *Deutsch*, Allg. Haftungsrecht, Rn.)

Deutsche Vereinigung für Finanzanalyse und Asset Management e.V.: Stellungnahme zum Gesetz zur Stärkung der Integrität in der Wirtschaft, *www.dvfa.de/fileadmin/downloads/Verband/Kommissionen/Governance_Stewardship/DVFA-Stellungnahme-zum-Gesetz-zur-Staerkung-der-Integritaet.pdf* (Stand: 04.06.2020, zuletzt abgerufen am 30.09.2020)

Deutscher Gewerkschaftsbund: Stellungnahme zum Gesetzesentwurf zur Stärkung der Integrität in der Wirtschaft des Deutschen Gewerkschaftsbundes zum Referentenentwurf des BMJV, *www.bmjv.de/SharedDocs/Gesetzgebungsverfahren/Stellungnahmen/2020/Downloads/06122020_Stellungnahme_DGB_RegE_Integritaet-Wirtschaft.pdf?__blob=publicationFile&v=2* (Stand: 12.06.2020, zuletzt abgerufen am 30.09.2020)

Dieterich, Thomas: Rechtsdurchsetzungsmöglichkeit der DS-GVO. Einheitlicher Rechtsrahmen führt nicht zwangsläufig zu einheitlicher Rechtsanwendung, ZD 2016, S. 260–266

Dreher, Meinrad: Die kartellrechtliche Bußgeldverantwortlichkeit von Vorstandsmitgliedern. Vorstandshandeln zwischen aktienrechtlichem Legalitätsprinzip und kartellrechtlicher Unsicherheit, in: Barbara Dauner-Lieb/Peter Hommelhoff/Matthias Jacobs/Dagmar Kaiser/Christoph Weber, Festschrift für Horst Konzen zum siebzigsten Geburtstag, S. 85–109, Tübingen 2006 (zit.: *Dreher*, in: FS Konzen, S.)

Ehmann, Eugen/Selmayr, Martin: Datenschutzgrundverordnung, 2. Auflage, München 2018 (zit.: *Bearb.*, in: Ehmann/Selmayr, DSGVO, Art. Rn.)

Eisele, Jörg: Einführung in das Europäische Strafrecht – Sanktionskompetenzen auf europäischer Ebene, JA 2000, S. 899–902

Engels, Dieter: Vollstreckungsvereitlung (§ 258 Abs 2 StGB) durch Zahlung fremder Geldstrafen?, JURA 1981, S. 581–585

Erman (Begr.)/Grunewald, Barbara (Hrsg.)/Maier-Reimer, Georg (Hrsg.)/Westermann, Harm Peter (Hrsg.): BGB, 16. Auflage, Köln 2020 (zit.: *Bearb.*, in: Erman, BGB, § Rn.)

Eßer, Stefan/Steffen, Nils: Zivilrechtliche Haftung des betrieblichen Datenschutzbeauftragten. Wann haften interner und externer Datenschutzbeauftragter?, CR 2018, S. 289–295

Fabisch, Artur Robert: Managerhaftung für Kartellrechtsverstöße, ZWeR 2013, S. 91–119

Fechner, Frank/Arnold, Johannes/Brodführer, Michael: Sportrecht, Tübingen 2014 (zit.: *Fechner/Arnold/Brodführer*, Sportrecht, Kap. Rn.)

Feinberg, Joel: The Expressive Function of Punishement, The Monist: Vol. 49, No. 3, 1965, S. 397–423

Feuerbach, Paul Johann Anselm: in: Lehrbuch des gemeinen in Deutschland gültigen Peinlichen Rechts (1801), §§ 8–20, abgedruckt in Thomas Vormbaum (Hrsg.), Texte zur Strafrechtstheorie der Neuzeit, Bd. II, S. 30–40, Baden-Baden 1993 (zit.: *Feuerbach*, in: Texte zur Strafrechtstheorie der Neuzeit, Bd. II, S.)

Fischer, Thomas: Kommentar Strafgesetzbuch, 67. Auflage, München 2020 (zit.: *Fischer*, StGB, § Rn.)

Fleischer, Holger: Kartellrechtsverstöße und Vorstandsrecht, BB 2008, S. 1070–1076

Fleischer, Holger: Regresshaftung von Geschäftsleistern wegen Verbandsgeldbußen, DB 2014, S. 345–352

Fleischer, Holger: Handbuch des Vorstandsrechts, München 2006 (zit.: *Bearb.*, in: Hdb. Vorstandsrecht, § Rn.)

Fleischer, Holger/Goette, Wulf (Hrsg.): Münchener Kommentar zum GmbHG, Band 2: §§ 35–52, 3. Auflage, München 2019 (zit.: *Bearb.*, in: MüKoGmbHG, § Rn.)

Flew, Antony: The Justification of Punishment, Philosophy, Vol 29, No. 111 (1954), S. 291–307

Forgó, Nikolaus/Helfrich, Marcus/Schneider, Jochen: Betrieblicher Datenschutz, 3. Auflage, München 2019 (zit.: *Bearb.*, in: Forgó/Helfrich/Schneider, Betr. Datenschutz, Kap. Rn.)

Franzen, Martin/Gallner, Inken/Oetker, Hartmut: Kommentar zum europäischen Arbeitsrecht, 3. Auflage, München 2020 (zit.: *Bearb.*, in: Franzen/Gallner/Oetker, Europ. Arbeitsrecht, Art./§ Rn.)

Frister, Helmut: Strafrecht Allgemeiner Teil, 9. Auflage, München 2020 (zit.: *Frister*, Strafrecht AT, Kap. Rn.)

Fritzweiler, Jochen/Pfister, Bernhard/Summerer, Thomas/Alvermann, Jörg/Reinhart, Michael (Hrsg.): Praxishandbuch Sportrecht, 4. Auflage, München 2020 (zit.: *Bearb.*, in: Praxishdb. Sportrecht, Kap. Rn.)

Fröhlich, Martin/Fröhlich, Hans-Werner: Zu Recht bestätigter Regress von Klubs gegen Zuschauer: Anmerkung zum Urteil des Landgerichts Köln (7. Zivilkammer) vom 8. April 2015; 7 O 231/14, CaS 2015, S. 157–161

Gaul, Felix: Regressansprüche bei Kartellbußen im Lichte der Rechtsprechung und der aktuellen Debatte über die Reform der Organhaftung, AG 2015, S. 109–118

Gehrlein, Markus: Gerichtlicher Prüfungsmaßstab für die Wirksamkeit von Vereinsausschlüssen. Eine Besprechung des Urteils des Bundesgerichtshofs vom 09. Juni 1997, ZIP 1997, S. 1912–1916

Gierschmann, Sybille/Schlender, Katharina/Stentzel, Rainer/Veil, Winfried (Hrsg.): Kommentar Datenschutz-Grundverordnung, Köln 2018 (zit.: *Bearb.*, in: Gierschmann/Schlender/Stentzel/Veil, DSGVO, Art. Rn.)

Glöckner, Jochen/Müller-Tautphaeus, Ken: Rückgriffshaftung von Organmitgliedern bei Kartellrechtsverstößen, AG 2001, S. 344–349

Goette, Wulf: Grundsätzliche Verfolgungspflicht des Aufsichtsrats bei sorgfaltswidrig schädigendem Verhalten im AG-Vorstand?, ZHR 176 (2012), S. 588–616

Goette, Wulf/Habersack, Mathias/Kalss, Susanne (Hrsg.): Münchener Kommentar zum Aktiengesetz, Band 1: §§ 1–75, 5. Auflage, München 2019 (zit.: *Bearb.*, in: MüKo AktG, § Rn.)

Goette, Wulf/Habersack, Mathias/Kalss, Susanne (Hrsg.): Münchener Kommentar zum Aktiengesetz, Band 3: §§ 118–178, 4. Auflage, München 2018 (zit.: *Bearb.*, in: MüKo AktG, § Rn.)

Göhler, Erich (Begr.)/Gürtler, Franz (Fortf.)/Seitz, Helmut (Fortf.)/Bauer, Martin (Fortf.): Gesetz über Ordnungswidrigkeiten, 17. Auflage, München 2017 (zit.: *Bearb.*, in: Göhler, OWiG, § Rn.)

Gola, Peter: Datenschutzgrundverordnung VO (EU) 2016/679, 2. Auflage, München 2018 (zit.: *Bearb.*, in: Gola, DSGVO, Art. Rn.)

Graf, Jürgen (Hrsg.): BeckOK OWiG, 27. Edition, München 01.07.2020 (zit.: *Bearb.*, in: BeckOK OWiG, § Rn.)

Grau, Timon/Dust, Julian: Verbandsgeldbuße und Regresshaftung von Geschäftsleitern, ZRP 2020, S. 134–137

Gropp, Walter: Strafrecht Allgemeiner Teil, 4. Auflage, Berlin 2015 (zit.: *Gropp*, Strafrecht AT, § Rn.)

Grunewald, Barbara: Der Ausschluß aus Gesellschaft und Verein, Köln 1987, Zugl.: Habil. Bonn 1986/1987

Grunewald, Barbara: Die Abwälzung von Bußgeldern, Verbands- und Vertragsstrafen im Wege des Regresses, NZG 2016, S. 1121–1124

Gsell, Beate/Krüger, Wolfgang/Lorenz, Stephan/Reymann, Christoph (Hrsg.): beck-online.Grosskommentar BGB, Stand 01.12.2019 (zit.: *Bearb.*, in: BeckOGK, § Rn. Stand)

Haarmann, Wolf-Peter: Die individualisierende Verdachtsberichterstattung über den Beschuldigten eines Strafverfahrens, Göttingen 2012, Zugl.: Diss. Münster 2012

Habersack, Mathias: Perspektiven der aktienrechtlichen Organhaftung, ZHR 177 (2013), S. 782–806

Habersack, Mathias/Casper, Matthias/Löbbe, Marc: Gesetz betreffend die Gesellschaften mit beschränkter Haftung (GmbHG). Band II: §§ 29–52, 3. Auflage, Tübingen 2020, (zit.: *Bearb.*, in: Habersack/Casper/Löbbe, GmbHG, § Rn.)

Hadding, Walther: Korporationsrechtliche oder rechtsgeschäftliche Grundlagen des Vereinsrechts?, in: Marcus Lutter, Festschrift für Robert Fischer, S. 165–197, Berlin 1979 (zit.: *Hadding*, in: FS Fischer, S.)

Hadding, Walther/Look, Frank van: Zur Ausschließung aus Vereinen des bürgerlichen Rechts – Besprechung der Entscheidung BGH WM 1987, 1422, ZGR 1988, S. 270–280

Haffke, Bernhard: Tiefenpsychologie und Generalprävention: eine strafrechtstheoretische Untersuchung, Aarau 1976, Zugl.: Habil. München 1974 (zit.: *Haffke*, Tiefenpsychologie und Generalprävention, S.)

Harnos, Rafael: Geschäftsleitung bei unklarer Rechtslage, Berlin 2013, Zugl.: Diss. Konstanz 2012/2013

Haslinger, Bastian: Zuschauerausschreitungen und Verbandssanktionen im Fußball, Baden-Baden 2011, Zugl.: Diss. Zürich 2010

Hassemer, Winfried: Strafziele im sozialwissenschaftlich orientierten Strafrecht, in: Winfried Hassemer/Klaus Lüderssen/Wolfgang Naucke (Hrsg.), Fortschritte im Strafrecht durch die Sozialwissenschaften?, S. 3, Heidelberg 1983, (zit.: *Hassemer*, in: Fortschritte im Strafrecht durch die Sozialwissenschaften?, S.)

Hau, Wolfgang/Poseck, Roman: BeckOK BGB, 55. Edition, 01.08.2020 München, (zit.: *Bearb.*, in: BeckOK BGB, § Rn.)

Hauff, Rebecca: Der Regress von Verbandsgeldbußen im Kapitalgesellschaftsrecht, Berlin 2019, Zugl.: Diss. Freiburg 2018

Hauger, Nils F. W./Palzer, Christoph: Kartellbußen und gesellschaftsrechtlicher Innenregress, ZGR 2015, S. 33–83

Haus, Florian C./Serafimova, Mariya: Neues Schadensersatzrecht für Kartellverstöße – die EU-Richtlinie über Schadensersatzklagen, BB 2014, S. 2883–2890

Heckmann, Dirk: jurisPK-Internetrecht, 6. Auflage, Saarbrücken 2019 (zit.: *Bearb.*, in: Heckmann, jurisPK-Internetrecht, Kap. Rn.)

Hegel, Georg Wilhelm Friedrich: Grundlinien der Philosophie des Rechts (1821), abgedruckt bei Thomas Vormbaum, Texte zur Strafrechtstheorie der Neuzeit, Bd. II, S. 58–70, Baden-Baden 1993 (zit.: *Hegel*, in: Texte zur Strafrechtstheorie der Neuzeit, Bd. II, S.)

Heidel, Thomas: Nomos Kommentar Aktienrecht und Kapitalmarktrecht, 5. Auflage, Baden-Baden 2020 (zit.: *Bearb.*, in: NK-Aktienrecht und Kapitalmarktrecht, § Rn.)

Heini, Anton: Die gerichtliche Überprüfung von Vereinsstrafen, in: Peter Forstmoser, Freiheit und Verantwortung, Festschrift zum 60. Geburtstag von Arthur Meier-Hayoz, S. 223–235, Bern 1982, (zit.: *Heini*, in: FS Meier-Hayoz, S.)

Henssler, Martin/Hoven, Elisa/Kubiciel, Michael/Weigend, Thomas (Hrsg.): Stellungnahme zum Referentenentwurf eines Gesetzes zur Stärkung der Integrität in der Wirtschaft, Art. 1: „Gesetz zur Sanktionierung verbandsbezogener Straftaten“, *www.bmjv.de/SharedDocs/Gesetzgebungsverfahren/Stellungnahmen/2020/Downloads/06012020_Stellungnahme_Uni-Augsburg_RegE_Integritaet-Wirtschaft.pdf?__blob=publicationFile&v=2* (Stand: 01.06.2020, zuletzt abgerufen am 30.09.2020)

Henssler, Martin/Hoven, Elisa/Kubiciel, Michael/Weigend, Thomas (Hrsg.): Kölner Entwurf eines Verbandssanktionengesetzes, NZWiSt 2018, S. 1–10

Henssler, Martin/Strohn, Lutz: Gesellschaftsrecht, 4. Auflage, München 2019 (zit.: *Bearb.*, in: Henssler/Strohn, Gesellschaftsrecht, § Rn.)

Hirte, Heribert/Mülbert, Peter O./Roth, Markus/Jopt, Klaus J./Wiedemann, Herbert (Hrsg.): Großkommentar AktG Online, 5. Auflage 2016, Version 2, Stand: 01.01.2017 (zit.: *Bearb.*, in: Großkomm AktG, § Rn.)

Hoffmann, Gunter M.: Existenzvernichtende Haftung von Vorständen und Aufsichtsräten?, NJW 2012, S. 1393–1399

Horn, Norbert: Die Haftung des Vorstands der AG nach § 93 AktG und die Pflichten des Aufsichtsrates, ZIP 1997, S. 1129–1139

Hüffer, Uwe (Begr.)/Koch, Jens (Fortf.): Aktiengesetz: AktG, 14. Auflage, München 2020 (zit.: *Bearb.*, in: Hüffer/Koch, AktG, § Rn.)

Ihlas, Horst: Organhaftung und Haftpflichtversicherung, Berlin 1997, Zugl.: Diss. Darmstadt 1996

Immenga, Ulrich (Begr.)/Mestmäcker, Ernst-Joachim (Begr.)/Körber, Torsten (Hrsg.)/Schweitzer, Heike (Hrsg.)/Zimmer, Daniel (Hrsg.): Wettbewerbsrecht, Band 2: GWB. Kommentar zum Deutschen Kartellrecht, 6. Auflage, München 2020 (zit.: *Bearb.*, in: Immenga/Mestmäcker, Wettbewerbsrecht, § Rn.)

Jakobs, Günther: Strafrecht Allgemeiner Teil: die Grundlagen und die Zurechnungslehre, 2. Auflage, Berlin 1991 (zit.: *Jakobs*, Strafrecht AT, Abschnitt, Rn.)

Jandt, Silke/Steidle, Roland: Datenschutz im Internet. Baden-Baden 2018 (zit.: *Bearb.*, in: Jandt/Steidle, Datenschutz im Internet, § Rn.)

Janßen, Jan: Rechtsschutz gegen vereins- und verbandsrechtliche Sanktionen, Köln 2004, Zugl.: Diss. Köln 2003

Jauering, Othmar (Begr.): Bürgerliches Gesetzbuch, 17. Auflage, München 2018 (zit.: *Bearb.*, in: Jauering, BGB, § Rn.)

Jedamzik, Alfred: Zivilrechtliche Haftung der Vereine/Veranstalter und Regressansprüche gegenüber „Störern" in: Rico Kauerhof/Sven Nagel/Mirko Zebisch (Hrsg.), Zuschauer als Störer: Stadionverbote und Regressansprüche, S. 105–127, Leipzig 2010 (zit.: *Jedamzik*, in: Zuschauer als Störer. S.)

Joecks, Wolfgang/Miebach, Klaus (Hrsg.): Münchener Kommentar zum Strafgesetzbuch, Band 1: § 1–37, 4. Auflage, München 2020 (zit.: *Bearb.*, in: MüKo StGB, § Rn.)

Joecks, Wolfgang/Miebach, Klaus (Hrsg.): Münchener Kommentar zum Strafgesetzbuch, Band 4: §§ 185–262, 3. Auflage, München 2017 (zit.: *Bearb.*, in: MüKo StGB, § Rn.)

Kadlec, Elisabeth: Zivilrechtliche Maßnahmen des Verbandes/Vereins gegen den störenden Zuschauer. Stadionverbote und mögliche Regressansprüche, in: Andreas Grundei/Martin Karollus (Hrsg.), Berufssportrecht VI. Aktuelle Rechtsfragen des Berufssports, S. 59–88, Wien 2014 (zit.: *Kadlec*, in: Berufssportrecht VI, S.)

Kant, Immanuel: Metaphysik der Sitten (1797), S. 452–459, abgedruckt in: Thomas Vormbaum (Hrsg.), Texte zur Strafrechtstheorie der Neuzeit, Bd. I, S. 241–246, Baden-Baden, 1993 (zit.: *Kant*, in: Texte zur Strafrechtstheorie der Neuzeit, Bd. I, S.)

Kapp, Thomas: Dürfen Unternehmen ihren (geschäftsleitenden) Mitarbeitern Geldstrafen bzw. -bußen erstatten?, NJW 1992, S. 2796–2800

Kapp, Thomas/Gärtner, Daniel: Die Haftung von Vorstand und Aufsichtsrat bei Verstößen gegen das Kartellrecht, CCZ 2009, S. 168–174

Kapp, Thomas/Hummel, Karin: Haftung von Managern und Mitarbeitern für Unternehmensbußgeldern, ZWeR 2011, S. 349–360

Katzenmeier, Christian: Beweislast, in: Moritz Brinkmann/Daniel Oliver Effer-Uhe/Barbara Völzmann-Stickelbrock/Sabine Weser/Stephan Weth (Hrsg.), Dogmatik im Dienst von Gerechtigkeit, Rechtssicherheit und Rechtsentwicklung, Festschrift für Hanns Prütting zum 70. Geburtstag, S. 361–377, Köln 2018 (zit.: *Katzenmeier*, in: FS Prütting, S.)

Kauffmann, Horst: Verbandsrechtsprechung im Sport, in: Württembergischer Fußball-Verband e.V. (Hrsg.), Verbandsrechtsprechung und staatliche Gerichtsbarkeit, S. 6–20, Stuttgart 1998 (zit.: *Kauffmann*, in: Verbandsrechtsprechung und staatliche Gerichtsbarkeit, S.)

Kaulich, Matthias: Die Haftung von Vorstandsmitgliedern einer Aktiengesellschaft für Rechtsanwendungsfehler, Berlin 2012, Zugl.: Diss. Göttingen 2011

Kempf, Gunnar: Anmerkung zu OLG Rostock, Urteil vom 28.04.2006–3 U 106/05, SpuRt 2006, S. 249–251

Kersting, Christian: Organhaftung für Kartellbußgelder, ZIP 2016, S. 1266–1275

Kindhäuser, Urs/Neumann, Ulfrid/Paeffgen, Hans-Ulrich (Hrsg.): NomosKommentar, Strafgesetzbuch, 5. Auflage, Baden-Baden 2015 (zit.: *Bearb.*, in: Kindhäuser/Neumann/Paeffgen, NK-StGB, § Rn.)

Kling, Michael/Thomas, Stefan: Kartellrecht, 2. Auflage, München 2016 (zit.: *Bearb.*, in: Kling/Thomas, Kartellrecht, § Rn.)

Knyrim, Rainer: Datenschutz-Grundverordnung. Das neue Datenschutzrecht in Österreich und der EU, Wien 2016 (zit.: *Bearb.*, in: Knyrim, DSGVO, Art. Rn.)

Kober, Sebastian Alexander: Pyrotechnik in deutschen Fußballstadien: eine zivil-, straf- und verwaltungsrechtliche Würdigung, Baden-Baden-2015, Zugl.: Diss. Saabrücken 2014 (zit.: *Kober*, Pyrotechnik in deutschen Fußballstadien, S.)

Koch, Jens: Beschränkung der Regressfolgen im Kapitalgesellschaftsrecht, AG 2012, S. 429–440

Koch, Jens: Regressreduzierung im Kapitalgesellschaftsrecht – eine Sammelreplik, AG 2014, S. 513–525

Koch, Jens: Beschränkungen des gesellschaftsrechtlichen Innenregress bei Bußgeldzahlungen, in: Michael Becking-Hofmann/Uwe Hüffer/Jochem Reichert (Hrsg.), Liber Amicorum für M. Winter, S. 327–350, Köln 2011 (zit.: *Koch*, in: Liber Amicorum M. Winter, S.)

Kolb, Stefan: LAG Düsseldorf: Keine Haftung des GmbH-Geschäftsführers für eine gegen die Gesellschaft verhängte Kartellbuße, GWR 2015, S. 169

Korff, Niklas: Sportrecht, Stuttgart 2014 (zit.: *Korff*, Sportrecht, Rn.)

Krause, Rüdiger: „Nützliche" Rechtsverstöße im Unternehmen – Verteilung finanzieller Lasten und Sanktionen, BB Beilage 2007 Nr. 7, S. 2–16

Kredel, Nicolas/Kresken, Jan: Die Inregressnahme von Organvertretern in Bezug auf Kartellbußgelder. Überlegungen zu einer verschuldensunabhängigen Haftung, KSzW 2015, S. 276–280

Krey, Volker: Zur Frage, ob die Bezahlung einer Geldstrafe durch Dritte den Tatbestand der Strafvereitlung erfüllt, JZ 1991, S. 889–890

Krieger, Gerd (Hrsg.)/Schneider, Uwe H.(Hrsg.)/Altmeppen, Holger: Handbuch Managerhaftung: Vorstand, Geschäftsführer, Aufsichtsrat, Pflichten und Haftungsfolgen, typische Risikobereich, 3. Auflage, Köln 2017 (zit.: *Bearb.*, in: Krieger/Schneider/Altmeppen, Hdb. Managerhaftung, § Rn.)

Krüger, Wolfgang/Rauscher, Thomas (Hrsg.): Münchener Kommentar Zur Zivilprozessordnung mit Gerichtsverfassungsgesetz und Nebengesetzen, Band 1: §§ 1–354, 6. Auflage, München 2020 (zit.: *Bearb.*, in: MüKoZPO, § Rn.)

Kühling, Jürgen/Buchner, Benedikt: DS-GVO. BDSG, 3. Auflage, München 2020 (zit.: *Bearb.*, in: Kühling/Buchner, DSGVO. BDSG, § Rn.)

Kurth, Steffen/Seip, Markus: Haftung des störenden Zuschauers für Verbandsstrafen, SpuRt 2017, S. 15–19

Lackner, Karl/Kühl, Kristian (Hrsg.): Strafgesetzbuch, 29. Auflage, München 2018 (zit.: *Lackner/Kühl*, StGB, § Rn.)

Lambertz, Paul: Einleitung eines Paradigmenwechsel in der Regressrechtsprechung?, CaS 2015, S. 268–272

Lambertz, Paul: «Keep calm and go to Karlsruhe», CaS 2016, S. 344–346

Lampe, Ernst-Joachim: Strafphilosophie. Studien zur Strafgerechtigkeit, Köln 1999 (zit.: *Lampe*, Strafphilosophie, S.)

Lange, Herrmann/Schiemann, Gottfried: Handbuch des Schuldrechts in Einzeldarstellungen. Band 1: Schadensersatz, 3. Auflage, Tübingen 2003 (zit.: *Lange/Schiemann*, Schadensersatz, § (S.))

Laue, Philip/Kremer, Sascha (Hrsg.): Das neue Datenschutzrecht in der betrieblichen Praxis, 2. Auflage, Baden-Baden 2019 (zit.: *Laue/Kremer*, Das neue Datenschutzrecht in der Praxis, § Rn.)

Laumen, Hans-Willi: Die Beweislastumkehr für die haftungsbegründende Kausalität bei groben Pflichtverletzungen, MDR 2017, S. 797–799

Lehr, Gernot: Grenzen für die Öffentlichkeitsarbeit der Ermittlungsbehörden, NStZ 2009, S. 409–414

Lindemann, Hannsjoerg: Sportgerichtsbarkeit – Aufbau, Zugang, Verfahren, SpuRt 1994, S. 17–23

Liszt, Franz von: Der Zweckgedanke im Strafrecht, ZStW 3 (1883), S. 1–47

Loewenheim, Ulrich/Meessen, Karl M./Riesenkampff, Alexander/Kersting, Christian/Meyer-Lindemann, Hans Jürgen: Kartellrecht, 4. Auflage, München

2020 (zit.: *Bearb.*, in: Loewenheim/Meessen/Riesenkampff/Kersting/Meyer-Lindemann, Kartellrecht, § Rn.)

Look, Frank van: Vereinsstrafen als Vertragsstrafen. Ein Beitrag zum inneren Vereinsrecht, Berlin 1990, Zugl.: Diss. Mainz 1988/1989 (zit.: *Look*, Vereinsstrafen als Vertragsstrafen, S.)

Looschelders, Dirk: Schuldrecht Allgemeiner Teil, 18. Auflage, München 2020 (zit.: *Looschelders*, Schuldrecht AT, § Rn.)

Lorenz, Egon: Grundsatz und Grenzen der Folgenzurechnung im Schadensersatzrecht, in: Hans-Jürgen Ahrens/Christian von Bar/Gerfried Fischer/Andreas Spickhoff/Jochen Taupitz (Hrsg.), Festschrift für Erwin Deutsch zum 70. Geburtstag, S. 251–269, Köln 1999 (zit.: *Lorenz*, in: FS Deutsch, S.)

Lotze, Andreas: Haftung von Vorständen und Geschäftsführern für gegen Unternehmen verhängte Kartellbußgelder, NZKart 2014, S. 162–170

Lotze, Andreas/Smolinski, Sebastian: Entschärfung der Organhaftung für kartellrechtliche Unternehmensgeldbußen, NZKart, S. 254–258

Lutter, Marcus/Hommelhoff, Peter: GmbH-Gesetz, 20. Auflage, Köln 2020 (zit.: *Bearb.*, in: Lutter/Hommelhoff, GmbHG, § Rn.)

Mäger, Thorsten/Schreitter, Florian von: Die kartellrechtliche Bußgeldhaftung nach der 9. GWB-Novelle – Überblick und Kritik, NZKart 2017, S. 264–278

Marsch-Barner, Reinhard: Vorteilsausgleich bei der Schadensersatzhaftung nach § 93 AktG, ZHR 173 (2009) S. 723–734

Martens, Sebastian A.E.: Verbandsstrafen für Fußballfans, NJW 2016, S. 3691–3694

Martini, Mario/Wenzel, Michael: „Gelbe Karte" von der Aufsichtsbehörde: die Verwarnung als datenschutzrechtliches Sanktionenhybrid, PinG 2017, S. 92–96

Mäsch, Gerald: Schuldrecht AT: Regress eines Fußballvereins für auferlegte Verbandsstrafe beim störenden Zuschauer, JuS 2017, S. 261–264

Maunz, Theodor/Dürig, Günter (Begr.)/Herzog, Roman/Scholz, Rupert/Herdegen, Matthias/Klein, Hans H.(Hrsg.): Grundgesetz, 90. EL, Februar 2020 München (zit.: *Bearb.*, in: Maunz/Dürig, GG, Art. Rn.)

Medicus, Dieter/Lorenz, Stephan: Schuldrecht Allgemeiner Teil, 21. Auflage, München 2015 (zit.: *Medicus/Lorenz*, Schulrecht AT, Rn.)

Meier, Johannes/Lenze, Dennis: Die Haftung „störender" Zuschauer für Verbandsstrafen gegen Fußballvereine, MDR 2017, S. 6–10

Melot de Beauregard, Paul: Keine Rückgriffsmöglichkeit des Unternehmens bei Kartellstrafen, DB 2015, S. 928–929

Meyer-Cording, Ulrich: Die Vereinsstrafe, Tübingen 1957, Zugl.: Habil. Köln 1956

Mitsch, Wolfgang (Hrsg.): Karlsruher Kommentar zum Gesetz über Ordnungswidrigkeiten, 5. Auflage, München 2018 (zit.: *Bearb.*, in: KK-OwiG, § Rn.)

Molle, Alexander: Die Verdachtsberichterstattung. Anforderungen und Beweislastverteilung im Spannungsverhältnis zwischen Pressefreiheit und Ehrschutz, ZUM 2010, S. 331–336

Mugdan, Benno: Die gesammten Materialien zum Bürgerlichen Gesetzbuch für das Deutsche Reich, Band II, Berlin 1899 (zit.: *Mugdan*, Die gesammelten Materialien zum Bürgerlichen Gesetzbuch für das Deutsche Reich, Bd. II, S.)

Müller-Christmann, Bernd: Die Bezahlung einer Geldstrafe durch Dritte – BGHSt 37, 226, JuS 1992, S. 379–382

Müller-Eiselt, Peter Gerrit: Die Gewährleistung der Sicherheit bei Fußballspielen. Eine rechtliche Analyse unter besonderer Berücksichtigung des DFL-Sicherheitskonzepts „Stadionerlebnis", Baden-Baden 2015, Zugl. Diss. München 2015 (zit.: *Müller-Eiselt*, Die Gewährleistung der Sicherheit bei Fußballspielen, S.)

Musielak, Hans-Joachim: Kausalität und Schadenszurechnung im Zivilrecht, JA 2013, S. 241–248

Nees, Thorsten: Der Verbandsstrafenregress im Nachgang an störendes Zuschauerverhalten, Heidelberg 2018, Zugl.: Diss. Heidelberg 2018

Nicklisch, Fritz: Selbstordnung des Sports durch Verbände aus der Sicht des Zivilrechts in: Deutscher Sportbund (Hrsg.), Verbandsautonomie und Verfassungsrecht, S. 4–15, Frankfurt am Main 1979 (zit.: *Nicklisch*, in: Verbandsautonomie und Verfassungsrecht, S.)

Niklas, Thomas/Faas, Thomas: Der Datenschutzbeauftragte nach der Datenschutz-Grundverordnung, NZA 2017, S. 1091–1097

Nolte, Martin (Hrsg.): Handbuch Sportrecht, Schorndorf 2009 (zit.: *Nolte*, Hdb. Sportrecht, S.)

Oberholz, Stephan: Verbandsstrafen bei Zuschauerausschreitungen am Beispiel des Fußballs, in: Rico Kauerhof/Sven Nagel/Mirko Zebisch (Hrsg.), Zuschauer als Störer: Stadionverbote und Regressansprüche, S. 85–103, Leipzig 2010 (zit.: *Oberholz*, in: Zuschauer als Störer, S.)

Olbrich, Carola: Die D&O-Versicherung in Deutschland, Karlsruhe 2003, Zugl.: Diss. Münster 2003

Orth, Jan F.: Abschied ohne Not – Der CAS kippt die „Osaka-Regel", SpuRt 2012, S. 91–96

Orth, Jan F.: Von der Strafe zur Maßnahme – ein kurzer Weg! Zugleich Anmerkung zur Entscheidung des Ständigen Schiedsgerichts in Sachen Dynamo Dresden, SpuRt 2013, S. 186–190

Otting, Nils/Thelen, Martin: Meine Liebe, mein Verein, meine Haftung: Die Weiterleitung privater Geldstrafen von Fußballvereinen an Zuschauer, JURA 2017, S. 380–390

Paal, Boris P./Pauly, Daniel A.: Datenschutz-Grundverordnung. Bundesdatenschutzgesetz, 2. Auflage, München 2018 (zit.: *Bearb.*, in: Paal/Pauly, DSGVO. BDSG, Art. Rn.)

Palandt, Otto (Begr.): Bürgerliches Gesetzbuch, 79. Auflage, München 2020 (zit.: *Bearb.*, in: Palandt, BGB, § Rn.)

Pfister, Bernhard: Kein Regress des Vereins gegen Fans wegen einer Verbandsstrafe!, SpuRt 2014, S. 10–14

Philipp, Markus: Fortgeschrittenenklausur: Der verpasste Aufstieg, ZJS 2015, S. 64–74

Piel, Sven/Buhl, Samir: „Schwarze Tickets und Randale" – Der Stadionbesuch und seine Folge, KSzW 2013, S. 278–287

Pommerening, Patrick: Teures „Vergnügen"? – Der Regress des Vereins beim Stadionbesucher nach Verhängung einer Verbandsstrafe, SpuRt 2012, S. 187–190

Posser, Herbert/Wolff, Heinrich Amadeus: BeckOK VwGO, 54. Edition, München Stand: 01.04.2020 (zit.: *Bearb.*, in: BeckOK VwGO, § Rn.)

Preschany, Philipp: Verdachtsberichterstattung im Lichte der Unschuldsvermutung, Freilaw 1/2016, S. 13–23

Prütting, Jens/Kniepert, Cornelius: Transformation einer Verbandsstrafe in einen Schadensersatz – Unzulässige Verbindung zweier Haftungssysteme, ZfPW 2017, S. 458–474

Rabel, Ernst: Das Recht des Warenkaufs. Eine rechtsvergleichende Darstellung, Band I, Berlin 1964 (zit.: *Rabel*, Das Recht des Warenkaufs, S.)

Rau, Daniel: Rechtlich und ethisch verantwortungsvolle Kriminalberichterstattung: eine Analyse anhand der Spruchpraxis des Deutschen Presserats, Baden-Baden 2013, Zugl.: Diss. Tübingen 2012

Rehbinder, Eckard: Rechtliche Schranken der Erstattung von Bußgeldern an Organmitgliedern und Angestellte, ZHR 148 (1984), S. 555–578

Reichert, Bernhard (Hrsg.)/Dauernheim, Jörg/Schimke, Martin: Handbuch Vereins- und Verbandsrecht, 14. Auflage, Köln 2018 (zit.: *Bearb.*, in: Reichert/Dauernheim/Schimke, Hdb. Vereins- und Verbandsrecht, Kap. Rn.)

Riehm, Thomas: BGH: Schadensersatz wegen des Zündens eines Knallkörpers im Fußballstadion, LMK 2016, S. 384429

Röhricht, Volker: Probleme des Beweisrechts im Sport – Verbandssanktionen bei Doping und Zuschauerausschreitungen, in: Württembergischen Fußballverband e.V. (Hrsg.), Sportrecht damals und heute, S. 15–48, Stuttgart 2011 (zit.: *Röhricht*, in: Sportrecht damals und heute, S.)

Roth, Günter H./Altmeppen, Holger (Hrsg.): Gesetz betreffend die Gesellschaft mit beschränkter Haftung, 9. Auflage, München 2019 (zit.: *Bearb.*, in: Roth/Altmeppen, GmbHG, § Rn.)

Rother, Werner: Haftungsbeschränkung im Schadensrecht, München 1965, Zugl.: Habil. München 1963/1964

Rowedder, Heinz (Begr.)/Schmidt-Leithoff, Christian (Hrsg.): Gesetz betreffend die Gesellschaft mit beschränkter Haftung, 6. Auflage, München 2017 (zit.: *Bearb.*, in: Rowedder/Schmidt-Leithoff, GmbHG, § Rn.)

Roxin, Claus/Greco, Luis: Strafrecht Allgemeiner Teil Band I: Grundlagen. Aufbau der Verbrechenslehre, 5. Auflage, München 2020 (zit.: *Roxin/Greco*, Strafrecht AT I, § Rn.)

Ruttmann, Peter: Die Versicherbarkeit von Geldbußen, Strafschadensersatz und Regressansprüchen in der D&O-Versicherung, Karlsruhe 2014, Zugl.: Diss. Hamburg 2014

Säcker, Rixecker, Roland/Oetker, Hartmut/Limperg, Bettina (Hrsg.): Münchener Kommentar zum Bürgerlichen Gesetzbuch, Band 2: §§ 241–310, 8. Auflage, München 2019 (zit.: *Bearb.*, in: MüKo BGB, § Rn.)

Saliger, Frank/Tsambikakis, Michael/Mückenberger, Ole/Huber, Hans-Peter (Hrsg.): Münchner Entwurf eines Verbandssanktionengesetzes, NStZ-Beil 2020, S. 24–31

Sauter, Eugen (Begr.)/Schweyer, Gerhard (Fortf.)/Waldner, Wolfram (Hrsg.): Der eingetragene Verein, 20. Auflage, München 2016 (zit.: *Bearb.*, in: Sauter/Schweyer/Waldner, Der eingetragene Verein, Rn.)

Schantz, Peter/Wolff, Heinrich Amadeus: Das neue Datenschutzrecht: Datenschutz-Grundverordnung und Bundesdatenschutzgesetz in der Praxis, München 2017 (zit.: *Bearb.*, in: Schantz/Wolff, Datenschutzrecht, Rn.)

Scheuch, Alexander: Haftungsrechtliche Problemkreise beim Abwälzen von Verbandsstrafen auf störende Stadionbesucher, RW 2015, S. 439–465

Scheuch, Alexander: Verbandsstrafenregress gegen störende Stadionbesucher vor dem Aus? Besprechung von OLG Köln, Urt. v. 17.12.2015 – 7 U 54/15, SpuRt 2016, S. 58–61

Schlüter, Oliver: Verdachtsberichterstattung zwischen Unschuldsvermutung und Informationsinteresse, München 2011, Zugl.: Diss. Berlin 2010/2011

Schmidt, Karsten/Lutter, Marcus (Hrsg.): Kommentar Aktiengesetz, Band 1: §§ 1–132 AktG, 4. Auflage, Köln 2020 (zit.: *Schmidt/Lutter*, AktG, § Rn.)

Schmitt-Leonardy, Charlotte: Unternehmenskriminalität ohne Strafrecht?, Heidelberg 2013, Zugl.: Diss. Saarbrücken 2010

Schneider, Angie: Beweislastumkehr als Instrument der Machtverteilung im Zivilprozess, in: Matti Hauer (Hrsg.), Gesellschaft Junger Zivilrechtswissenschaftler, Macht im Zivilrecht: Berliner Tagung, 5.-8. September 2012, S. 91–127, Stuttgart 2013 (zit.: *Schneider*, in: Macht im Zivilrecht, S.)

Scholl, Amand: Die Bezahlung einer Geldstrafe durch Dritte – ein altes Thema und noch immer ein Problem, NStZ 1999, S. 599–605

Scholz, Philipp: Die existenzvernichtende Haftung von Vorstandsmitgliedern in der Aktiengesellschaft, Jena 2014, Zugl.: Diss. Jena 2014

Schöne, Torsten/Petersen, Sabrina: Regressansprüche gegen (ehemalige) Vorstandsmitglieder – quo vadis?, AG 2012, S. 700–706

Schönefeld, Jana/Thomé, Sarah: Auswirkungen der Datenschutz-Grundverordnung auf die Sanktionierungspraxis der Aufsichtsbehörden, PinG 2017, S. 126–128

Schönke, Adolf (Begr.)/Schröder, Horst (Fortf.)/Eser, Albin (Hrsg.): Strafgesetzbuch, 30. Auflage, München 2019 (zit.: *Bearb.*, in: Schönke/Schröder, StGB, § Rn.)

Schröder, Georg: Datenschutzrecht für die Praxis, 3. Auflage, München 2019

Schroeder, Friedrich-Christian: Sport und Recht, Berlin 1972 (zit.: *Bearb.*, in: Schroeder, Sport und Recht, S.)

Schwarze, Jürgen: Rechtsstaatliche Defizite des europäischen Kartellbußgeldverfahrens WuW 2009, S. 6.–19

Seibt, Christoph H./Cziupka, Johannes: Rechtspflichten und Best Practice für Vorstands- und Aufsichtsratshandeln bei der Kapitalmarktrecht-Compliance, AG 2015, S. 93–109

Seip, Markus: Ein Urteil in Verkennung sportlicher Realitäten, CaS 2016, S. 40–45

Simitis, Spiros/Hornung, Gerrit/Spiecker gen. Döhmann, Indra: Datenschutzrecht, Baden-Baden 2019 (zit.: *Bearb.*, in: Simitis/Hornung/Spiecker gen. Döhmann, Datenschutzrecht, Art. Rn.)

Soergel, Hans Theodor (Begr.): Bürgerliches Gesetzbuch. Band 1, Allgemeiner Teil 1: §§ 1–103, 13. Auflage, Stuttgart 2000

Soergel, Hans Theodor (Begr.): Bürgerliches Gesetzbuch. Band 12, Schuldrecht 10: §§ 823–853, 13. Auflage, Stuttgart 2005 (zit.: *Bearb.*, in: Soergel, BGB, § Rn.)

Spindler, Gerald: Organhaftung in der AG – Reformbedarf aus wissenschaftlicher Perspektive, AG 2013, S. 889–904

Spindler, Gerald/Schuster, Fabian: Recht der elektronischen Medien, 4. Auflage, München 2019 (zit.: *Bearb.*, in: Spindler/Schuster, Recht der elektronischen Medien, Art. Rn.)

Spindler, Gerald/Stilz, Eberhard: Kommentar zum Aktiengesetz, Band 1, 4. Auflage, München 2019 (*Bearb.*, in: Spindler/Stilz, AktG, § Rn.)

Staudinger, Julius v. (Begr.): Kommentar zum Bürgerlichen Gesetzbuch mit Einführungsgesetz und Nebengesetzen. Buch 1: Allgemeiner Teil, §§ 21–79, Neubearbeitung, Berlin 2019 (zit.: *Bearb.*, in: Staudinger, BGB, § Rn.)

Staudinger, Julius v. (Begr.): Kommentar zum Bürgerlichen Gesetzbuch mit Einführungsgesetz und Nebengesetzen. Buch 2: Recht der Schuldverhältnisse, §§ 249–254, 17. Auflage, Berlin 2017 (zit.: *Bearb.*, in: Staudinger, BGB, § Rn.)

Steffen, Nils: Zivilrechtliche Haftung von Datenschutzbeauftragten für Bußgelder. Haftung für „durchgereichte" Bußgelder nach der DS-GVO, DuD 2018, S. 145–150

Stöber, Kurt/Otto, Dirk-Ulrich: Handbuch zum Vereinsrecht, 11. Auflage, Köln 2016 (zit.: *Stöber/Otto*, Hdb. zum Vereinsrecht, Rn.)

Stoll, Hans: Kausalzusammenhang und Normzweck im Deliktsrecht, Tübingen 1968

Stopper, Martin/Lentze, Gregor: Handbuch Fußball-Recht: Rechte – Vermarktung – Organisation, 2. Auflage, Berlin 2018 (zit.: *Bearb.*, in: Stopper/Lentze, Hdb. Fußball-Recht, Kap. Rn.)

Streng, Franz: Vergleichende Betrachtungen zu den Potentialen verschiedener Schuldverständnisse, in: B. Sharon Bryd/Jan C. Joerden (Hrsg.), Philosophia Pratica Universalis – Festschrift für Joachim Hruschka zum 70. Geburtstag. S. 697–718, Berlin 2005 (zit.: *Streng*, in: FS Hruschka, S.)

Strenger, Christian/Redenius-Hövermann, Julia/Reuter, Alexander (Hrsg.): Das Unternehmenssanktionsrecht trifft die Falschen! – Stellungnahme zum Entwurf eines „Gesetzes zur Stärkung der Integrität in der Wirtschaft" aus gesellschaftsrechtlicher Sicht, ZIP 2020, S. 1160–1165

Suchy, Oliver: Schadensumfang bei Haftung von Vorständen und Geschäftsführern wegen Unternehmensgeldbußen für kartellrechtliche Verstöße, NZG 2015, S. 591–593

Sydow, Gernot: Europäische Datenschutzgrundverordnung, 2. Auflage, Baden-Baden 2018 (zit.: *Bearb.*, in: Sydow, DSGVO, Art. Rn.)

Taeger, Jürgen/Gabel, Detlev (Hrsg.): DSGVO. BDSG, 3. Auflage, Frankfurt am Main 2019 (zit.: *Bearb.*, in: Taeger/Gabel, DSGVO.BDSG, Art. Rn.)

Thole, Christoph: Managerhaftung für Gesetzesverstöße. Die Legalitätspflicht des Vorstands gegenüber seiner Aktiengesellschaft, ZHR 173 (2009), S. 504–535

Thomas, Stefan: Bußgeldregress, Übelszufügung und D&O-Versicherung, NZG 2015, S. 1409–1419

Thumm, Frank: Verbandsrechtliche Haftung von Vereinen bei Zuschauerausschreitungen auf nationaler Ebene in: Württembergischen Fußballverband e.V., Verantwortlichkeiten und Haftung im Sport. Tagungsband des wfv-Sportrechtseminars vom 24. bis 26. September 2010 in Wangen/Allgäu, S. 9–25, Baden-Baden 2012 (*Thumm*, in: Verantwortlichkeiten und Haftung im Sport, S.)

Tiedemann, Klaus: Gegenwart und Zukunft des Europäischen Strafrechts, ZStW 116 (2004), S. 945–958

Treffer, Gerd: Das Prangersyndrom. Ein Phänomen, das durch die sogenannten Neunen Medien akzentuiert wurde – zugleich eine Würdigung der vielschichtigen Aspekte, die eine Berichterstattung im Einzelfall nach sich ziehen kann, ZUM 1989, S. 433–440

Twele, Markus: Die Haftung des Vorstands für Kartellrechtsverstöße, Baden-Baden 2013, Zugl.: Diss. Münster 2012

Unger, Pascal: Die Haftung des Fußballveranstalters bei Zuschauerausschreitungen. Eine Untersuchung der zivilrechtlichen Schadensverantwortung, Baden-Baden 2015, Zugl.: Diss. Hamburg 2014 (zit.: *Unger*, Die Haftung des Fußballveranstalters bei Zuschauerausschreitungen, S.)

Wabnitz, Heinz-Bernd/Janovsky, Thomas/Schmitt, Lothar (Hrsg.): Handbuch Wirtschafts- und Steuerstrafrecht, 5. Auflage, München 2020 (zit.: *Bearb.*, in: Wabnitz/Janovsky/Thomas/Schmitt, Hdb. Wirtschafts- und Steuerstrafrecht, Kap. Rn.)

Walker, Nigel: Why Punish?, Oxford 1991

Walker, Wolf-Dietrich: Verschuldensunabhängige Verbandssanktionen gegen Sportvereine für Zuschauerausschreitungen, NJW 2014, S. 119–124

Walker, Wolf-Dietrich: Zur Regressfähigkeit von Verbandsstrafen wegen Zuschauerausschreitungen, in: Britta Bannenberg/Hauke Brettel/Georg Freund/Bernd-Dieter Meier/Helmut Remschmidt/Christoph Safferling (Hrsg.), Über allem: Menschlichkeit. Festschrift für Dieter Rössner, S. 701–713, Baden-Baden 2015 (zit.: *Walker*, in: FS Rössner, S.)

Walker, Wolf-Dietrich: Zivilrechtliche Reaktionen auf Zuschauerausschreitungen, in: Württembergischer Fußballverband e.V. (Hrsg.), Verantwortlichkeiten und Haftung im Sport. Tagungsband des wfv-Sportrechtseminars vom 24. bis 26. September 2010 in Wangen/Allgäu, S. 87–107, Baden-Baden 2012 (zit.: *Walker*, in: Verantwortlichkeiten und Haftung im Sport, S.)

Walter, Axel v./Kober, Sebastian: Regress einer Verbandsstrafe beim Pyrotechnik zündenden Stadionbesucher, Walter/Kober, jM 2017, S. 283–285

Weller, Marc-Philippe: Die Haftung von Fußballvereinen für Randale und Rassismus, NJW 2007, S. 960–964

Weller, Marc-Philippe/Benz, Nina/Wolf, Roman: Vereinshaftung, Verbandsstrafen und Regress bei Zuschauerfehlverhalten, JZ 2017, S. 237–245

Wenzel, Michael/Wybitul, Tim: Vermeidung hoher DS-GVO-Bußgelder und Kooperation mit Datenschutzbehörden, ZD 2019, S. 290–295

Werner, Rüdiger: Die zivilrechtliche Haftung des Vorstands einer AG für gegen die Gesellschaft verhängte Geldbußen gegenüber Gesellschaft, CCZ 2010, S. 143–147

Wieschemann, Christof: Schuld und Sühne – Die Haftung der Fußballvereine für das Verhalten ihrer Anhänger, KSzW 2013, S. 268–277

Wissenschaftliche Vereinigung für Unternehmens- und Gesellschaftsrecht: Stellungnahme der Gesellschaftsrechtlichen Vereinigung – Wissenschaftliche Vereinigung für Unternehmens und- Gesellschaftsrecht (VGR) e.V. („VGR") zum Regierungsentwurf eines Gesetzes zur Stärkung der Integrität der Wirtschaft, *www.gesellschaftsrechtlichevereinigung.de/fileadmin/pdf/VGR_Stellungnahme_VerSanG-RegE.pdf* (Stand: 23.06.2020, zuletzt abgerufen am 30.09.2020)

Wolff, Heinrich Amadeus/Brink, Stefan: BeckOK Datenschutzrecht, 33. Edition, München Stand: 01.08.2020 (zit.: *Bearb.*, in: BeckOK Datenschutzrecht, Art. Rn.)

Wybitul, Tim: Was ändert sich mit dem neuen EU-Datenschutzrecht für Arbeitgeber und Betriebsräte? Anpassungsbedarf bei Beschäftigtendatenschutz und Betriebsvereinbarungen, ZD 2016, S. 203–208

Wybitul, Tim/Gierke, Lukas von: Checklisten zur DSGVO – Teil 2: Pflichten und Stellung des Datenschutzbeauftragten im Unternehmen, BB 2017, S. 181–185

Xynopoulou, Athina: Die Voraussehbarkeit als Voraussetzung des Schadensersatzes in der Vertragshaftung, Tübingen 2013 Zugl.: Diss. Tübingen 2012

Zieschang, Frank: Die strafrechtliche Verantwortlichkeit juristischer Personen im französischen Recht – Modellcharakter für Deutschland?, ZStW 115 (2003), S. 117–130

Zimmer, Mark/Walther, Michael: Kartellanten und Böllerwerfer – Bußgeldregress beim Verursacher, BB 2017, S. 629–632

Zimmermann, Martin: Kartellrechtliche Bußgelder gegen Aktiengesellschaft und Vorstand: Rückgriffmöglichkeiten, Schadensumfang und Verjährung, WM 2008, S. 433–442

Zimmermann, Martin: Aktienrechtliche Grenzen der Freistellung des Vorstands von kartellrechtlichen Bußgeldern, DB 2008, S. 687–691

Zöllner, Wolfgang (Hrsg.): Kölner Kommentar AktG, Band 2, 1: §§ 76–94 AktG, 3. Auflage, Köln 2010 (zit.: *Bearb.*, in: KK-AktG, § Rn.)

Zöllner, Wolfgang/Noack, Ulrich (Hrsg.): Kölner Kommentar zum Aktiengesetz, Band 1: §§ 1–75, 3. Auflage, Köln 2011 (zit.: *Bearb.*, in: KK-AktG, § Rn.)

www.ingramcontent.com/pod-product-compliance
Ingram Content Group UK Ltd.
Pitfield, Milton Keynes, MK11 3LW, UK
UKHW021940290926
8980IPUK00016B/1720

9 783631 859995